LAS PARÁBOLAS: PREDICÁNDOLAS Y VIVIÉNDOLAS

Las parábolas: predicándolas y viviéndolas

El Evangelio según San Mateo

Ciclo A

Barbara E. Reid, O.P.

Traducido por
Gerardo Rodríguez-Galarza

Editado por
Olimpia M. Díaz

LITURGICAL PRESS
Collegeville, Minnesota

www.litpress.org

Diseño de la portada por Greg Becker

Título original *Parables for Preachers: Year A* (Collegeville, MN: Liturgical Press, 2001)

1 2 3 4 5 6 7 8

Library of Congress Cataloging-in-Publication Data

Reid, Barbara E.
[Parables for preachers. Spanish]
Las parábolas : predicándolas y viviéndolas / Barbara E. Reid.
v. cm.
Contents: [1] El Evangelio segun San Mateo, Año A / traducido por Gerardo Rodríguez-Galarza ; editado por Olimpia M. Díaz.
ISBN 978-0-8146-3054-9
1. Jesus Christ—Parables—Homiletical use. 2. Bible. N.T. Gospels—Criticism, interpretation, etc. 3. Bible. N.T. Gospels—Homiletical use. 4. Lectionary preaching—Catholic Church. I. Title.

BT375.3.R4518 2007
226.8'06—dc22 2007008944

En gratitud a las personas que predican,
especialmente a mis hermanas dominicas,
cuya manera de contar el evangelio
me ha alimentado y transformado.

Índice

Las parábolas de Mateo en el Leccionario

Las parábolas de Mateo se asignan como lecturas para el evangelio de trece domingos del ciclo A. Todas se repiten también en el Leccionario semanal. Cuatro de las parábolas de Mateo que no aparecen en el Leccionario dominical se asignan para las lecturas de la semana.

LECCIONARIO DOMINICAL Y SEMANAL:

Las siguientes parábolas de Mateo aparecen en el Leccionario dominical y semanal:

Mateo 5:13-16	Quinto Domingo del Tiempo Ordinario.
	Martes de la décima semana del Tiempo Ordinario
Mateo 7:21-27	Noveno Domingo del Tiempo Ordinario
	Jueves de la primera semana de Adviento (7:21, 24-27)
	Jueves de la duodécima semana del Tiempo Ordinario (7:21-29)
Mateo 13:1-23	Décimo Quinto domingo del Tiempo Ordinario
	Miércoles de la décimo sexta semana del Tiempo Ordinario (13:1-9)
	Jueves de la décimo sexta semana del Tiempo Ordinario (13:10-17)
	Viernes de la décimo sexta semana del Tiempo Ordinario (13:18-23)

Mateo 13:24-43	Décimo Sexto Domingo del Tiempo Ordinario
	Sábado de la décimo sexta semana del Tiempo Ordinario (13:24-30).
	Lunes de la décimo séptima semana del Tiempo Ordinario (13:31-35)
	Martes de la décimo séptima semana del Tiempo Ordinario (13:36-43)
Mateo 13:44-52	Décimo Séptimo Domingo del Tiempo Ordinario
	Miércoles de la décimo séptima semana del Tiempo Ordinario (13:44-46)
	Jueves de la décimo séptima semana del Tiempo Ordinario (13:47:53)
Mateo 18:21-35	Vigésimo Cuarto Domingo del Tiempo Ordinario
	Martes de la tercera semana de la Pascua
	Jueves de la décimo novena semana del Tiempo Ordinario (18:21–19:1)
Mateo 20:1-16a	Vigésimo Quinto Domingo del Tiempo Ordinario
	Miércoles de la vigésima semana del Tiempo Ordinario
Mateo 21:28-32	Vigésimo Sexto Domingo del Tiempo Ordinario
	Martes de la tercera semana de Adviento
Mateo 21:33-43	Vigésimo Séptimo Domingo del Tiempo Ordinario
	Viernes de la segunda semana de la Pascua (21:33-43, 45-46)
Mateo 22:1-14	Vigésimo Octavo Domingo del Tiempo Ordinario

	Jueves de la vigésima semana del Tiempo Ordinario
Mateo 25:1-13	Trigésimo Segundo Domingo del Tiempo Ordinario
	Viernes de la vigésimo primera semana del Tiempo Ordinario
Mateo 25:14-30	Trigésimo Tercer Domingo del Tiempo Ordinario
	Sábado de la vigésimo primera semana del Tiempo Ordinario
Mateo 25:31-46	Trigésimo Cuarto Domingo del Tiempo Ordinario: Solemnidad de Nuestro Señor Jesucristo Rey del Universo
	Lunes de la primera semana de Pascua

LECCIONARIO SEMANAL:

Las siguientes parábolas aparecen solamente en el Leccionario semanal:

Mateo 11:16-19	Viernes de la segunda semana de Adviento
Mateo 15:1-2, 10-14	Martes de la décimo octava semana del Tiempo Ordinario (segunda opción)
Mateo 18:12-14	Martes de la segunda semana de Adviento
	Martes de la décimo novena semana del Tiempo Ordinario
Mateo 24:42-51	Jueves de la vigésimo primera semana del Tiempo Ordinario

Abreviaturas

AB	Anchor Bible
ABD	*Anchor Bible Dictionary* ed. David N. Freedman
ABRL	Anchor Bible Reference Library
a.C.	antes de Cristo
AnBib	Analecta Biblica
ANTC	Abingdon New Testament Commentaries
AT	Antiguo Testamento
ATANT	Abhandlungen zur Theologie des Alten und Neuen Testaments
AusBR	*Australian Biblical Review*
BDAG	*A Greek-English Lexicon of the New Testament and Other Early Christian Literature* 3d rev. ed. By Frederick W. Danker
Bib	*Biblica*
BibInt	*Biblical Interpretation*
BibSac	*Bibliotheca Sacra*
BL	*Biblia Latinoamericana*
BR	*Biblical Research*
BTB	*Biblical Theology Bulletin*
BullBibRes	*Bulletin for Biblical Research*
BZNW	Biehefte zur ZNW
CBQ	*Catholic Biblical Quarterly*
CBQMS	CBQ Monograph Series
CSHJ	Chicago Studies in the History of Judaism
CurTM	*Currents in Theology and Mission*
d.C.	después de Cristo

EB	Études Bibliques
EspVie	*Esprit et Vie*
ExpTim	*Expository Times*
GNS	Good News Studies Series
HTR	*Harvard Theological Review*
ICC	International Critical Commentary
Int	*Interpretation*
JBL	*Journal of Biblical Literature*
JR	*Journal of Religion*
JSJ	*Journal for the Study of Judaism*
JSNT	*Journal for the Study of the New Testament*
JSNTSup	JSNT Supplement Series
JSOT	*Journal for the Study of the Old Testament*
JTS	*Journal of Theological Studies*
LBL	La Biblia Latinoamérica
LTP	*Laval théologique et philosophique*
LumVie	*Lumière et Vie*
LumVit	*Lumen Vitae*
LXX	Septuagint (Traducción griega del hebreo del Antiguo Testamento)
MillStud	*Milltown Studies*
NAB	*New American Bible*
NJB	*New Jerusalem Bible*
NJBC	*New Jerome Biblical Commentary (Ed. R. E. Brown et al.)*
NTM	New Testament Message
NovT	*Novum Testamentum*
NRSV	*New Revised Standard Version*
NT	Nuevo Testamento
NTS	*New Testament Studies*
OBT	Overtures to Biblical Theology
RB	*Revue Biblique*
RevExp	*Review & Expositor*
RevQ	*Revue de Qumran*

RSR	*Religious Studies Review*
SacPag	Sacra Pagina
SBEC	Studies in the Bible and Early Christianity Series
SBL	Society of Biblical Literature
SBLDS	Society of Biblical Literature Dissertation Series
SBLMS	Society of Biblical Literature Monograph Series
ScEs	*Science et Esprit*
SJT	*Scottish Journal of Theology*
SNTSMS	Society for New Testament Studies Monograph Series
Str-B	[H. Strack and] P. Billerbeck, *Kommentar zum Neuen Testament*
TBT	*The Bible Today*
TS	*Theological Studies*
TToday	*Theology Today*
USQR	*Union Seminary Quarterly Review*
WBC	Westminster Bible Companion
WUNT	Wissenschaftliche Untersuchungen zum Neuen Testament
ZNW	*Zeitschrift für die neutestamentliche Wissenschaft*

Introducción

Un discípulo se quejó una vez diciendo,
"Usted nos cuenta historias,
pero nunca nos revela el significado."
El maestro respondió,
"¿Cómo te gustaría si alguien masticara una
fruta antes de dártela?"[1]

En los Evangelios Sinópticos, rara es la vez que Jesús explica sus parábolas.[2] Su propósito es que cada generación de oyentes las interprete, permitiendo que los cuentos subversivos de Jesús les causen inquietudes y los desafíe. Pero domingo tras domingo se les pide a quienes predican que les revelen el significado de las parábolas a sus congregaciones. ¿Cómo pueden evitar las personas que predican el ofrecer una fruta ya masticada? ¿Cómo puede quien abre las Sagradas Escrituras hacerlo de tal manera que intensifique los frutos de las ofrendas sin arruinar el poder de la historia? ¿Cómo pueden quienes predican ofrecer algo nuevo cuando la parábola aparece en el Leccionario una y otra vez?

El primer propósito de este libro es ayudar a quienes predican al reunir los estudios bíblicos más recientes sobre las parábolas, con

[1] Anthony de Mello, *The Song of the Bird* (Garden City, N.Y.: Doubleday, 1984) 1.

[2] Las excepciones en el Evangelio de Mateo son la parábola de la semilla, que se explica en 13:18-23 (Marcos 4:13-20/Lucas 8:11-15), la parábola del trigo y la hierba mala interpretada en 13:36-43 y la explicación de la mancha interior en Mateo 15:15-20 (Marcos 7:17-23). La mayoría de las personas expertas en la Biblia cree que la Iglesia primitiva creó estas explicaciones y que no vienen de la boca de Jesús. En línea con el énfasis de Mateo de la ética del discipulado, dos parábolas que sólo se encuentran en Mateo contienen interpretaciones con moralejas en sus conclusiones (18:35; 21:31-32). Ver capítulos 9 y 11.

la esperanza de que cobrarán nuevos significados y animarán su creatividad. Segundo, el libro ofrece un entendimiento de cómo las parábolas comunican sus ideas e invitan a quienes predican a usar esas mismas técnicas en la predicación. Los Evangelios Sinópticos presentan a Jesús predicando mayormente a través de las parábolas contadas y vividas. Hoy día un mejor entendimiento de la dinámica y del significado de las parábolas de Jesús en su contexto original puede ayudar a quienes predican a crear el mismo efecto en los creyentes en un contexto nuevo. Este libro no es solamente para las personas que predican, sino para todas las personas que estén interesadas en comprender mejor las parábolas, especialmente los maestros y maestras, las personas que son catequistas, quienes planean la liturgia y las personas que pertencen a los grupos que preparan la homilía, que estudian la Biblia o que comparten la fe.

PARÁBOLAS EN EL LECCIONARIO

El término "parábola" cubre muchos aspectos del lenguaje figurado: comparaciones, metáforas extendidas, expresiones simbólicas, historias ejemplares y de la vida real. En este volumen se incluyen todos los pasajes menos uno[3] en los cuales aparece el término *parabolē* ("parábola") en el Evangelio de Mateo.[4] También se incluyen símiles con alguna variación de la frase *homoios estin*, "es como" (7:24, 26; 11:16; 13:24, 31, 33, 44, 45, 47, 52: 18:23; 20:1; 22:2; 25:1) y *houtōs*, "así pues" (5:16; 13:40, 49; 18:14, 35; 20:16) o *hōsper*, "lo mismo" (25:14, 32). También se incluyen las parábolas de las Palabras y los hechos (21:28-32) y la de los Servidores fieles (24:42-51)[5] aunque Mateo no las llama parábolas. Hay otros

[3] La parábola de la higuera en Mateo 24:32-33 se omite en el Leccionario. La versión de Marcos (13:28-32) es el evangelio para el Trigésimo Tercer Domingo del Tiempo Ordinario. La versión de Lucas (21:29-33) aparece el Viernes de la trigésimo cuarta semana del Tiempo Ordinario.

[4] El término parábola ocurre dieciséis veces en el Evangelio de Mateo (13:3, 10, 13, 18, 24, 31, 33, 34, 35, 36, 53; 15:15; 21:33, 45; 22:1; 24:32), doce veces en Marcos, dieciocho en Lucas y dos en la Carta a los Hebreos. Para los otros evangelios sinópticos ver Barbara E. Reid, *Las parábolas: predicándolas y viviéndolas. Ciclo B* (Collegeville: The Liturgical Press, 2008) y *Las parábolas: predicándolas y viviéndolas. Ciclo C* (Collegeville: The Liturgical Press, 2009).

[5] Lucas nombra su versión (Lucas 12:41) una parábola.

dichos y otras historias que, aunque se podrían considerar como parábolas, no se incluyen en este estudio. En cierto sentido, todo el evangelio se podría considerar como una parábola. Como dice John R. Donahue, las parábolas "ofrecen un evangelio en miniatura y a la misma vez le dan forma, curso y significado a los evangelios donde se encuentran. Estudiar las parábolas de los evangelios es estudiar el evangelio en parábolas."[6]

En el Evangelio de Juan no hay parábolas. El cuarto evangelista nunca usa el término *parabolē*, ni tampoco conserva ninguno de los cuentos de Jesús en forma de parábola como lo hacen los escritores de los sinópticos. Sin embargo, el discurso simbólico abunda en el cuarto evangelio. Lo más parecido a una parábola se ve en el capítulo 10 donde Jesús dice que él es el Buen Pastor y la puerta del corral de las ovejas. En Juan 10:6 los discípulos de Jesús encuentran difícil entender esta "manera de hablar" (*paroimia*), igual que pasa en las parábolas en Marcos 4:10-12; Mateo 18:10-17; Lucas 8:9-10. El término *paroimia* ocurre dos veces más en el Evangelio de Juan (16:25, 29), donde Jesús les asegura a sus discípulos que el momento llegará cuando él no hablará con "alegorías" sino claramente. Esto aparece inmediatamente después de la comparación entre la angustia de los discípulos porque Jesús se va, y la de una mujer que va a dar a luz. De la misma manera que ella se olvida de su dolor cuando su hijo/a nace, así también el dolor de los discípulos se convertirá en gozo (16:21-24).

En el Capítulo 1 examinamos la dinámica de las parábolas de Jesús. El primer paso es entender cómo una parábola "funciona." En el Capítulo 2 hay un esquema de los métodos bíblicos contemporáneos para interpretar las parábolas. Luego sigue un resumen del Evangelio de Mateo, de su autor, de su contexto histórico y de sus temas teológicos más importantes. Los capítulos que siguen examinan cada una de las parábolas del Evangelio de Mateo según el orden en que aparecen en el Leccionario para el Ciclo A. Primero discutiremos las parábolas que aparecen en el Leccionario dominical y luego las que aparecen en el Leccionario semanal. El último capítulo y la bibliografía indicarán otras áreas de estudio para el futuro.

[6] John R. Donahue, *The Gospel in Parable* (Philadelphia: Fortress, 1988) ix.

CAPÍTULO UNO

Predicando con parábolas

PREDICAR COMO LO HIZO JESÚS[1]

Jesús no fue el primero que predicó con parábolas. En el antiguo mundo hay una larga tradición de relatar cuentos, no sólo por personas religiosas, sino también por retóricos, políticos, profetas y filósofos. En las Escrituras hebreas hay varios ejemplos de parábolas. En 2 Samuel 12:1-12, por ejemplo, el profeta Natán le cuenta al rey David una parábola sobre un hombre rico que tomó la única oveja de un hombre pobre y la cocinó para darle de cenar a un visitante. El cántico de la viña en Isaías 5:1-7 y los dichos sobre arar y trillar el terreno en Isaías 28:23-29 presentan metáforas agrícolas parecidas a las que Jesús usa en sus parábolas. Los rabinos judíos también hablaban en parábolas.[2]

Un resultado de predicar en parábolas es que quien las cuenta permite que quienes escuchan se alejen de un tema delicado y entren en una situación inventada (pero de la vida real), donde se puede ver claramente lo que es correcto. Natán tuvo éxito porque consiguió que David se arrepintiera por haber tomado la esposa de Urías cuando el rey pronunció enojadamente

[1] Una versión anterior a este capítulo, titulada "Preaching Justice Parabolically," apareció en *Emmanuel* 102/6 (1996) 342–47.

[2] Para obtener más información de la conexión rabínica con las parábolas de Jesús, ver Philip L. Culbertson, *A Word Fitly Spoken* (Albany: State University of New York Press, 1995); Brad H. Young, *Jesus and His Jewish Parables. Rediscovering the Roots of Jesus' Teaching* (New York: Paulist Press, 1989); *The Parables. Jewish Tradition and Christian Interpretation* (Peabody: Hendrickson, 1998).

la sentencia del hombre rico de la parábola. En los Evangelios sinópticos Jesús usa la misma técnica, por ejemplo, cuando se dirige a los sumos sacerdotes y a los fariseos en Mateo 21:28-46. Después de dirigirles a ellos la parábola de los dos hijos y la de los viñadores asesinos, Mateo comenta que cuando ellos oyeron sus parábolas "comprendieron que Jesús se refería a ellos" (21:45). Las personas que predican hoy día podrían capacitarse más hábiles en el uso de las mismas dinámicas de contar parábolas como lo hizo Jesús, y así atraer a quienes escuchan, de una manera más efectiva, al mensaje del evangelio.

EL ENCUENTRO CON LO SANTO

Antes de tratar de imitar el estilo de predicar de Jesús, quien predica tiene que conocer a Jesús y su mensaje personalmente. La persona que predica eficazmente habla desde un encuentro personal y continuo con Jesús en el estudio, en la oración, en otras personas y en toda la creación. Al igual que la comunión constante de Jesús con Dios[3] formó su predicación, esto también debe de ser la base para el predicador de hoy. Es obvio cuando una persona habla sobre lo Santo, si habla de su propia experiencia o si simplemente habla de lo que ha escuchado o estudiado. La experiencia íntima con lo Divino en la oración es lo que le da energía, sostiene y transforma a quien predica. La incapacidad personal de crear experiencias que unen profundamente le recuerda a quien predica que estas cosas, como también lo es el ministerio de predicar, son dones. Quien predica proclama la palabra de Dios.

El gozo personal de haber tenido la experiencia de recibir el amor de Dios y el deleite que se siente es lo que impulsa a quien predica con reflexión a compartir este mensaje. La persona que ejerce algún ministerio siempre corre el riesgo de que las otras exigencias del ministerio le resten tiempo a su oración personal.

[3] En el Evangelio de Mateo, Jesús aparece rezando a solas en una montaña después de alimentar a más de cinco mil personas (14:23), y en el huerto de Getsemaní. En numerosas ocasiones él les enseña a sus discípulos sobre la oración (5:44; 6:5-13; 18:19; 21:22; 24:20). La gente le trae a lo/as niño/as para pedirle que les imponga las manos y rece por ello/as (19:13). Él insiste en que el Templo sea una casa de oración (21:13).

Otro peligro que se corre es el de dejar que el esfuerzo de rezar en todo momento substituya el tiempo que se reserva para la oración contemplativa. La persona que permite que esto ocurra, corre el riesgo de predicar una palabra vacía.

LO FAMILIAR TRANSFORMADO RADICALMENTE

En sus parábolas, Jesús siempre comenzaba con lo familiar. Las imágenes y las situaciones que Jesús creaba en sus cuentos venían de la vida diaria de sus oyentes. El contó cómo se encuentra a Dios cuando se siembra y se cosecha (Mateo 13:1-9), cuando se corta la hierba mala y cuando se saca la cosecha (Mateo 13:24-30), cuando se hornea el pan (Mateo 13:33), cuando se busca lo que está perdido (Mateo 18:12-14). De esta manera, él podía captar la atención de las personas y llevarlas con él hasta el final del cuento. De la misma manera hoy día, quienes predican de una manera eficaz transforman las imágenes y situaciones del evangelio para que tengan una conexión con la vida diaria de quienes están reunidos. Por ejemplo, la mayoría de la asamblea va a dejar de prestar atención si la homilía comienza, "Cuando yo estaba en el seminario . . ." O si el evangelio presupone experiencias rurales o preindustriales cuando la comunidad reunida está compuesta de profesionales de la zona urbana, quien predica tendrá que volver a poner en contexto el mensaje para la situación contemporánea.

En las parábolas de Jesús ninguna parte de la vida se encuentra fuera del Reino de Dios: lo político, lo social, lo económico, lo eclesial y lo teológico están entrelazados, como en la parábola de los trabajadores de la viña (Mateo 20:1-16), los viñadores asesinos (Mateo 21:33-43), el gran banquete (Mateo 22:1-14), y los talentos (25:14-30). La predicación de Jesús trajo una visión donde todo lo de la vida es parte de lo sagrado; nada se encuentra fuera del área de lo sagrado. Así también, la persona que predica hoy día ayudará a su asamblea a reconocer que la santidad no se encuentra cuando uno se separa del "mundo," sino que se encuentra a nuestro alrededor. Él o ella ayudará a la gente para que vea a Dios en medio de las contradicciones y del caos, en la crucifixión y en la muerte, no sólo en la paz y en la resurrección a una vida nueva.

Las parábolas de Jesús no se quedan sólo a nivel de lo familiar. Siempre hay una sorpresa. No eran historias agradables para entretener o confirmar las creencias aceptadas. Eran alarmadoras y confusas, y casi siempre tenían un cambio inesperado que dejaba a los oyentes pensando lo que el cuento significaba y lo que exigía. Como dijo John Dominic Crossan, "Casi siempre se puede reconocer una parábola porque la reacción inmediata va a contradecirse a si misma: 'Yo no sé lo que quieres decir con ese cuento pero estoy seguro de que no me gusta.'"[4]

Las parábolas de Jesús son invitaciones a ver el Reino de Dios como Dios lo ve y a actuar como Jesús actuó. Tal visión exige cambios profundos de la manera como quienes escuchan piensan acerca de Dios y del Reino de Dios, acerca de cómo podría ser el reino aquí y ahora al igual que en su plenitud en el futuro. Al destrozar las estructuras del mundo que aceptamos, las parábolas eliminan nuestras defensas y nos dejan vulnerable ante Dios.[5] Quienes predican deberían sospechar de las interpretaciones que refuerzan la vida tal como es.[6] El evangelio siempre trata del cambio. La persona que predica eficazmente estudia el texto para comprender lo que significaba originalmente y luego trata de repetir la dinámica inquietante en su predicación.

LA ADIVINANZA DE LA INTERPRETACIÓN

Lo que captura la atención de quienes escuchan es que las parábolas de Jesús no tienen un final interpretado. Rara es la vez que Jesús les interpreta el significado a sus discípulos.[7] Por ejemplo, al final de la parábola del Hijo pródigo (Lucas 15:11-32), ¿entra el hijo mayor a la fiesta después que el padre le ruega? O, ¿se queda afuera, enojado y rencoroso? Ahí es que se encuentra el desafío. Jesús no da la respuesta, sino que deja que

[4] John Dominic Crossan, *The Dark Interval: Towards a Theology of Story* (Niles, Ill: Argus Communications, 1975) 56.

[5] Ibid., 122.

[6] Esta es la función del mito en vez de la parábola. Ver Crossan, *The Dark Interval*, 47–62.

[7] Hay más excepciones a esto en el Evangelio de Mateo (ver arriba, p. 1. n. 2).

quienes escuchan determinen el resto de la historia. A través de los siglos cada comunidad de cristianos ha tenido que luchar para responder al desafío de las enseñanzas de Jesús. Y esta tarea no es menos obligatoria para las personas creyentes de hoy. Así como Jesús no dio la interpretación de sus parábolas, tampoco quien predica de una manera eficaz da unas respuestas convenientes.

Debido a que se cuentan usando lenguaje figurado, las parábolas tienen la habilidad de comunicar distintos mensajes a diferentes personas en diversas circunstancias.[8] Por ejemplo, para una persona que necesita perdón, la parábola de Lucas 15:11-32 trata de un hijo perdido o de una hija perdida, a quien se le invita a dejarse encontrar por Dios y a aceptar el gran amor que no se puede ganar. Para una persona en una posición de autoridad, el mismo cuento puede servir como una llamada a imitar al padre quien busca a los que han tomado un camino destructivo y sale corriendo para encontrarse con ellos y, aunque le cueste mucho, traerlos de nuevo a casa. Para las personas que siempre tratan de ser fieles y seguir a Dios, el cuento es una invitación a deshacerse de su rencor y de sus actitudes opresivas en su servicio de Dios. El punto del cuento depende de nuestro punto de entrada y del personaje con quien nos identificamos. Quien predica no puede sentir satisfacción con un solo significado, sino que tiene que continuamente sondear las profundidades del texto para buscar otros significados posibles. En cada ocasión tiene que discernir cuál de todos los mensajes posibles es la palabra que se necesita proclamar ahora.

Sin embargo, una de las características de las parábolas de Mateo es que, los niveles de interpretación han obstruido la oportunidad de dejar el final a la interpretación personal. En el Evangelio de Mateo a Jesús se le caracteriza como el maestro autoritativo. Como resultado, Mateo tiene la tendencia de terminar las parábolas con una exhortación moral. En muchos casos él ha añadido una conclusión que enseña la moraleja del cuento. Con la crítica de la redacción es posible acercarnos a la

[8] Ver Mary Ann Tolbert, *Perspectives on the Parables. An Approach to Multiple Interpretations* (Philadelphia: Fortress, 1979).

forma original de estas parábolas que probablemente no tenían un final tan pulido.

LA PREFERENCIA POR LA GENTE MARGINADA

La persona que predica siempre narra el cuento con un enfoque determinado, invitando a quienes escuchan a tomar una posición en particular en la narración. Cuando una parábola ofrece una variedad de interpretaciones, una pregunta que la persona que predica querrá tener en mente es, ¿desde qué punto de vista es que la parábola les ofrece la Buena Nueva a las personas que son pobres? Por ejemplo, en la parábola de los trabajadores de la viña (Mateo 20:1-16), la parábola tiene diferentes significados si se escucha desde la perspectiva de las personas desempleadas, quienes se pasan todo el día de pie en el mercado, o de la perspectiva de quienes tienen la seguridad que ofrece tener un trabajo seguro el día entero, con un salario fijo. Los evangelios continuamente presentan a Jesús como alguien que les da preferencia a las personas marginadas. Por lo tanto, sus parábolas invitan a quienes escuchan hoy día a tener la misma preferencia.[9]

Las parábolas de Jesús proclaman que Dios no es neutral. Más bien, Dios está de parte de las personas más pobres y oprimidas.[10] En las congregaciones donde la pobreza es la mayor realidad, las parábolas ofrecen consuelo y esperanza. En donde las personas cristianas se encuentran cómodas de manera financiera y social, una de las tareas más importantes de quien predica es tomar la posición de quienes están marginados o marginadas e invitar a la congregación que haga lo mismo. El propósito no es hacer que las personas bien establecidas se sientan culpables, sino ayudarlas para que vean desde el punto de vista de las

[9] En los estudios de Mateo no hay un enfoque en Jesús y en la gente marginada. El Evangelio de Lucas es que se le ha dado mucha más atención a esta dimensión. Ver Amy-Jill Levine, *The Social and Ethnic Dimensions of Matthean Salvation History* (SBEC 14; Lewiston: Mellen, 1988) y Warren Carter, *Matthew and the Margins* (Maryknoll: Orbis, 2000).

[10] Ver, e.g., Clodovis Boff and Jorge Pixley (*The Bible, the Church, and the Poor* [Theology and Liberation Series; Maryknoll, N.Y.: Orbis, 1989]) quienes demuestran como, en todas las secciones de la Biblia, Dios siempre cuida a los pobres.

personas más desfavorecidas y que se pregunten, ¿qué es lo que el amor me pediría? Si una persona no es pobre, entonces el discipulado cristiano requiere que estemos en solidaridad con quienes son pobres, que sirvamos las necesidades de las personas menospreciadas y que estemos listos para sufrir la persecución que es la consecuencia de estas acciones.

UN ESFUERZO COMUNITARIO

Uno de los aspectos más difíciles de la predicación, especialmente en la cultura americana contemporánea, es presentar la vida del evangelio como una lucha comunitaria, no como una búsqueda por la propia salvación.[11] Desde el principio, el Pueblo de Dios ha sido una comunidad que se mantiene unida por la alianza. Pero vemos algo inesperado en la visión comunitaria que las parábolas de Jesús presentan. Por ejemplo, en el cuento del Gran banquete (Mateo 22:1-14), el Pueblo de Dios incluye a todos—en particular a las personas menospreciadas y excluidas de la sociedad. O, consideren la parábola de Jesús de los trabajadores de la viña (Mateo 20:1-16) para ver una visión totalmente inquietante de lo que es una comunidad justa. La configuración no es la de cada persona que lleva su propia carga con la paga apropiada. Más bien, la comunidad creyente es una en la cual cada persona tiene los medios suficientes para subsistir, sin importar cuales sean sus contribuciones al grupo.

LA BREVEDAD

Las parábolas de Jesús son breves y directas; algunas son de una sola frase. Como el poeta argentino Jorge Luis Borges que se reía de quienes querían "explayar en quinientas páginas una idea cuya perfecta exposición oral cabe en pocos minutos,"[12] Jesús conocía bien el arte de la expresión concisa. La brevedad de las parábolas asegura que será fácil recordarlas e intensifica

[11] Ver Edward J. Van Merrienboer, "Preaching the Social Gospel" en *In the Company of Preachers*, ed. R. Siegfried and E. Ruane (Collegeville: The Liturgical Press, 1993) 176–90.

[12] Jorge Luis Borges, *Ficciones* (Buenos Aires: Emecé Editores, 1956) 11.

la habilidad que tienen de comunicar las ideas de una manera convincente. Así mismo, cuando quien predica presenta su mensaje de una manera breve, hay una mejor oportunidad de que se recuerde la palabra y de que su potencial para transformar sea liberado de una manera más completa.

UNA PARÁBOLA VIVIDA

El propósito principal de la predicación es que se viva la palabra. El resultado que se desea es que los corazones se conmuevan y alaben a Dios de una manera que también se exprese en las acciones para el cambio. Tal palabra da esperanza y ánimo a las personas oprimidas. Declara que la injusticia no es lo que Dios desea y anima a las comunidades empobrecidas a trabajar juntas para obtener el cambio. Para las personas privilegiadas, la palabra predicada no sólo las conmueve a amar y a estar de parte de quienes reciben el maltrato, sino a actuar en solidaridad con estas personas con el propósito de destruir las estructuras injustas.

El poder de la predicación de Jesús tenía sus raíces en el hecho de que su propia vida era una parábola.[13] Sus opciones paradójicas de la muerte para dar vida, de vaciarse para darles la plenitud a todas las personas, de la humillación y del sufrimiento para darles la dignidad y el gozo a las personas oprimidas, proclamaron un camino radicalmente diferente hacia Dios. Era una vida que invitaba a la conversión y dejaba a la gente tratando de entender su significado y exigencias. Hoy día las personas que predican de una manera eficaz dan el mismo testimonio de las parábolas. Ninguna predicación puede echar raíces a menos que la vida de quien predica sea un testimonio viviente.[14] Este testimonio, como el de las parábolas, provoca a todas las personas,

[13] Ver Crossan, *The Dark Interval*, 123-28 en "The Parabler Becomes Parable" y John R. Donahue, "Jesus as the Parable of God in the Gospel of Mark," *Int* 32 (1978) 369–86.

[14] El Papa Pablo VI en su discurso a los miembros del *Consilium de Laicis* el 2 de octubre del 1974 dijo, "El hombre contemporáneo escucha más a gusto a los que dan testimonio que a los que enseñan—decíamos recientemente a un grupo de seglares—, o si escuchan a los que enseñan, es porque dan testimonio" (*Evangelii Nuntiandi*, §41).

cuyas vidas han sido afectadas por quien predica a preguntarse, "¿Qué significa esto?" "¿Qué debo hacer?" "¿Qué es lo que me pide?" Si la vida de quien predica no presenta una paradoja, el poder del evangelio que predica se debilitará.

Las personas que predican de una manera eficaz saben que lo que predican es lo que sus propias vidas proclaman de manera imperfecta. Pero la palabra echa raíz cuando quien predica se une a la lucha de su comunidad reunida de manera visible, y juntos tratan de ajustar sus vidas más y más a la de Jesús. Juntos buscan una relación íntima contemplativa con Dios, estudian seriamente la palabra en el texto bíblico y en su manera de vivir.

Tal predicador o predicadora tiene que estar dispuesto/a a ser consumado/a por una pasión por el evangelio, con todas sus exigencias, dispuesto/a a arriesgarse al rechazo y a la oposición. El profeta Jeremías, quien trató de no proclamar la palabra, dice que se hizo "como un fuego ardiente aprisionado en mis huesos" (Jer 20:9) y no pudo negarse a proclamarla. Las personas que predican, con tal pasión por el evangelio, se convierten en un signo de esperanza, y no en profetas de condenas. Al proclamar la visión de Jesús como las parábolas, quien predica no declara un optimismo ingenuo ni que las personas se sientan culpables, sino una palabra que hace que la comunidad se convierta de corazón y que actúe de una manera transformativa que está apoyada por un amor profundo hacia todo el Pueblo de Dios.[15]

[15] Un tratado excelente de maneras prácticas para predicar las parábolas que mantienen la dinámica del cuento y el poder metafórico es el capítulo 3 de David Buttrick, *Speaking Parables* (Louisville: Westminster John Knox, 2000).

CAPÍTULO DOS

La interpretación de las parábolas

ECHAR A PERDER EL CHISTE

Tener que interpretar una parábola es como tener que explicarle un chiste a una persona que no lo entiende. Pero puede que no captemos el punto de una parábola porque las conocemos muy bien, porque no entendemos su retórica y porque no sabemos cómo los oyentes de Jesús hubieran reaccionado a ellas. Una fase crítica en la preparación para predicar una parábola es estudiar la Biblia cuidadosamente para tratar de recuperar, lo más posible, el significado original del cuento. La persona que predica entonces trata de recrear la misma dinámica en su contexto contemporáneo. La predicación que sólo le explica el significado original a la asamblea es instructiva, pero no cumple su propósito.

LAS DIFICULTADES AL TRATAR DE ENTENDER LAS PARÁBOLAS

En los evangelios, los discípulos le preguntan a Jesús lo que las parábolas significan porque ellos no las entienden (Mt 13:10-17). Las parábolas son mucho más que historias sencillas que hacen que captemos las enseñanzas de Jesús con facilidad. Aunque Jesús usó imágenes conocidas, los cuentos siguieron siendo enigmáticos y confusos.[1] Y tampoco son fáciles de entender para

[1] Andrew Parker (*Painfully Clear. The Parables of Jesus* [Biblical Seminar 37; Sheffield: Sheffield Academic Press, 1996]) propone que no se suponía que las parábolas de Jesús fueran enigmáticas. Más bien eran dolorosamente claras y confrontaban a las personas con la necisidad de la conversión.

quienes las interpretan hoy día. Hay tres elementos que contribuyen a que se nos dificulte entender las parábolas: el género de las mismas, el género de los evangelios, y la de nuestras fuentes de conocimiento del mundo antiguo.

EL GÉNERO DE LAS PARÁBOLAS

Por su propia naturaleza, las parábolas son inquietantes. Emplean un lenguaje simbólico que tiene más de un significado.[2] El término "parábola" (*parabolē* en griego; *māshāl* en hebreo) tiene muchos significados. Se puede referir a un proverbio como, "Médico, cúrate a ti mismo" (Lucas 4:23). Una parábola puede ser una frase de la sabiduría o una adivinanza como, "lo que entra por la boca no hace impuro al hombre, pero sí mancha al hombre lo que sale de su boca" (Mt 15:11. Una parábola puede ser una comparación un poco desarrollada como la lección (*parabolē*) de la higuera (Mt 24:32-35). El autor de Hebreos usa esta palabra dos veces en el sentido de "símbolo" (Heb 9:9; 11:19).

A menudo, los comentaristas de los evangelios dividen las parábolas de Jesús en tres categorías: comparaciones, parábolas, y cuentos ejemplares.[3] Las comparaciones son narrativas breves que comparan un aspecto del reino de Dios y un evento típico o que se repite de la vida real como por ejemplo, la semilla que crece por sí sola en Marcos 4:26-29 o cuando se hornea pan en Mateo 13:33. Las parábolas casi siempre son más largas y detalladas. Ellas cuentan un suceso ficticio que ocurre sólo una vez, pero que es de la vida real como el del campesino cuyos enemigos sembraron hierba mala en medio del trigo (Mt 13:24-30) o el del rey que perdona a su sirviente cuando está arreglando las cuentas (Mt 18:21-35). Un ejemplo de un cuento ejemplar, el del buen samaritano en Lucas 10:29-37, presenta un ejemplo específico que ilustra una verdad en general. Se diferencia de una comparación y de una parábola en que compara dos cosas parecidas, en vez de dos diferentes.

[2] Ver John Dominic Crossan, *Cliffs of Fall. Paradox and Polyvalence in the Parables of Jesus* (New York: Seabury, 1980) 1–24 on Paradox and Metaphor; and pp. 65–104 on Polyvalence and Play.

[3] E.g., M. Boucher, *The Parables* (NTM 7; Wilmington: Glazier, 1981) 19–23.

Las parábolas, sin importar qué forma tienen, no son cuentos entretenidos que confirman el estatus quo. Su propósito es convencer a quien escucha a que adopte una manera específica de ver a Dios y de la vida en el reino de Dios. Su propósito es convertir a la persona que escucha. Ellas ponen al mundo patas arriba al desafiar sus creencias, al invertir las expectativas y al proponer una manera diferente de considerar la vida con Dios. Debido a que las parábolas no tienen un final definido, es necesario que las personas que escuchan en cualquier época de la historia acepten sus consecuencias.

EL GÉNERO DE LOS EVANGELIOS

Otra dificultad en saber lo que Jesús originalmente quiso decir con sus parábolas tiene que ver con el género de los evangelios en los que se encuentran las parábolas. En primer lugar, los evangelios son documentos escritos, mientras que las parábolas originalmente se comunicaban de palabra. El cambio de la comunicación oral a la escrita afecta el significado. Además, el contexto literario donde la parábola se encuentra le puede dar otro sentido que el que tenía en su contexto original en el que se contó.

Además, los evangelios no grabaron las palabras exactas de Jesús. Las parábolas que están en los evangelios no son los mismos relatos que Jesús contó cuando estaba en este mundo. Las parábolas de Jesús fueron predicadas por sus seguidores, y se modificaron en el proceso. Cuando se escribieron, entre treinta a cincuenta años después de la muerte de Jesús, los evangelistas moldearon las parábolas de nuevo para cubrir las necesidades específicas de cada comunidad de fe. La intención de los evangelistas no era la de preservar las palabras exactas de Jesús. Más bien ellos, como las personas que predican hoy día, volvieron a interpretar los cuentos de Jesús para sus nuevos contextos. Como resultado, encontramos varias versiones de la misma parábola en diferentes evangelios. Parábolas similares aparecen en diferentes situaciones, dirigidas a diferentes audiencias con diferentes significados.

Un análisis de la historia de las tradiciones también revela que a menudo, al contar de nuevo las parábolas de Jesús se le añadieron tendencias moralizadoras y alegóricas. Mientras que sus relatos originales comenzaban con desafíos paradójicos, muchas veces se domesticaron y se convirtieron en ilustraciones de acciones morales. Esto se ve muy bien en el Evangelio de Mateo. Es necesario examinar las capas de la tradición para descubrir lo más posible, los contrastes inquietantes que las parábolas de Jesús presentaron.

LAS FUENTES DE CONOCIMIENTO DEL MUNDO ANTIGUO

Otra dificultad que encontramos al tratar de saber exactamente lo que Jesús quiso decir y cómo sus primeras audiencias entendieron las parábolas es que sólo tenemos conocimientos parciales e incompletos del mundo antiguo. Nuevos descubrimientos en la arqueología y manuscritos que antes se desconocían continúan enseñándonos más y más del mundo de Jesús. También, algunos métodos nuevos de interpretar la Biblia nos ofrecen nuevas posibilidades en el área de los significados. El conocimiento de las condiciones históricas, sociales, económicas, políticas, religiosas y culturales en Palestina y en el mundo griego del primer siglo nos permiten llegar a algunas conclusiones probables en cuanto al significado original de una parábola, pero la interpretación nunca se apoya en la certeza.

MÉTODOS PARA INTERPRETAR LAS PARÁBOLAS[4]

La interpretación alegórica

El primer método que se usó para interpretar las parábolas, el método alegórico,[5] se encuentra en los evangelios. Este método trata las parábolas como alegorías, o sea, como una serie de metáforas en la cual cada detalle del cuento tiene un significado simbólico. El primer ejemplo bíblico está en la parábola

[4] Ver David B. Gowler, *What Are They Saying about the Parables?* (New York: Paulist, 2000) para obtener un buen resumen de las diferentes indicaciones que han surgido en la interpretación de las parábolas y de sus partidarios más conocidos.

[5] Ver Carolyn Osiek, "Literal Meaning and Allegory," *TBT* 29/5 (1991) 261–66; Barbara E. Reid, "Once Upon a Time . . . Parable and Allegory in the Gospels," *TBT 29/5* (1991) 267–72.

del sembrador y la semilla (Mt 13:1-9). La explicación alegórica que Mateo 13:18-23 da es que la semilla es la palabra de Dios y los diferentes tipos de terreno representan las diferentes maneras como la gente escucha y reacciona a la palabra. La semilla que cayó a lo largo del camino representa a quienes escuchan, pero Satanás descarrila enseguida a esas personas; la que cae en terreno pedregoso no tiene raíces e inmediatamente se da por vencida cuando llegan los sufrimientos; la que cae entre las espinas se ahoga con las ansiedades de este mundo; la que cae en el terreno bueno escucha y acepta la palabra y da fruto en abundancia. En Mateo 13:36-43[6] vemos una interpretación alegórica parecida. La mayoría de las personas expertas en la Biblia reconoce que éstas son interpretaciones de las primeras comunidades de fe y no de Jesús.

El método alegórico fue el método preferido de los biblistas de la era patrística y de la época medieval. Desde Orígenes (siglo II d.C.) hasta el método moderno de la crítica bíblica, este método ha sido el más aceptado. Un buen ejemplo es la interpretación de la parábola del buen samaritano (Lucas 10:29-37) que San Agustín y otros usaron: el hombre que bajaba era Adán, quien representa a la humanidad. Él baja de Jerusalén, el paraíso perdido, hacia Jericó, o sea, el mundo. Los maleantes son los espíritus malos que no lo dejan alcanzar ni la virtud ni la inmortalidad. El quedarse medio muerto significa que está vivo en la medida en que puede conocer a Dios, pero muerto porque se encuentra bajo el poder del pecado. El sacerdote y el levita son la ley y los profetas de Israel que no le ayudan. El samaritano es Cristo, que no comparte las reclamaciones teológicas de Israel. Su animal es el cuerpo de Cristo, el cual carga con los pecados de la humanidad. La posada es la Iglesia, donde el aceite y el vino, los sacramentos, curan las heridas del viajero. El encargado de la posada, representando a los apóstoles, tiene la autoridad de continuar cuidando al hombre herido hasta que el samaritano regrese, o sea, hasta la segunda venida de Cristo.[7]

[6] Otro método pre-crítico es el "proof-texting," que se usaba para interpretar esta parábola en la Edad Media para justificar el quemar a los herejes.

[7] Ver, por ejemplo, Irenaeus, *Adversus haereses* III.17, 3.

Un propósito principal

Al final del siglo XIX el biblista alemán Adolph Jülicher[8] revolucionó el estudio de las parábolas al proponer que una parábola sólo tiene un propósito principal. Al comienzo del uso del método histórico crítico, Jülicher insistió en hay que buscar este propósito en el contexto histórico de la enseñanza de Jesús.

Desde ese momento se ha debatido el punto de si las parábolas originales de Jesús tenían una dimensión alegórica. Algunas personas expertas afirman que todos los elementos alegóricos son interpretaciones de los evangelistas o de las comunidades cristianas primitivas. Otras no distinguen de manera tan rígida entre la parábola y alegoría. Ellas afirman que las parábolas del evangelio son alegóricas por su género, si uno entiende por alegoría no una serie de metáforas, sino una metáfora extendida en el estilo narrativo.

Más o menos alegórica

Una diferencia que vemos de las primeras interpretaciones alegóricas es que las personas de hoy día que ofrecen las críticas bíblicas no tratan de encontrar el simbolismo en los detalles. También, tratan de encontrar los significados que se hubieran entendido en el tiempo de Jesús. Una solución es pensar en las parábolas como en una escala más o menos alegórica.[9]

Hay otra dificultad con la conclusión de Jülicher de que la parábola sólo tiene un propósito. Cuando es posible tener tantas interpretaciones, ¿cómo se puede saber cuál es *el* propósito principal que tenía originalmente? Puede que cada personaje principal (humano o no) revele un punto importante.[10] Por ejemplo, en la parábola del sembrador (Mt 13:1-9) si nos enfocamos en el sembrador, se concluye que lo importante es

[8] Adolph Jülicher, *Die Gleichnisreden Jesu* (2 vols.; Tübingen: Mohr [Siebeck] 1888, 1899).

[9] Craig Blomberg, "Interpreting the Parables: Where Are We and Where Do We Go from Here?" *CBQ* 53 (1991) 50–78; *Interpreting the Parables* (Downers Grove, Ill.: InterVarsity Press, 1990) 29–69; and Klyne Snodgrass, *The Parable of the Wicked Tenants* (Tübingen: Mohr [Siebeck] 1983) 13–26.

[10] Blomberg, *Interpreting*, 21, concluye que casi todas las parábolas tienen tres conclusiones importantes.

la generosidad inmensa de Dios (por la predicación, las enseñanzas y las curaciones de Jesús) al sembrar la palabra en todo tipo de terreno, tanto bueno como malo. Si nos enfocamos en la semilla, el mensaje es que la palabra es efectiva. A pesar de que al principio fracasó o que sus resultados iniciales fueron mediocres, al final dará fruto en abundancia. Si nos enfocamos en el terreno, como en la interpretación de Mateo 13:18-23, el énfasis es que los creyentes se aseguren de ser terreno fértil, cultivándose para recibir y nutrir la palabra. Finalmente, si la cosecha es el enfoque, el mensaje es que el reino de Dios sobrepasa toda expectativa. El resultado enorme de la cosecha, "cien, sesenta o treinta veces más," es mucho más de lo que cualquier granjero típico ha experimentado.

La tarea de quien predica es discernir *cuál* de los muchos posibles significados es el mensaje principal que le hace falta escuchar a la asamblea reunida en ese lugar y en ese momento. Una contribución importante de Jülicher para quienes predican es el entendimiento de que una parábola comunica mejor su mensaje cuando se relata como una sola idea, no como una serie de metáforas.

La crítica histórica: en búsqueda de la historia original

Un avance importante en la interpretación de las parábolas surgió con el nacimiento del método de la crítica histórica.[11] En particular, con el uso de la crítica de la forma y de la redacción, las personas que ofrecen críticas históricas investigaron las clase de alteraciones que se hicieron en la transmisión de las parábolas y trataron de recobrar la forma más primitiva.[12] Uno de los eruditos de más influencia del siglo pasado que empleó este método en sus estudios fue Joachim Jeremias.[13] Él identificó diez principios de

[11] Ver Edgar Krentz, *The Historical-Critical Method* (Guides to Biblical Scholarship; Philadelphia: Fortress, 1975).

[12] Ver Helmut Koester, "Recovering the Original Meaning of Matthews Parables," *Bible Review* 9/3 (1993) 11, 52.

[13] Joachim Jeremias, *The Parables of Jesus* (8th ed.; New York: Scribner's, 1972). También parecido, Rudolf Bultmann, *History of the Synoptic* Tradition (rev. ed.; New York: Harper & Row, 1968); A. T. Cadoux, *The Parables of Jesus* (London: James Clarke, 1931).

transformación por los cuales la Iglesia en sus comienzos adaptó las parábolas de Jesús a su propia situación: (1) la traducción del arameo al griego; (2) el cambio del ambiente de Palestina al mundo Greco-romano; (3) el adorno de los detalles; (4) la remodelación usando temas del Antiguo Testamento y folklóricos; (5) el cambio en quienes escuchan, de ser multitudes interesadas o quienes se oponían, a ser discípulos; (6) el cambio de una advertencia a la multitud de la gravedad de la crisis escatológica a la exhortación para dirigir la conducta de las personas cristianas; (7) las metáforas cobran un mayor significado en las áreas de la cristología y en lo eclesial; (8) la alegorización de los detalles; (9) la tendencia hacia la colección y la combinación; (10) la relegación a una posición secundaria. Jeremias, reconociendo estas tendencias en la transmisión de la tradición y usando su gran conocimiento de la Palestina del siglo I, trabajó para descubrir las palabras y las ubicaciones originales de las parábolas de Jesús.

C. H. Dodd,[14] hizo otra contribución importante cuando explicó que las parábolas se deben entender en el contexto de la proclamación escatológica de Jesús. Para él, todas las parábolas llevan el mensaje que el Reino de Dios se inaugura y se realiza en Jesús. Las personas expertas de hoy cuestionan que un solo enfoque, como el de la escatología realizada, sea adecuado para explicar la riqueza de todas las dimensiones de las parábolas.

Los métodos históricos todavía son muy valiosos para tratar de determinar la forma original de las parábolas de Jesús y en qué contexto histórico se proclamaron. Este es un paso importante en la preparación de quien predica. Pero la tarea de quien predica va más allá de sólo relatar lo que el cuento significaba en la época de Jesús.

El método de las ciencias sociales

La recién desarrollada ciencia del estudio social del Nuevo Testamento está muy relacionada al método histórico crítico.[15]

[14] Charles H. Dodd, *The Parables of the Kingdom* (London: Collins, 1961; publicado primero por James Nisbet y Co., 1935).

[15] Ver Carolyn Osiek, *What Are They Saying about the Social Setting of the New Testament?* (2d ed. New York: Paulist, 1992); Bruce J. Malina and Richard L. Rohrbaugh, *Social-Science Commentary on the Synoptic Gospels* (Minneapolis:

Esta área de estudio incorpora a las personas que estudian la Biblia, a las que son expertas en ciencias sociales, a las que son clasicistas y a las expertas en la historia de la antigüedad, quienes colaboran para reconstruir no sólo la historia, sino también la vida económica, social y política de las civilizaciones griegas y romanas de los siglos antes y después de Cristo. Todas estas personas utilizan el arte, la literatura de la época, las inscripciones, las monedas y los descubrimientos arqueológicos para aprender más sobre las instituciones, las dinámicas sociales y la manera de pensar de la gente que vivía en la época de Jesús.[16]

Un ejemplo es el análisis de Richard Rohrbaugh de la parábola de los talentos (Mt 25:14-20; Lc 19:11-27).[17] Cuando se lee desde el punto de vista de un campesino de la sociedad agrícola del Mediterráneo del siglo I en vez de con las suposiciones de un capitalista del oeste, la parábola resulta ser una advertencia para los que maltratan a los pobres y no para los que no se aventuran en el campo de la economía.

Una advertencia en relación a este método es que es algo moderno que no fue creado específicamente para los estudios bíblicos. Todavía existe una duda acerca de cuán bien se puede aplicar a los textos y a las sociedades de la antigüedad. De cualquier modo, este método nos da significados nuevos y nos puede ofrecer soluciones satisfactorias para detalles que otros métodos no pueden explicar. También puede dar nuevas posibilidades para actuar en el mundo de hoy que pueden alcanzar verdaderos cambios sociales.

Enfoques literarios

Otro avance en el estudio de las parábolas ocurrió en el decenio de los años 60 con las obras de Amos Wilder y Robert

---

Fortress, 1992); John J. Pilch, *The Cultural World of Jesus. Sunday by Sunday, Cycle A* (Collegeville: The Liturgical Press, 1995).

[16] Uno de los primeros en usar este método de interpretación con las parábolas fue Kenneth E. Bailey, *Poet and Peasant and Through Peasant Eyes* (combined ed.; Grand Rapids: Eerdmans, 1984). Ver también Douglas Oakman, *Jesus and the Economic Question of His Day* (SBEC 8. Lewiston/Queenston: Edwin Mellen, 1986).

[17] Richard L. Rohrbaugh, "A Peasant Reading of the Parable of the Talents/Pounds: A Text of Terror?" *BTB* 23 (1993) 32–39.

Funk, quienes usaron métodos de interpretación literaria.[18] Ellos exploraron la estética del lenguaje de las parábolas, su poesía, sus imágenes retóricas y su simbolismo. Ellos analizan cómo la metáfora va de una figura literaria a una categoría teológica y hermenéutica, dando una clave para obtener un nuevo entendimiento de las parábolas.

Otro enfoque relacionado con el estudio literario es la crítica narrativa.[19] Este método analiza la trama, el desarrollo de los personajes, el punto de vista y el desenlace dramático del cuento aparte de su contexto histórico. La crítica narrativa también se encarga de examinar la reacción que el cuento evoca en el lector.

La crítica retórica también se ha convertido en un instrumento importante para analizar las parábolas como discursos persuasivos. Este método estudia cómo el tipo del argumento, su organización y su estilo de presentación producen el resultado deseado.[20]

Finalmente, los métodos de la semiótica o de la estructura[21] se les han aplicado a las parábolas, aunque muchas personas los encuentran demasiado complicados y confusos para ser de

[18] Robert Funk, *Language, Hermeneutic, and Word of God* (New York: Harper & Row, 1966); *Parables and Presence* (Philadelphia: Fortress, 1982); Amos Wilder, *The Language of the Gospel* (New York: Harper & Row, 1964); *Jesus' Parables and the War of Myths* (Philadelphia: Fortress, 1982). John Dominic Crossan (*In Parables: The Challenge of the Historical Jesus* [New York: Harper & Row, 1973; *The Dark Interval* [Sonoma: Polebridge, 1988]) conecta dos métodos cuando empieza con las consideraciones que critican la tradición y entonces usa un método literario metafórico. Ver Mary Ann Tolbert, *Perspectives on the Parables* (Philadelphia: Fortress, 1979); Bernard Brandon Scott, *Hear Then the Parable. A Commentary on the Parables of Jesus* (Minneapolis: Fortress, 1989).

[19] Por ejemplo, Dan O. Via, *The Parables: Their Literary and Existential Dimension* (Philadelphia: Fortress, 1967). Ver también Mark A. Powell, *What is Narrative Criticism?* (Guides to Biblical Scholarship; Philadelphia: Fortress, 1990). La obra reciente de Warren Carter y John Paul Heil, *Matthew's Parables* (CBQMS 30; Washington, D.C.: CBA, 1998) usa el método orientado hacia la audiencia.

[20] Ver Elisabeth Schüssler Fiorenza, *Rhetoric and Ethic. The Politics of Biblical Studies* (Minneapolis: Fortress, 1999).

[21] Ver Daniel Patte, *What Is Structural Exegesis?* (Guides to Biblical Scholarship; Philadelphia: Fortress, 1976). Ver Dan O. Via, "Parable and Example Story: A Literary-Structuralist Approach," *Semeia* 1 (1974) 105–33 como un ejemplo de este método aplicado a la parábola del buen samaritano.

mucha ayuda. El propósito es descubrir las estructuras profundas de significado a través del análisis de la estructura sincrónica. Para lograr este propósito se usan cuadrículas para delinear el sujeto, el objeto, el remitente, el destinatario, el ayudante y el adversario.

Los métodos literarios tratan con el texto tal y como lo tenemos, no con el proceso por el cual ha pasado. Ellos reconocen que el significado viene de la relación entre el texto y quien lee, que no es lo mismo que la intención original de quien escribe. Estos métodos son muy útiles para mostrar el propósito continuo de la parábola en cualquier contexto para invitar a las personas a participar en lo que Jesús entendía acerca de Dios y del reino divino.

Métodos de liberación

Un nuevo método de interpretar la Biblia nació en Latinoamérica hace más o menos treinta años.[22] Su principio fundamental es que la reflexión de nuestras experiencias precede el análisis de la teoría. Y la experiencia de la gente pobre y oprimida es su punto de partida. El segundo paso es el análisis crítico de las causas sociales y políticas de la opresión. En el proceso se busca una relación entre la situación presente y las historias bíblicas de salvación y liberación. El último paso es preparar una estrategia y actuar a favor de la liberación. Este método depende de la reflexión cuidadosa de los fieles, no sólo ni primeramente en la de las personas expertas en la Biblia. Es un esfuerzo en comunidad que busca encarnar la palabra de Dios de justicia y esperanza en este mundo y en este momento.

En relación con la interpretación de las parábolas, este método desafía los métodos que dicen que descubren mensajes universales en los cuentos de Jesús, que se aplican de generación en generación y de un contexto social a otro. Hace preguntas como: "¿Y si las parábolas de Jesús no fueran ni

[22] Ver Christopher Rowland and Mark Corner, *Liberating Exegesis. The Challenge of Liberation Theology to Biblical Studies* (Louisville: Westminster/John Knox, 1989); Clodovis Boff and Jorge Pixley, *The Bible, the Church, and the Poor* (Theology and Liberation Series; Maryknoll: Orbis, 1989); Carlos Mesters, *Defenseless Flower. A New Reading of the Bible* (Maryknoll: Orbis, 1989).

historias teológicas ni morales, sino de política y de economía? ¿Y si el asunto de las parábolas no fuera el reino de Dios, sino los sistemas opresivos que dominaban Palestina en la época de Jesús? ¿Y si las parábolas expusieran la explotación en vez de revelar la justificación?"[23]

Una desventaja de este método es que algunas personas encuentran que el tipo de estudio de las estructuras sociales y políticas que se requiere, como también de la tradición bíblica y eclesial es pedirles demasiado a las personas creyentes comunes y corrientes. Otras personas encuentran más consuelo en el uso de un método que provee doctrinas seguras, una moral sencilla, interpretaciones literales, autoritativas de la Biblia y una garantía de una recompensa futura por soportar el sufrimiento y la opresión del presente.

Una ventaja de este método es que se puede usar junto con el método histórico, el de las ciencias sociales y el literario, y a la misma vez provee una perspectiva para leer el texto. Es un instrumento muy valioso para interpretar las historias de Jesús en un contexto nuevo que presenta un desafío a las estructuras injustas de hoy y que les trae la Buena Nueva a la gente oprimida. Por supuesto, el peligro es que quien predica de esta manera corre el riesgo de experimentar el rechazo y la persecución como experimentaron las primeras personas que proclamaron las parábolas.

CONCLUSIÓN

Ningún método por su cuenta provee la clave definitiva. Cada uno contribuye enormemente a nuestro entendimiento de lo que significaban las parábolas, cómo comunican su significado y lo que pueden significar para nosotros hoy día. Es importante que la persona que predica sepa qué método está empleado en el comentario bíblico para poder entender qué tipo de resultados va a producir. De la misma manera, quienes predican deberían

[23] William R. Herzog II, *Parables as Subversive Speech. Jesus as Pedagogue of the Oppressed* (Louisville: Westminster/John Knox, 1994) 7. Ver también Warren Carter, *Matthew and the Margins* (Maryknoll: Orbis, 2000).

escoger conscientemente el método que van a usar para preparar su homilía.[24]

El próximo capítulo da una síntesis del Evangelio de Mateo. Los capítulos que siguen tratarán de las parábolas en el orden en que aparecen en el Leccionario. Se le prestará atención a cómo el uso de diferentes métodos de interpretación resulta en diferentes significados. Se le dará el enfoque a la interpretación bíblica que es sólo una de las muchas tareas que le toca a quien predica. Es tarea de quien predica discernir qué método comunica el mensaje que, en un lugar y en un momento determinado, la asamblea reunida necesita escuchar.

[24] Ver Raymond Bailey, ed., *Hermeneutics for Preaching. Approaches to Contemporary Interpretations of Scripture* (Nashville: Broadman, 1992); Mary Margaret Pazdan, "Hermeneutics and Proclaiming the Sunday Readings," *In the Company of Preachers* (Collegeville: The Liturgical Press, 1993) 26–37.

CAPÍTULO TRES

Una síntesis del Evangelio de Mateo

LA RECUPERACIÓN DEL CONTEXTO

En su libro *The Gates of the Forest*, Elie Wiesel cuenta la historia de "Cuando el gran rabino Israel Baal Shem-Tov veía que una calamidad amenazaba a los judíos, era su costumbre ir a un lugar en el bosque para meditar. Allí, él encendía un fuego, decía una oración especial y el milagro ocurría y se evitaba la desgracia."

"Un poco después, cuando su discípulo, el famoso Magid de Mezritch, tenía que interceder por la misma razón, él iba al mismo lugar en el bosque y decía: 'Dueño del Universo, ¡escucha! Yo no sé cómo encender el fuego pero todavía puedo decir la oración.' Y de nuevo ocurría un milagro."

"Más tarde, el rabino Moshe-Leib de Sassov, para poder salvar de nuevo a su pueblo, iba al bosque y decía: 'Yo no sé como encender el fuego, yo no sé cual es la oración, pero sí conozco el lugar y esto tiene que ser suficiente.' Fue suficiente y el milagro ocurrió."

"Entonces le tocó al rabino Israel de Rizhyn tratar de sobrepasar una calamidad. Sentado en su silla, apoyando la cabeza en las manos, le dijo a Dios: 'Yo no puedo encender un fuego y yo no sé la oración; ni siquiera puedo encontrar el sitio en el bosque. Todo lo que puedo hacer es contar la historia y esto tiene que ser suficiente.' Y fue suficiente."[1]

[1] Elie Wiesel, *The Gates of the Forest* (tr. Frances Frenaye; New York: Holt, Rinehart and Winston, 1966) i–iii.

El relato de Wiesel presenta el poder de los cuentos, aún cuando los detalles del contexto original se han perdido. Ésta es la situación en la cual nos encontramos cuando tratamos de recuperar el contexto y el significado original de las parábolas de Jesús. La forma en que las tenemos ahora ya se encuentra muy distante de cuando se contaron por primera vez. Como el rabino Israel de Rizhyn, todo lo que tenemos es el cuento. Para entender el significado de una parábola, sería muy beneficioso si pudiéramos recuperar los contextos en los cuales tomó forma una y otra vez. Con ese propósito, trataremos de delinear el ambiente y la situación de la comunidad de Mateo lo mejor posible desde nuestra propia situación.

MATEO, ¿EL COBRADOR DE IMPUESTOS?

Como muchos autores de la antigüedad, el evangelista nunca se identifica. Puede que el apóstol Mateo sea responsable por una versión anterior de la tradición del evangelio, o quizá él pueda haber sido un misionero al lugar donde el evangelio se compuso. Pero la mayoría de las personas que son expertas en la Biblia concuerdan que él no fue el autor del evangelio. Una de las razones es que el escritor copió muchísimo del Evangelio de Marcos. Si el evangelista hubiera sido un testigo ocular, ¿por qué no contarlo con sus propias palabras? Además, nos preguntamos como un cobrador de impuestos, marginado por los judíos, llegó a tener la clase de educación religiosa y literaria para poder producir este evangelio. También, las preocupaciones teológicas del evangelio son aquellas de las personas cristianas de una segunda generación. De todas formas, para no complicar las cosas, continuaremos usando el nombre de "Mateo" como su autor.

Casi todas las personas expertas creen que el evangelista era un judío cristiano, que escribió para una comunidad donde predominaban las personas creyentes de origen judío. El conocimiento que el autor tiene del Primer Testamento y su preocupación por las cosas judías, especialmente la Ley, son indicaciones de que era judío. Hay unas personas expertas en la Biblia que creen que Mateo era un gentil porque no parece conocer las diferencias entre los fariseos y los saduceos (Mt 16:5-12; 22-

23).[2] También aparenta no entender el paralelismo hebreo de Zacarías 9:9, al pensar que el profeta hablaba de dos bestias (Mt 21:1-9). Por último, su polémica contra los judíos, especialmente en el capítulo 23, puede indicar que era un autor gentil.

Sin embargo, éstas no son indicaciones seguras de que el evangelista no era judío. Cuando este evangelio se escribió, ya los saduceos no presentaban un problema. Mateo simplemente ha usado una frase genérica, "los fariseos y saduceos," para referirse a los líderes religiosos. Su mal interpretación de Zacarías 9:9 no niega que el evangelista conocía muy bien las escrituras hebreas, algo que se nota en sus frecuentes citas y alusiones bíblicas. Finalmente, sus acusaciones de los judíos se pueden explicar como un intento de un judío cristiano de definir su comunidad en relación a otros judíos de otros grupos.[3]

LA UBICACIÓN

Aunque no sabemos exactamente dónde estaba situada la comunidad de Mateo,[4] hay claves en el texto que revelan algo de su localidad. Alusiones a la destrucción del Templo de Jerusalén (Mt 21:41-42; 22:7; 24:1-2) indican que Mateo está escribiendo después del año 70 d.C. Las referencias numerosas a las ciudades[5] y al oro y la plata[6] señalan que era un ambiente urbano próspero. Pero no se sabe hasta que punto sus términos reflejan el mundo actual de la comunidad de Mateo. Uno puede saber del

[2] En *The Vision of Matthew* (N.Y.: Paulist, 1979) John P. Meier dice que Mateo era un gentil (p. 17–25). En *Matthew* (NTM 3; Wilmington: Glazier, 1980) él concede que el autor era "un cristiano culto, quizá un judío, quizá un semita gentil" (p. xi).

[3] Ver Hayim Goren Perelmuter, *Siblings. Rabbinic Judaism and Early Christianity at Their Beginnings* (New York: Paulist, 1989) sobre los diferentes tipos de judíos y sus relaciones entre sí.

[4] Como observa Donald Senior, "No conocemos el tamaño ni la complejidad de la Iglesia a la cual Mateo se dirigía. Podría haber consistido de varias comunidades de casa en un área local limitada" (*What Are They Saying about Matthew?* Rev. ed. [New York/Mahwah: Paulist, 1996] 107 n.1).

[5] La palabra *polis*, "ciudad," ocurre veintiséis veces en Mateo en comparación con cuatro veces en Marcos.

[6] La frase ocurre veintiocho veces en Mateo, mientras que sólo aparece una vez en Marcos y cuatro en Lucas.

oro y de la plata sin tenerlos. Es probable que, al igual que otras comunidades cristianas, la de Mateo era una mezcla de mujeres y hombres de diversas posiciones sociales, identidades étnicas y posiciones económicas. Probablemente no había ni gente muy rica ni muy pobre.[7]

La relación entre esta comunidad de personas cristianas con la de los judíos es una de las preguntas más enigmáticas en los estudios sobre Mateo.[8] Las tensiones son evidentes en el evangelio: hay referencias a "las sinagogas de ellos" (4:23; 9:35; 10:17; 12:9; 13:54), "sus sinagogas" (23:34), "sus maestros de la Ley" (7:29) y "los judíos hasta hoy" (28:15). Hay referencias a la persecución de los seguidores de Jesús por los judíos (10:17; 23:34) y las acusaciones amargas a los maestros de la Ley y a los fariseos (capítulo 23). Por todo el evangelio hay historias de personas no judías que poseían una fe ejemplar: los Reyes Magos (2:1-12); el capitán de la guardia (8:5-13); la mujer cananea (15:21-28); el capitán y los soldados romanos (27:54). Se ve claramente que el mensaje de Jesús es para los gentiles en la última misión final (28:19),[9] y de una manera menos directa al incluir a Rut y

[7] Warren Carter, *Matthew and the Margins* (Maryknoll: Orbis, 2000) 25–26. Carter (p. 27–30) observa también que eran pocos los cristianos en la comunidad de Mateo. Diferentes modos de calcular el número de personas indican que había entre diecinueve a ciento cincuenta a mil; o sea, un porcentaje pequeño de la población total.

[8] Para obtener un resumen de los estudios ver Graham Stanton, "The Origin and Purpose of Matthew's Gospel: Matthean Scholarship from 1945–1980," *Aufstieg und Niedergang der Römischen Welt*, ed. H. Temporini and W. Haase; II (Principat), 25.3; (Berlin/New York: Water de Guyter, 1985) 1910–21. Más recientemente, ver Amy-Jill Levine, *The Social and Ethnic Dimensions of Matthean Salvation History* (SBEC 14; Lewiston/Queenstown/Lampeter: Mellen, 1988); J. Andrew Overman, *Matthew's Gospel and Formative Judaism: The Social World of the Matthean Community* (Minneapolis: Fortress, 1990); Anthony J. Saldarini, *Matthew's Christian-Jewish Community* (CSHJ; Chicago: University of Chicago Press, 1994); Donald A. Hagner, "The Sitz im Leben of the Gospel of Matthew," *Treasures New and Old. Recent Contributions to Matthean Studies* (ed. David R. Bauer and Mark Allan Powell; SBL Symposium Series 1; Atlanta: Scholars Press, 1996) 27–68; Donald Senior, "Between Two Worlds: Gentile and Jewish Christians in Matthew's Gospel," *CBQ* 61/1 (1999) 1–23; Douglas R. A. Hare, "How Jewish is the Gospel of Matthew?" *CBQ* 62/2 (2000) 264–77.

[9] Recientemente D. C. Sim (*The Gospel of Matthew and Christian Judaism: The History and Social Setting of the Matthean Community* [Studies of the New

Rahab entre los antepasados de Jesús (1:5); cuando dice "Las naciones pondrán su esperanza en su Nombre" (12:21); y en las parábolas de los sembradores que alquilan una viña (21:33-43) y el del banquete de bodas (22:1-10).

Pero a la misma vez Mateo se preocupa por Israel. Sólo en Mateo es que Jesús les dice a sus discípulos que "primero vayan en busca de las ovejas perdidas del pueblo de Israel" (10:6; y también en 15:24). Y el Evangelio de Mateo, en general, contiene un tono judío con su énfasis en la justicia, la validez de la Ley y el cumplimiento de las Sagradas Escrituras.[10]

Estas tensiones en el evangelio demuestran que está diseñado para ofrecerles a los judíos cristianos de Mateo un relato sobre la vida y la misión de Jesús para que puedan identificarse con las dos lealtades que sienten. Por un lado ellos son judíos, que están tratando de definirse en relación a otros judíos que no han aceptado a Jesús. Estos últimos parecen no ser fieles a la alianza de Moisés, habiéndose unido a un grupo que les parece que son paganos. Por otro lado, ellos son cristianos, que están tratando de relacionarse a una comunidad en la cual la mayoría es de personas gentiles, para quienes la continua adherencia de los judíos cristianos a la ley y a las costumbres judías les resultaría problemático. Por un lado, el Evangelio de Mateo trata de defender y definir a los judíos cristianos y por el otro la unidad con los cristianos gentiles. Le da validez a la continuidad de promesas pasadas que se le hicieron a Israel mientras que al mismo tiempo justifica su nueva alianza con Cristo y con su misión.

La mayoría de las personas expertas en cuestiones bíblicas fechan este evangelio alrededor del año 85 d.C. Las alusiones a la destrucción del Templo de Jerusalén (Mt 21:41-42; 22:7; 24:1-2) indican que Mateo está escribiendo después del año 70 d.C. Esta fecha también toma en cuenta la circulación del Evangelio de

---

Testament and Its World; Edinburgh: T. & T. Clark, 1998]) fomentó la hipótesis de que se debe leer Mateo 28:19 como una justificación de que la misión de la comunidad de Mateo es sólo para los judíos mientras que otros grupos cristianos aceptan la responsabilidad por la misión a los gentiles, que aprobaron, aunque ellos mismos dirigieron sus esfuerzos misioneros sólo para los judíos. Esto no ha sido muy aceptado. Ver la crítica por Senior, "Between Two Worlds," 8–12.

[10] Ver abajo, p. 41, el tema de la Ley en Mateo.

Marcos, compuesto entre los años 68-70 d.C., una de las fuentes de Mateo. También, a mediados del decenio de los años 80 se instituyó en el concilio de Jamnia *la Birkat hammînîm*, la "bendición" de los herejes. Se encontró una versión entre los manuscritos de la Geniza de Cairo.[11] La misma dice, "Que para los renegados no haya esperanza, y que el reino soberbio sea expulsado en nuestros días, y que los nazarenos y los *mînîm* (herejes) perezcan instantáneamente y sean tachados del libro de la vida y que no sean inscritos con los justos. Bendito eres, O Señor, que humillas a los soberbios."[12] Esta "bendición" le dio una expresión litúrgica solemne a la creciente separación entre los judíos de la sinagoga y los seguidores de Jesús.[13] Trae a su punto culminante la hostilidad creciente que culmina con la separación total.

En cuanto a la localidad de la comunidad de Mateo, la suposición más antigua y que todavía se sugiere es Antioquía de Siria.[14] Era la tercera ciudad más grande del imperio, con una comunidad grande de judíos. También era un centro importante para los cristianos.[15] Gálatas 2:11-13, donde Pablo describe su conflicto con Pedro, da testimonio de que Antioquía fue testigo de la lucha entre los judíos cristianos sobre el seguimiento de la Ley. Las tensiones sobre si los gentiles que se convertían deberían seguir la Ley también habrían surgido en Antioquía (ver

[11] Una geniza es un lugar donde se guardan los manuscritos sagrados que han durado más de lo necesario. La práctica judía prohibe destruirlos. Entre 1890 y 1898 se descubrieron manuscritos antiguos importantes en una geniza en el Viejo Cairo.

[12] Esta versión se basa en la traducción inglés de J. Jocz, *The Jewish People and Jesus Christ* (London: SPCK, 1949) 53.

[13] Ver Hagner, "*Sitz im Leben*," 40–42 para ver referencias y una discusión del efecto de Jamnia en las relaciones con los judíos cristianos. Hare, "How Jewish?" 267–69, advierte que no hay evidencia para apoyar la noción de que todas las sinagogas en Palestina o en la Diáspora seguían la política de expulsar a los cristianos de la sinagoga o de que la *Birkat Hammînîm* era la razón de la expulsión.

[14] Ver Raymond E. Brown and John P. Meier, *Antioch and Rome: New Testament Cradles of Catholic Christianity* (New York/Ramsey: Paulist, 1983).

[15] Pablo usó Antioquía como una de sus bases misioneras (Hechos 13:1-3). Y de acuerdo con Hechos 11:26, ahí fue que se les llamó "cristianos" por primera vez a las personas que seguían a Jesús.

Hechos 11:19-26). Por supuesto, todo esto describe muchas de las ciudades del siglo I. Se sugiere que otras localidades pueden haber sido Cesárea Marítima, Sepphoris, Alejandría, Edesa, Tyra y Sidón.

LA COMPOSICIÓN

Nuestra fuente de información patrística más primitiva es Eusebio, quien cita a Papías de Hierápolis (125 d.C.) que dijo, "Mateo juntó los Dichos (*logia*) en hebreo, y todos los tradujeron como mejor pudieron" (*HE* 3.39.16). En cambio, Ireneo y Orígenes pensaron que Eusebio quiso decir que Mateo compuso su evangelio en hebreo o arameo. Sin embargo, no hay prueba de que Papías estaba en una posición de saber cómo Mateo compuso su evangelio. Además, hay mucha ambigüedad en lo que dijo y no hay evidencia indiscutible en el texto griego de que el evangelio fue traducido originalmente del hebreo o del arameo.

La mayoría de las personas expertas de hoy día cree que Mateo usó la tradición de Marcos, una fuente de dichos llamada "Q," y las tradiciones orales y escritas originales de Mateo, llamadas "M."[16] Se piensa que las palabras del mismo evangelista describen muy bien cómo compuso su evangelio: "Todo maestro de la Ley que se ha hecho discípulo del Reino de los Cielos se parece a un padre de familia que, de sus reservas, va sacando cosas nuevas y cosas antiguas" (13:52). Al mismo

[16] Esta versión modificada de la Teoría de dos fuentes todavía se acepta para explicar la relación entre los Evangelios Sinópticos. Una minoría de eruditos modernos sigue los pasos de William R. Farmer (*The Synoptic Problem: A Critical Analysis* [Dillsboro: Western North Carolina Press, 1976]) al usar la hipótesis de Griesbach del siglo pasado. Ellos dicen que Mateo fue el primer evangelio que se escribió. Lucas le añadió más y Marcos lo acortó. Ver también B. C. Butler, *The Originality of St. Matthew: A Critique of the Two-Document Hypothesis* (Cambridge: Cambridge University, 1951). Por otro lado, W. F. Albright y C. S. Mann (*Matthew*. AB26; Garden City: Doubleday, 1971) cuestiona la idea de que exista una relación literaria entre los tres evangelios. Ellos proponen que sus semejanzas provienen de su dependencia común de un evangelio arameo o hebreo que vino primero. Michel Goulder (*Midrash and Lection in Matthew*. London: SPCK, 1974) propone que Marcos depende de Mateo y se deshace de Q.

tiempo, Mateo transmite la tradición fielmente y la forma de una manera creativa.

En relación con sus revisiones de la tradición de Marcos, Mateo muchas veces reorganiza a Marcos y convierte la narración en un diálogo. Él retiene 600 de los 660 versículos de Marcos, siguiéndolo más de cerca a partir del capítulo 13. Él le añade las narraciones de la infancia, los relatos de las apariciones y grandes secciones de las enseñanzas de Jesús al relato de Marcos. Mateo adapta el evangelio a su comunidad donde predominan los judíos cristianos omitiendo las explicaciones de las costumbres judías (Mt 15:2; Mc 7:3-4), dándole más énfasis a cómo Jesús es el cumplimiento de las Escrituras (Mt 3:15; 8:17) y prestándole más atención al asunto de la Ley y su observancia (Mt 5:17-48).

Las parábolas de Mateo son más dramáticas que las de Marcos. Se conocen porque son a gran escala, tienen imágenes apocalípticas, contrastes pronunciados y unos cambios muy marcados. Tienen elementos más alegóricos que las de Marcos o Lucas. Las parábolas de Mateo hacen hincapié en la ética del discipulado a la luz de la crisis escatológica.[17]

LA ESTRUCTURA

Varios eruditos ven una organización cuidadosa en el Evangelio de Mateo de cinco bloques de narración y de discursos enmarcados por las narraciones de la infancia y el relato de la Pasión. La delineación de John P. Meier ilustra esta organización:[18]

[17] Donahue, *Gospel in Parable*, 63–64.

[18] John P. Meier, *Matthew* (NTM 3; Wilmington: Glazier, 1980) vii–viii; de manera parecida, W. D. Davies and Dale C. Allison Jr., *The Gospel According to Saint Matthew* (3 vols.; ICC; Edinburgh: T. & T. Clark, 1988, 1991, 1997) 1.58–72. Benjamin W. Bacon fue el primero en proponer la estructura dividida en cinco en *Studies in Matthew* (London: Constable, 1930). Warren Carter (*Matthew and the Margins* [Maryknoll: Orbis, 2000]) también ve 5 secciones de enseñanza (chaps. 5–7; 10; 13; 18; 24–25) pero 6 bloques de narración: (1) 1:1–4:16 Dios le da la misión a Jesús; (2) 4:17–11:1 Jesús manifiesta el reino y la misión de Dios con palabras y acciones; (3) 11:2–16:20 Respuestas al ministerio de Jesús; (4) 16:21–20:34 Jesús será crucificado y exaltado; (5) 21:1–27:66 Jesús en Jerusalén: Conflicto y muerte; (6) Dios exalta a Jesús.

I. Las narraciones de la infancia: 1:1–2:23
II. Cinco libros de narraciones y discursos[19]
  1. El Hijo comienza a proclamar el Reino
    A. Narración: Los comienzos del ministerio: 3:1–4:25
    B. Discurso: Las bienaventuranzas: 5:1–7:29
  2. La misión de Jesús y sus discípulos en Galilea
    A. Narración: El ciclo de nueve milagros: 8:1–9:38
    B. Discurso: La misión, pasada y futura: 10:1–11:1
  3. Jesús se encuentra la oposición de Israel
    A. Narración: Jesús discute con Israel: 11:2–12:50
    B. Discurso: Las parábolas: 13:1-53
  4. El Mesías crea la Iglesia y predice su Pasión
    A. Narración: Jesús se prepara para la Iglesia con sus acciones: 13:54–17:27
    B. Discurso: La vida de la Iglesia y la organización: 18:1-35
  5. El Mesías y la Iglesia caminan hacia la Pasión
    A. Narración: Jesús dirige a sus discípulo/as hacia la cruz mientras asombra a sus enemigos: 19:1–23:29
    B. Discurso: El juicio final: 24:1–25:46
III. La culminación: La Pasión, Muerte y la Resurrección: 26:1–28:20

Una crítica de esta estructura es que relega las narraciones de la Infancia y de la Pasión a una posición marginal, cuando en realidad, son básicas al relato de Mateo. Además, el tema de Jesús como el "Nuevo Moisés" está presente en el evangelio, pero se cuestiona si es el tema central que hace que el evangelista divida el evangelio en cinco libros para imitar el Pentatéuco.[20]

Algunas personas expertas ven otro esquema en el Evangelio de Mateo, que también tiene una división entre los sermones y las narraciones, y el capítulo 13 como el eje principal. El bosquejo de Peter Ellis es un ejemplo:[21]

[19] Cada uno de éstos se marca con la frase: "Cuando Jesús terminó estos discursos" (7:28; 11:1; 13:53; 19:1; 26:1).

[20] Ver D. Allison, *The New Moses: A Matthean Typology* (Minneapolis: Fortress, 1993), quien concluye que es uno de los muchos temas en Mateo, y no el más importante.

[21] Peter F. Ellis, *Matthew: His Mind and His Message* (Collegeville: The Liturgical Press, 1974).

a Capítulos de las narraciones 1–4
  b Capítulos de los sermones 5–7
    c Capítulos de las narraciones 8–9
      d Capítulo de los sermones 10
        e Capítulos de las narraciones 11–12
          f Capítulo de los sermones 13
        e′ Capítulos de las narraciones 14–17
      d′ Capítulo de los sermones 18
    c′ Capítulos de las narraciones 19–22
  b′ Capítulo de los sermones 23–25
a′ Capítulo de las narraciones 26–28

En esta configuración, Mateo 13:35 se considera como el eje principal de la narración. Antes de este momento decisivo, Jesús se dirige a todos los judíos; a partir de este momento, Jesús les da toda su atención sólo a las personas que ya se han hecho sus discípulos.

No todas las personas expertas ven la estructura de Mateo de manera tan nítida. Nos preguntamos si la estructura que un comentador o una comentadora de hoy encuentra de manera tan ordenada y simétrica fue diseñada así por el evangelista. Otra posibilidad es que la estructura de Mateo se determina cuando vuelve a contar la historia de Marcos. La composición del evangelio tiene más costuras y vueltas de lo que la delineación de arriba permite. Un ejemplo es el de Donald Senior:[22]

I.	1:1–4:11	El origen de Jesús
II.	4:12–10:42	El ministerio de Galilea de la enseñanza (capítulos 5-7) y las curaciones (capítulos 8-9) como un modelo para el ministerio de los discípulos (capítulo 10)
III.	11:1–16:12	Diferentes reacciones hacia Jesús (el rechazo por parte de los adversarios judíos, la fe por parte de los discípulos)
IV.	16:13–20:34	Jesús y sus discípulos caminan hacia Jerusalén
V.	21:1–28:15	Jerusalén; los últimos días de Jesús enseñar en el templo

[22] Donald Senior (*What Are They Saying about Matthew?* [Rev. ed.; New York/ Mahwah: Paulist, 1996] 34–37) propone esta delineación y evalúa otras.

VI. 28:16-20 El final: de nuevo a Galilea; lo/as discípulo/as enviado/as al mundo; la presencia constante de Jesús

En este esquema, el plan de Mateo es mucho menos sistemático, sin embargo, resume bien los movimientos más importantes y los mayores cambios de dirección y los temas teológicos del evangelio. Toma en cuenta la fluidez de las narraciones, algo que las estructuras más rígidas no hacen.

LOS TEMAS TEOLÓGICOS

La Cristología

La presentación de Jesús como el Hijo de Dios e Hijo de David es muy importante en el Evangelio de Mateo. La frase "Hijo de Dios" acentúa momentos críticos en el relato: el bautizo de Jesús (3:17); su tentación (4:3, 6); la profesión de fe de Pedro (16:16); la transfiguración (17:5); el juicio y la crucifixión (26:63; 27:40, 43, 54).[23] El hecho que Jesús es el Hijo de Dios no es un secreto en Mateo como lo es en Marcos. Diez veces[24] el título "Hijo de David" resalta la paradoja que Jesús es el Mesías judío[25] aunque la mayoría de los israelitas lo rechaza. Otro título importante es "Hijo del Hombre."[26]

Los temas de Sabiduría también apoyan la manera como Mateo presenta a Jesús.[27] Mientras que algunas personas ven al Jesús de Mateo como la Sabiduría encarnada (11:2-19, 25-30; 23:37-39),[28] otras notan la influencia de la Sabiduría, pero no

[23] También 8:29; 14:33.

[24] Mt 1:1, 20 [en 1:20 se refiere a José]; 9:27; 12:23; 15:22; 20:30, 31; 21:9, 15; 22:42. Tres de éstos ocurren en Marcos (10:47, 48; 12:35) y Lucas (18:38, 39; 20:41).

[25] *Christos*, "Mesías," ocurre dieciséis veces en Mateo, ocho en Marcos y doce en Lucas.

[26] Ocurre treinta y una vez en Mateo, catorce en Marcos, veintiséis en Lucas. Ver abajo en la p. 107.

[27] Ver el capítulo 17.

[28] Ej., M. Jack Suggs, *Wisdom, Christology, and Law in Matthew's Gospel* (Cambridge: Harvard University, 1970); Felix Christ, *Jesus Sophia: Die Sophia-Christologie bei den Synoptikern* (ATANT 57; Zürich: Zwingli, 1970); Fred W. Burnett, *The Testament of Jesus-Sophia: a Redactional-Critical Study of the Eschatological Discourse in Matthew* (Washington D.C.: University Press of America, 1981); Celia Deutsch,

una cristología[29] de Sabiduría. Mateo le da un énfasis especial a Jesús como Maestro autoritativo (7:29). El Jesús de Mateo usa este título para sí mismo (23:8; 26:18) y asume el papel del Nuevo Moisés. El hecho que Jesús es Emmanuel, "Dios con nosotros," enmarca todo el evangelio (1:23; 28:20).

El discipulado[30]

Lo/as discípulo/as de Jesús en el Evangelio de Mateo son quienes siguen a Jesús, escuchan su palabra y la obedecen (7:21-27; 13:9, 23; 21:6, 26:19). Comparado con Marcos, Mateo presenta a lo/as discípulo/as como personas que tienen un mayor entendimiento (Mt 13:51; 14:33; cf. Marcos 6:52; Mt 16:12; cf. Mc 8:21), aunque todavía tienen sus fallas (13:10, 36; 26:69-75). Pedro tiene un papel más importante en Mateo. En este evangelio Jesús lo declara la "piedra" sobre la cual se edifica la Iglesia (16:18-19).

Es evidente que hay mujeres discípulas, aunque parece que hay dos tradiciones en conflicto.[31] Una tiene una perspectiva patriarcal en la cual sólo los discípulos masculinos reciben el llamado (4:18-22; 9:9-13, 16-22), se les nombra como apóstoles y se les confía la misión (28:16). Los hombres son los que tienen el papel principal y quienes hablan en las narraciones.

La otra tradición preserva relatos de mujeres que jugaron un papel importante. La genealogía de Jesús nombra a cuatro mujeres: Tamar (1:3), Rahab (1:5), Rut (1:5), y la madre de Salo-

---

Hidden Wisdom and the Easy Yoke: Wisdom, Torah and Discipleship in Matthew 11:25-30 (Sheffield: JSOT, 1987).

[29] Ej., Frances Taylor Gench, *Wisdom in the Christology of Matthew* (Langham/New York/Oxford: University Press of America, 1997). Russell Pageant ("The Wisdom Passages in Matthew's Story," *Treasures New and Old*, 197–232) usa reacciones de los lectores para concluir que Mateo usa la historia de Sabiduría no para elaborar más acerca de la identidad de Jesús, sino para interpretar la trama de la historia de Jesús: el paradigma de de la retirada y del rechazo de la Sabiduría se repiten en el rechazo y la muerte de Jesús.

[30] Para ver un estudio narrativo de este tema, ver Richard A. Edwards, *Matthew's Narrative Portrait of Disciples* (Harrisburg: Trinity Press International, 1997).

[31] Elaine M. Wainwright, *Towards a Feminist Critical Reading of the Gospel According to Matthew* (BZNW 60; Berlin/New York: de Gruyter, 1991); "The Gospel of Matthew," in *Searching the Scriptures* (vol. 2; New York: Crossroad, 1994) 635–77; *Shall We Look for Another? A Feminist Rereading of the Matthean Jesus* (Maryknoll: Orbis, 1998).

món (1:6).[32] Aunque el relato de Mateo del nacimiento de Jesús y de los acontecimientos anteriores se orientan hacia José, María no obstante juega un papel importante (1:18-25). La curación de la suegra de Simón (8:14-15) conserva parte de una historia de una llamada que se ha transformado en una historia de curación. La mujer cananea (15:21-28) tiene un papel muy importante en la expansión de lo que Jesús entendía que era su misión. Una mujer unge a Jesús de manera profética antes de su Pasión (26:6-13). La esposa de Pilatos insiste en que Jesús es inocente (27:19). Después que los hombres traicionaron, negaron y abandonaron a Jesús, las mujeres discípulas son testigos de la crucifixión (27:55-56) y del entierro (27:61). María Magdalena y otra María fueron las primeras que vieron a Jesús resucitado y que fueron enviadas con la Buena Nueva (28:1-10).

Estas dos tradiciones reflejan la lucha en la comunidad de Mateo por tener una visión más global del discipulado y de la misión cristiana. No solamente se cuestionaba la admisión de los gentiles y su observancia de la Ley, sino también existían tensiones en relación al papel de las mujeres.

La Iglesia

Mateo es el único evangelista que usa la palabra *ekklēsia*, "iglesia" (16:18; 18:17).[33] Su relato se enfoca primero en la reunión de los discípulos quienes luego serían la Iglesia. En el capítulo 18 se encuentran instrucciones explícitas de cómo vivir como una comunidad reconciliada de creyentes. Sin embargo, no existe un esquema detallado del orden eclesial o de la selección de los líderes. De hecho, en 18:15-20 se hace hincapié en que toda la comunidad tome decisiones y decida qué hacer.

El papel de la Ley

La pregunta sobre la relación entre Jesús y la Ley surge una y otra vez en este evangelio. El término *dikaiosynē*, "justicia"

[32] Ver Amy-Jill Levine, *The Social and Ethnic Dimensions of Matthean Salvation History* (SBEC 14; Lewiston/Queenston/Lampeter: Mellen, 1988) 89–106.

[33] La palabra se encuentra mayormente en las cartas de Pablo, donde ocurre 62 veces, en los Hechos de los Apóstoles (23 veces) y en el libro del Apocalipsis (20 veces).

o "relación justa," y otras palabras parecidas ocurren más en Mateo que en cualquier otro evangelio.[34] El Jesús de Mateo ha venido a cumplir, no a abolir, la Ley (5:17-19). Él denuncia la falta de cumplimiento de la Ley[35] (7:23; 13:41; 24:12) y proclama que hay que observar hasta el menor detalle de la Ley (5:18). Pero también hay textos en los cuales Jesús aparenta revocar la Ley (5:31-42) o adaptar su interpretación (12:1-8).

En Mateo el retrato complejo de la actitud de Jesús hacia la Ley se relaciona con la situación compleja de su comunidad y con la cristología del Primer Evangelio. Al igual que los judíos cristianos, Jesús no rechaza la Ley de Moisés. Él no es el maestro de una Ley nueva; sino el interpretador auténtico de la Ley. Ocurren controversias cuando sus interpretaciones no concuerdan con la de los líderes judíos (ej., 5:21-42; 12:9-14). Jesús afirma la fidelidad eterna de Dios como se manifiesta en la Ley y la interpreta nuevamente en su persona y en su mensaje.

Todavía hay muchos debates sobre si la comunidad estaba situada adentro o afuera de la sinagoga. ¿Reflejan los conflictos entre Jesús y los líderes judíos un conflicto de familia?[36] ¿O se han separado ya los judíos cristianos de Mateo de los judíos de la sinagoga?[37] No importa cómo opinemos, es obvio que este

[34] *Dikaiosynē*, "justicia," se ve siete veces en Mateo (3:15; 5:6, 10, 20; 6:1, 33; 21:32); no se ve en Marcos; una vez en Lucas (1:75); y dos veces en Juan (16:8, 10). El adjetivo *dikaios*, "derecho" o "justo" se ve dieciséis veces en Mateo (1:19; 5:45; 9:13; 10:41; 13:17, 43, 49; 20:4; 23:28, 29, 35; 25:37, 46; 27:4, 19, 24; dos veces en Marcos (2:17; 6:20); once veces en Lucas (1:6, 17; 2:25; 5:32; 12:56; 14:14; 15:7; 18:9; 20:20; 23:47, 50); y tres veces en Juan (5:30; 7:24; 17:25). El verbo *dikaioō*, "justificar," se ve dos veces en Mateo (11:19; 12:37); cinco veces en Lucas (7:29, 35; 10:29; 16:15; 18:14); y no se ve ni en Marcos ni en Juan.

[35] La palabra griega *anomia* significa literalmente "sin ley." Muchas veces es traducido "malhechores."

[36] Ver Reinhart Hummel, *Die Auseinandersetzung zwischen Kirche und Judentum im Matthäusevangelium* (München: Kaiser Verlag, 1963); J. Andrew Overman, *Matthew's Gospel and Formative Judaism: The Social World of the Matthean Community* (Minneapolis: Augsburg Fortress, 1990); Anthony Saldarini, *Matthew's Christian-Jewish Community* (Chicago: University of Chicago, 1994); Graham Stanton, *A Gospel for a New People: Studies in Matthew* (Edinburgh : T. & T. Clark, 1992).

[37] Ej., W. D. Davies and D. C. Allison, *The Gospel According to Saint Matthew* (Vol. 1; ICC. Edinburgh: T. & T. Clark, 1988); Douglas Hare, *The Theme of Jewish Persecution of Christians in the Gospel According to St. Matthew* (SNTSMS 6; Cambridge: Cambridge University, 1967); Georg Strecker, *Der Weg der Gerechti-*

grupo está tratando de definir su propia identidad y de situarse con respecto a la tradición judía. Un mensaje de continuidad con discontinuidad satura el evangelio.

El Reino de los Cielos

La frase *basileia tou ouranou*, "Reino de los Cielos," ocurre treinta y dos veces en Mateo y solamente aparece en este evangelio. En Mateo 19:23-24 se usa como sinónimo de *basileia tou theou* "Reino de Dios," la frase que Marcos y Lucas prefieren.

Es difícil encontrar la frase adecuada para traducir *basileia tou ouranou*. Traducirla como "Reino de los Cielos" es problemático, primero, porque da la impresión de que es un lugar con fronteras fijas. Por mucho tiempo se ha reconocido que *basileia* significa "reinar" o "reinado" pero no "reino" en el sentido de un territorio. Otro problema con la frase de Mateo es que el "Reino de los Cielos" parece referirse al más allá, en la esfera trascendente, en un tiempo futuro. Aunque el Jesús de Mateo les enseña a sus discípulo/as a orar (6:10) y a buscar (6:33) la última venida del *basileia* de Dios (ver 16:27-28), él también proclama que se está acercando (3:2; 4:17) y que ya llegó (12:28).

Otra dificultad con la traducción del "Reino de los Cielos" es que presenta una imagen de Dios como rey, presentando un modelo masculino y monárquico del reino de Dios. Para las comunidades de creyentes cuya experiencia de gobierno es democrática, y que se han dado cuenta de los límites y de los peligros de sólo tener imágenes masculinas de Dios, la palabra "reino" es inadecuada.[38] Finalmente, en el contexto palestino del siglo I, el término *basileia* hubiera primero recordado el sistema de dominación y explotación del imperio romano. La proclamación de Jesús del *basileia* de Dios/de los Cielos ofrecía una visión diferente a la del imperio romano. La *basileia* que Jesús anunciaba era una en la cual ya no había abuso ni dominación.

---

gkeit: Untersuchung zur Theologie de Mattäus (Rev. ed.; Göttingen: Vandenhoeck & Ruprecht, 1966).

[38] Para ver más sobre la crítica del modelo monárquico de Dios como rey y para explorar otros modelos, ver Sallie McFague, *Models of God* (Philadelphia: Fortress, 1987) esp. 63–69. Ver Gail Ramshaw, *God Beyond Gender* (Minneapolis: Fortress, 1995) esp. 59–74.

Esta *basileia* ya estaba presente en las curaciones y las prácticas de liberación de Jesús, en el compartir inclusivo de la mesa de sus seguidores y en las relaciones en las que no existía la dominación. La amenaza política que tal visión subversiva de *basileia* le presentaba al sistema del imperio romano se ve claramente en la crucifixión de Jesús.[39]

Debido a que se reconoce que no hay ninguna frase que capture todo lo que *basileia tou ouranou/theou* significa, se han sugerido otras frases: "reino," "mando," "dominio," "reinado," "imperio," "el bienestar." Con una explicación adecuada, algunas personas usan la palabra *basileia* sin traducirla.

Lo importante no es la traducción que una comunidad adopte, sino que la misma mantenga el sentido del poder salvador de Dios sobre la creación, ya inaugurado de una manera nueva con la encarnación y el ministerio de Jesús. Continúa en el ministerio fiel de la comunidad creyente, pero no manifestado por completo. Ni es un lugar fijo localizado en el más allá ni tampoco equivale a la Iglesia. Es un poder que da autoridad y poder del Dios-con-nosotros.[40]

EL PROPÓSITO

Se han ofrecido varias teorías para explicar por qué Mateo estructuró su evangelio como lo hizo. Los motivos del evangelista pueden haber incluido uno o todos los siguientes: instruir y exhortar a las personas de la comunidad; proveer un manual para asistir a quienes eran líderes de la Iglesia en la predicación, la enseñanza, la adoración, la misión y cómo tratar con las disputas;[41] proveer materiales para las lecturas litúrgicas y para los sermones. De varias maneras, todo/as consideran que Mateo vuelve a relatar la historia de Jesús de tal manera que la Buena Nueva se dirigía a la situación cambiada y cambiante de su co-

[39] Elisabeth Schüssler Fiorenza, *Jesus: Miriam's Child, Sophia's Prophet* (New York: Continuum, 1994) 92–93.

[40] Ver David Buttrick, *Speaking Parables* (Louisville: Westminster John Knox, 2000) 22–38, que trata de la predicación del reino de Dios.

[41] Benedict T. Viviano, "Matthew," *NJBC*, 631.

munidad, dándoles una nueva visión y esperanza. Es la misma tarea que les toca a quienes predican el evangelio hoy día.

Su uso en la Iglesia primitiva y su uso pastoral hoy día

Desde el principio Mateo ha sido el evangelio más usado en la liturgia de la Iglesia. Contrario a lo que las personas que son expertas hoy día piensan,[42] los primeros escritores de la era patrística pensaban que Mateo había sido el primer evangelio que se escribió. Además, su afirmación de tener autoridad apostólica y su uso catequístico le otorgó esa primacía. Por lo tanto, el Evangelio de Mateo ha sido el más comentado[43] y predicado.

El Primer Evangelio todavía les habla a las personas cristianas de hoy, especialmente con su rica espiritualidad, su énfasis sin igual en la promesa de Jesús de estar siempre con nosotros "hasta que se termine este mundo" (28:20), su énfasis en la ética, sus procedimientos pastorales para la reconciliación y la formación de la comunidad y su habilidad de superar el camino difícil de mantener lo que es esencial de la tradición y de navegar en nuevas aguas.[44] Una preocupación pastoral muy importante a la cual quienes predican deberían prestarle muchísima atención es el impacto que el uso del Evangelio de Mateo ha tenido en las relaciones entre las personas judías y cristianas. Las declaraciones en las narraciones del evangelio que reflejan las tensiones históricas de los comienzos de una comunidad judía cristiana

[42] La mayoría de las personas expertas en la Biblia piensa que el Evangelio de Marcos fue el primero que se escribió, antes o poco después de la destrucción del Templo en el año 70 d.C. Marcos fue la fuente para Mateo y Lucas. Entre lo/as que adoptan una posición contraria, William Farmer, es el más notable, (*The Synoptic Problem: A Critical Analysis* [New York: Macmillan, 1964]); presentó de nuevo la hipótesis de Griesbach, la cual cree que Marcos combinó a Mateo y a Lucas.

[43] El primer comentario conocido de Mateo es el de Orígenes (ca. 185–254 d. C.).

[44] Ver Daniel J. Harrington, "Matthew's Gospel: Pastoral Problems and Possibilities," in *The Gospel of Matthew in Current Study* (David E. Aune, ed. Grand Rapids: Eerdmans, 2001) 62–73; Mark Allan Powell, *God With Us: A Pastoral Theology of Matthew's Gospel* (Minneapolis: Fortress, 1995); Ronald D. Witherup, *Matthew. God With Us* (Spiritual Commentaries; New York: New City Press, 2000); Leslie J. Hoppe, *A Retreat with Matthew* (Cincinnati: St. Anthony Messenger Press, 2000).

por entenderse y definirse en relación a las personas judías que no siguieron a Jesús, se tienen que explicar para que los sentimientos negativos contra ellas en el contexto contemporáneo no aumenten. Más bien, el Evangelio de Mateo puede ayudar a las personas cristianas y judías en nuestros diálogos constantes para alcanzar el entendimiento mutuo, el respeto y la aceptación.[45]

Con este entendimiento del evangelista y de sus preocupaciones, ahora nos dedicamos a las parábolas de Mateo en el orden en que aparecen en el Leccionario.

[45] Ver Harrington, "Pastoral Problems," 62-73; Anthony J. Saldarini, "Reading Matthew Without Anti-Semitism," en *The Gospel of Matthew in Current Study* (David E. Aune, ed. Grand Rapids: Eerdmans, 2001) 166–84; Amy-Jill Levine, "Matthew and Anti-Judaism," *CurTM* 34:6 (2007) 409–16.

CAPÍTULO CUATRO

Sal y luz

(Mateo 5:13-16)

Quinto Domingo del Tiempo Ordinario

Martes de la décima semana del Tiempo Ordinario

En aquel tiempo, Jesús dijo a sus discípulos:
"Ustedes son la sal de la tierra.
Si la sal se vuelve insípida, ¿con qué se le devolverá el sabor?
Ya no sirve para nada
y se tira a la calle para que la pise la gente.

Ustedes son la luz del mundo.
No se puede ocultar una ciudad construida en lo alto de un monte;
y cuando se enciende una vela, no se esconde debajo
de una olla,
sino que se pone sobre un candelero
para que alumbre a todos los de la casa.

*Que de igual manera brille la luz de ustedes ante los hombres,**
para que viendo las buenas obras que ustedes hacen,
den gloria a su Padre, que está en los cielos."

SAL Y LUZ

La semana pasada oí decir de un hombre, "él verdaderamente es la sal de la tierra." Todos los que conversaban sabían lo que la metáfora significaba. Sabíamos que este hombre era un buen ciudadano. Él no puede ser ni más ni menos que una persona fiable y de confianza. Sin embargo, puede que esta interpretación sea un entorpecimiento cuando se trata de interpretar el significado de Mateo 5:13.

* La expresión *tōn anthrōpōn* en griego incluye a hembras y varones.

Hay dos metáforas que se comparan en esta historia: las personas que siguen a Jesús son sal y luz. En su contexto literario en el Evangelio de Mateo, este pasaje viene inmediatamente después de las bienaventuranzas y antes de la discusión de Jesús sobre su relación con la Ley. Es parte del sermón en el monte, y Jesús lo dirige a sus discípulos.

LA TRANSMISIÓN DE LA TRADICIÓN

De los pasajes paralelos en Marcos y Lucas, es obvio que los dichos circularon originalmente independientes unos de otros. En Marcos y Lucas los dichos aparecen por separado, en formas y en contextos diferentes que en Mateo, y con significados diferentes. En Marcos la metáfora de la lámpara es parte del capítulo de las parábolas (4:21); el dicho de la sal aparece en Marcos 9:49-50.[1] Lucas preserva dos versiones de la metáfora de la lámpara: Lucas 8:16 de la tradición de Marcos y Lucas 11:33 de Q. El dicho de la sal aparece en Lucas 14:34-35.[2] Hay dichos parecidos de la parábola de la luz en el manuscrito cóptico del *Evangelio de Tomás* y en los papiros de Oxyrhynchus.[3]

[1] Marcos 4:21-25 es la lectura del evangelio para el Jueves de la Tercera semana del Tiempo Ordinario. Marcos 9:49-50 es parte de una historia más larga (9:41-50 asignada para el Jueves de la séptima semana del Tiempo Ordinario.

[2] Lucas 8:16-18 se encuentra en el Leccionario para el Lunes de la vigésimo quinta semana del Tiempo Ordinario. Lucas conecta el tema de la lámpara en 11:33 con la metáfora del ojo como la lámpara del cuerpo (Lc 11:34-36). Estos últimos versos son paralelos a Mt 6:22-23. Ni Lucas 14:34-35 ni Lucas 11:33-36 aparecen en el Leccionario. Mt 6:22-23 se le asigna al Viernes de la undécima semana del Tiempo Ordinario.

[3] Los papiros de Oxyrhynchus son documentos recobrados de una ciudad antigua de Egipto del mismo nombre que prosperó en la edad media de Roma. Se encuentra 125 millas al sur de Cairo y fue excavada por varias temporadas comenzando en el 1897. Los documentos están escritos en griego, en papiro y pergamino, y datan del siglo I hasta el siglo IX, d.C. Los contenidos incluyen documentos oficiales, cartas personales y textos bíblicos. En 1898 y 1903, entre los papiros de Oxyrhynchus, se encontraron tres fragmentos del *Evangelio de Tomás* entre los papiros de Oxyrhynchus. *El Evangelio apócrifo de Tomás* es una antología de 114 dichos atribuidos a Jesús. A diferencia de los evangelios canónicos, no es una narración. El prólogo identifica a Didymus Judas Tomás como el que escribió los dichos. A esta persona se le reconocía como un apóstol y como el hermano gemelo de Jesús en Siria, el lugar donde probablemente se compuso. *El Evangelio*

Es importante recordar que el significado de cada versión varía. Aquí nos concentramos en el mensaje específico que Mateo comunica. Es de notar que Mateo empieza cada frase diciendo, "*Ustedes* son." La primera palabra de la oración, "ustedes" es la que recibe el énfasis. Las metáforas comunican un aspecto del discipulado que ya era algo innato en las personas que seguían a Jesús, no algo que tienen que esforzarse por alcanzar.[4]

SAL DE LA TIERRA

¿Qué significado le hubiese comunicado esta metáfora a la audiencia de Jesús? ¿Y a la de Mateo? En nuestra sociedad estamos conscientes de los peligros de consumir demasiada sal, pero ese no era el caso en la época de Jesús. La sal era muy necesaria, como vemos en Siràcides 39:26: "Lo que es de primera necesidad para la vida del hombre son el agua, el fuego, el hierro y la sal." Un uso importante para la sal era para sazonar y preservar la comida. Job pregunta, "¿Se come sin sal lo desabrido?" (6:6).

La sal era importante para funciones litúrgicas y se incluye en la lista de provisiones necesarias para el templo (Esdras 6:9). Se prescribía como parte necesaria para las ofrendas (Lev 2:13) y los holocaustos (Ezeq 43:24). Las instrucciones para mezclar

---

de Tomás existe en su totalidad sólo en una traducción cóptica del griego, que tiene fecha del siglo IV. El texto se encontró en la biblioteca Nag Hammadi en el 1945. Los tres fragmentos griegos que se encontraron datan aproximadamente de mediados del siglo II. Es posible que una versión aramea existía desde el siglo I, pero no existe evidencia para corroborar esto. Un número de parábolas y dichos en el *Evangelio de Tomás* son paralelos a los que se encontraron en los Evangelios Sinópticos. Son una fuente importante para la investigación de la transmisión de la tradición. Los eruditos están divididos en cuanto a si el *Evangelio de Tomás* es una armonía de los evangelios canónicos a mediados del siglo II o si representa una tradición independiente más temprana. Para leer una traducción moderna en inglés ver Marvin Meyer, *The Gospel of Thomas: The Hidden Sayings of Jesus* (San Francisco: Harper, 1992).

[4] En contraste, en Marcos 9:49-50 y Lucas 14:34-35 la sal representa una cualidad del discipulado. Marcos dice, "el mismo fuego los conservará" (9:49), la sal es la persecución, y su habilidad de purificar. La conclusión de Marcos 9:50, "tengan sal en ustedes y vivan en paz unos con otros," usa la sal como una metáfora para el espíritu de caridad que preserva la comunidad.

el incienso dicen que hay que añadir sal para mantener el polvo perfumado "puro y santo" (Ex 30:35). Eliseo purificó un manantial con sal (2 Reyes 2:19-22). La práctica de frotar a los recién nacidos con sal (Ezeq 16:4) se hacía por razones medicinales, religiosas o ambas. Puede que las personas católicas mayores de edad recuerden la práctica de poner sal en la lengua de los bebés en el bautismo, como símbolo de incorruptibilidad.

Las alianzas se ratificaban con sal (Núm 18:19; 2 Cró 13:5). Dada la naturaleza de la sal como preservativo, una alianza sellada con sal estaba supuesta a durar para siempre. "Comer sal" con otros era una señal de amistad y lealtad (Esdras 4:14; Hechos 1:4). Sazonar nuestras conversaciones con sal (Col 4:6) es hablar con gracia y sabiduría.

Se necesitan diferentes tipos de sal para la fertilidad del terreno, pero el terreno que sólo tiene "azufre, salitre" es un desierto desolado (Deut 29:22; Sal 107:34; Job 39:6; Jer 17:6; Sof 2:9). Los conquistadores regaban sal en las ciudades que destruían como símbolo para reafirmar su destrucción (Jue 9:45).[5]

En resumen, en el mundo de la antigüedad la sal se usaba para sazonar, preservar, purificar y juzgar.[6] Cuando Jesús les dice a sus discípulos, "Ustedes son la sal de la tierra," él puede haber querido decir que ellos hacen parte de o todo lo siguiente: que sonsacan la vivacidad y el sabor del amor de Dios en el mundo; que son una señal de la fidelidad eterna de Dios; que llevan a juicio todo lo que se opone a la *basileia* de Dios.[7]

VOLVERSE INSÍPIDA

La segunda parte del dicho es lo que ha causado las mayores dificultades en la interpretación: "Si la sal se vuelve insípida, ¿con qué se le devolverá el sabor?" Una posibilidad es exami-

[5] Polybius y Livy también lo mencionan como práctica de los romanos. El rey de Asiria Tiglath-Pilesar I habla de hacer esto en la ciudad de Hunusa. Ver Theodore Gaster, *Myth, Legend and Custom in the Old Testament* (New York: Harper and Row, 1969) 428–30 para más ejemplos.

[6] Ver Lawrence B. Porter, "Salt of the Earth," *Homiletic and Pastoral Review* 95 (July 1995) 51–58.

[7] Ver arriba, pp. 43–44 "reino de los Cielos."

nar las situaciones en las cuales la sal se puede volver insípida. Algunos comentadores proponen que Jesús tenía en mente las cortezas de sal que se forman a la orilla del Mar Muerto. La sal de ahí no es químicamente pura, sino que está mezclada con otros minerales y con residuos de plantas. Cuando la sal se disuelve por la humedad, las impurezas que quedan no servirían para nada.[8] Pero esto es lo contrario del proceso que Mateo imagina en 5:13. El evangelio no habla de purificar la sal de los elementos foráneos, sino lo contrario.

Otras personas sugieren que la sal solamente pierde su sabor cuando se disuelve. Entonces, ¿es esto una advertencia para que los discípulos no dejen diluir su ardor o el mensaje del evangelio? ¿Se les advierte que no sean discípulos de pocas ganas?[9] Mateo 5:13 no explica como puede ocurrir tal cosa. En su contexto literario, este dicho viene inmediatamente después de la bendición de Jesús a los discípulos que soportan insultos y persecución por su causa (Mt 5:11-12). Con esto en mente, puede que el dicho de la sal sea para animar a las discípulas y a los discípulos flojos cuya "sal" se estaba desvaneciendo bajo una severa persecución. El tema de ser testigos y testigas aun en la persecución aparece también en Mateo 10:18; 24:14; 28:18-20.[10]

¿Qué tipo de persecución sufrieron las personas cristianas de la época de Mateo? Probablemente no fue la persecución dramática de "echarlos a los leones." Más común hubiese sido la persecución de tipo económico ya que eran una minoría, los conflictos con los judíos de la sinagoga y demás. En el contexto de sus choques teológicos, el énfasis que Mateo pone en "ustedes son la sal" les recuerda que son ellos, y no sus adversarios

[8] Joachim Jeremias, *The Parables of Jesus*. 2d rev. ed. (New York: Scribners, 1972) 169.

[9] John R. Donahue, *The Gospel in Parable* (Minneapolis: Fortress, 1988) 121.

[10] Eduard Schweizer (*The Good News According to Matthew* [Atlanta: John Knox, 1975] 101, 103) encuentra un contraste en el dicho entre lo que es pequeño e insignificante, y su gran efecto. Sólo se necesita un poquito de sal para sazonar al mundo entero. Sin embargo, este contraste es más claro en otras parábolas, como la de la semilla de mostaza, y no es el enfoque primordial de la metáfora de la sal.

de la sinagoga, quienes son los maestros sabios.[11] Otro tipo de "persecución" surgió de la lucha relacionada con el grado de adaptación a la cultura helenística que los rodeaba sin comprometer el evangelio. La pregunta de los problemas que ocurren de la praxis contra-cultural de las personas cristianas no es menos real para las discípulas y los discípulos modernos.

Otra interpretación toma en cuenta que la sal era un producto muy apreciado con impuestos muy altos, como nos dice Josephus (Ant. 8.2.3), se podía diluir, por ejemplo, mezclarla con yeso, para que quien la vendía pudiera aumentar sus ganancias de manera fraudulenta.[12] En tal caso, los pobres serían quienes comprarían sal con poco sabor.[13] El dicho, entonces, podría ser una advertencia a las discípulas y a los discípulos para que no dejen que su testimonio se corrompa o diluya al participar en prácticas injustas contra los pobres.

En cuanto a tirarse y a que la gente la pisotee, hay quienes imaginan una situación parecida a la de los panaderos árabes quienes cubren el piso del horno con capas espesas de sal. La sal funciona como un catalítico para el combustible, que casi siempre es estiércol seco de camellos. Con el tiempo, el efecto catalítico de la sal se gasta y la sal se echa a la calle donde es pisoteada.[14]

VOLVERSE TONTO

Las explicaciones previas funcionan con imágenes de las situaciones posibles en las cuales la sal puede convertir en algo "insípido." Otra opción es examinar otras traducciones del versículo 13b. El verbo *mōrainō*, traducido como "volverse insípida," significa literalmente "volverse tonto" (como Sir 23:14 [LXX]; 1 Cor 1:20; Rom 1:22). Éste es el verbo que se usa en Mateo 5:13 y

[11] W. Nauck, "Salt as Metaphor in Instructions for Discipleship," *Studia Theologica* 6 (1952) 177.

[12] Ver Robert H. Gundry, *Matthew. A Commentary on His Literary and Theological Art* (Grand Rapids: Eerdmans, 1992) 75.

[13] A. H. McNeile, *The Gospel According to St. Matthew* (London: Macmillan, 1952) 55.

[14] Jeremias (*Parables*, 168) nota que si el dicho se refiere a la sal como comida, esta explicación no es adecuada.

en Lucas 14:34. Marcos 9:49 usa un expresión diferente, *analon genētai*, literalmente, "se vuelve no salada." Esta diferencia puede dar una clave sobre las palabras originales de Jesús. Puede que el arameo original era *taphel*, que, como la raíz hebrea *tpl*, tiene un significado doble (1) ser "no salada"; (2) hablar tonterías. En este caso Marcos hubiera conservado el significado original, mientras que Mateo y Lucas anticiparon la conexión entre "no ser salada" y "tonterías," una noción que se ve en la literatura de los rabinos.[15]

Siguiendo esta lógica, Jeremias propone que la siguiente frase, en *tini halisthēsetai*, no se debe traducir como "¿con qué se le devolverá el sabor?" (igual que Marcos 9:50), sino "¿con qué se salará (la comida)?" La frase de Lucas en 14:34, en *tini artuthēsetai*, "¿con qué se la salará?" apoya su argumento. En Colosenses 4:6 vemos el verbo *artuō* con "sal" en la metáfora, "Que su conversación sea agradable y que no le falte el grano de sal." Entonces, lo que Mateo dice en 5:13, es que los discípulos son la sal; si se vuelven insípidos, ¿con qué se salará el mundo (la humanidad)?[16] La respuesta que se insinúa es: con nada. No hay sustituto para la sal.

Entonces, esta manera de examinar la metáfora comunica que la posibilidad de que la sal se vuelva "insípida" no es nada factible, sino algo completamente ridículo. Así como la sal no puede perder su sabor, las discípulas y los discípulos tampoco pueden perder su habilidad de sazonar, preservar, purificar y juzgar. Tal cosa sería una contradicción porque las discípulas y

[15] En la literatura rabínica la sal es una metáfora para la sabiduría. Para obtener una referencia ver Nauck, "Salt as a Metaphor," 164–78. Los rabinos comparaban la Tora con la sal (*b. Sop.* 15:8).

[16] La palabra "mundo," *gē*, tiene 6 significados diferentes en Mateo. Significa: (1) el terreno en la parábola del sembrador (Mt 13:5, 8, 23); (2) el suelo como cuando Jesús le dijo a la multitud que se sentara en el suelo en Mt 15:35 (ver también Mt 10:29; 25:18, 25; 27:51); (3) la tierra, en contraste con el mar, Mt 14:24, 34; (4) la tierra de una región, en el sentido territorial, ej., "tierra de Judá" en Mt 2:6 (de manera similar en Mt 2:20, 21; 4:15: 9:26, 31; 10:15; 11:24; 27:45); (5) la tierra en contraste con o en par con el cielo en Mt 5:18, 35; 6:10, 19; 11:25; 16:19 [2x]; 18:19; 23:9; 24:30, 35; 28:18; (6) el globo habitado y sus habitantes, como en Mt 9:6; 10:34; 12:42; 17:25; 18:19; 23:35. Es el último sentido el que probablemente se usa en Mt 5:13.

los discípulos no pueden dejar de ser lo que son, como la sal no puede dejar de ser sal.

Para apoyar esta interpretación hay dichos parecidos del rabino Josué ben Hananya (ca. 80-120 d.C.). Los filósofos del Ateneo de Roma le preguntaron, "Si la sal se vuelve insípida, ¿con qué puede ser salada?" Él les contestó "Con la placenta de un mulo." Ellos le preguntaron, "¿Tiene el mulo una placenta?" A lo cual el rabino contestó, "¿Puede la sal volverse insípida?" (b. Bek. 8b).[17] Esta conversación ilustra que es tan imposible que la sal se vuelva insípida como que un mulo dé a luz. Jesús y el rabino pueden reflejar un proverbio antiguo común.

ADVERTENCIA

El dicho en Mateo 5:13 concluye con una advertencia seria. Si tal cosa inimaginable ocurriera como la sal perder su sabor, las consecuencias serían terribles. La sal "ya no sirve para nada" porque no hace lo que se supone que haga. En vez de juzgar, ella será juzgada y condenada. Mateo no sólo usa la expresión *(ek)ballō exō*, "tirarse para afuera," en 5:13, sino en otros pasajes para hablar del juicio y la condenación. La sal insípida, tirada y pisoteada, se une a las metáforas de árboles que no dan fruto y que se cortan y se arrojan al fuego (3:10; 7:19), de ojos que hacen que uno peque que se sacan y se tiran lejos (5:29), de hierba mala que se arroja al horno (13:39-42), de peces que no sirven que se tiran al mar (13:48) e invitados a la boda que no se visten apropiadamente y que se echan fuera, a las tinieblas (22:13).[18]

LUZ DEL MUNDO

Solamente Mateo une la metáfora de la luz con la de la sal. Él es el único que iguala a las discípulas y a los discípulos a la luz. Y solamente él, entre los evangelistas canónicos, une el dicho de la ciudad en el monte con el de la vela sobre el candelero.[19]

[17] Ver Nauck, "Salt as Metaphor," 174–75

[18] Los verbos *ballō*, "tirar" y *ekballō*, "tirar para afuera," ocurren en el contexto del juicio en Mt 3:10; 5:26, 29; 7:19; 8:12; 13:42, 48. En Mt 18:8, 9; 22:13; 25:30 el verbo se usa con la preposición *exō*, "afuera," como en Mt 5:13.

[19] En el *Evangelio de Tomás* los dos se encuentran lado a lado en §32 y §33.

Sin embargo, él no es el primero en relacionar la imagen de la luz con la de una ciudad visible en el monte. El profeta Isaías ofrece una visión escatológica de Jerusalén, sobre el Monte Sión, como la montaña de Dios, la montaña más alta a la cual todas las naciones irán (2:2). El pasaje concluye con, "¡Pueblo mío, ven: caminemos a la luz de Yavé!" (2:5).[20]

En el Evangelio de Mateo, "el monte" tiene una importancia especial como lugar para la enseñanza de Jesús (5:1; 24:3), para la revelación divina (17:1, 9) y para el encargo que se les hace a las discípulas y a los discípulos después de la resurrección (28:16).[21] En las culturas antiguas las montañas se consideraban lugares cercanos a Dios. Se acostumbraba construir los santuarios paganos sobre montes (Deut 12:2). Muchos de los encuentros entre Dios y los israelitas ocurrieron en la cima de las montañas.[22] El modelo de todos fue la revelación de Dios a Moisés en el Monte Sinaí. El énfasis de Mateo en Jesús como maestro y revelador en el monte recalca su tema especial de Jesús como el Nuevo Moisés. Mateo 5:14 sugiere que las personas que siguen a Jesús continúen su ejemplo como maestras autoritativas de Israel.

En el contexto de la polémica con sus vecinos judíos y las reclamaciones que compiten por la interpretación autoritativa de la Ley, Mateo le recuerda a su comunidad, "Ustedes son la luz del mundo."[23] Las personas que siguen a Jesús dicen que continúan la alianza de Dios con Israel quien hizo que fueran "luz para todas las naciones" (Isa 42:6). También hay una conexión política. Cicerón (Cataline 4.6) describe Roma como una "luz para el mundo." Lo que Jesús dice no afirma el sistema de dominación del imperio, sino su estilo de vida de acuerdo con las bienaventuranzas, que continúa en el mundo a través de sus discípulas y discípulos, como la "luz del mundo."

Así como la ciudad no se puede esconder, no se puede encender una vela para apagarla inmediatamente (5:15). En una

[20] Ver también Isa 4:5; 60:1-22.

[21] En Mateo *oros*, "monte," ocurre 16 veces, comparado con 11 veces en Marcos, 12 veces en Lucas y 4 veces en Juan.

[22] Ex 19:20; 34:2, 29; Dt 10:1; 11:29; 1 Sam 7:1; 1 Re 18:42; 1 Cr 16:39-40.

[23] Del contexto de Marcos 4:21 y Lucas 8:16 la lámpara parecería ser la palabra revelada a las discípulas y a los discípulos, palabra que deben proclamar. Este significado queda más claro en el *Evangelio de Tomás* §33.

casa de un cuarto sin ventanas en Palestina, una lámpara de aceite sobre el candelero podía iluminar la casa entera. Desperdiciar el combustible tan valioso, encendiendo una vela para apagarla inmediatamente es algo incomprensible. Usar una vasija (*modios*, una olla) para apagar la luz hacía que las chispas peligrosas no saltaran.

TESTIGOS AL MUNDO

Las dos imágenes, la ciudad en la cima del monte y la lámpara en el candelero en la casa, hablan de la naturaleza abarcadora del testimonio de las discípulas y los discípulos. No solamente brillan para todos (*pasin*) en su propia casa, las personas que son parte de la comunidad creyente, sino para todo el mundo. En contraste con el cuarto evangelista, Mateo no usa "mundo," *kosmos*, para señalar a los que se oponen al evangelio.[24] Más bien, es el lugar donde habitan los seres humanos, donde el evangelio tiene que ser proclamado (Mt 26:13).

El último versículo (v. 16) dice que "la luz" es lo mismo que las buenas obras.[25] Lo que los discípulos son, "luz" (v. 14), se conoce por sus obras visibles. Este énfasis de la ética del discipulado se repite muchas veces en las parábolas de Mateo.[26] El propósito de las buenas obras es que conduzcan a la alabanza de Dios (v. 16). Y así, las metáforas de la sal y de la luz ahora se unen para señalar un camino. Ambas, sal y luz, son más efectivas cuando llaman la atención no a ellas mismas, sino a algo

[24] En el Evangelio de Juan el *kosmos*, "mundo," está en oposición al del reino divino (ej. 8:23; 13:1) y es un símbolo de oposición a Dios y al plan de salvación de Dios para la humanidad (ej., 9:39; 12:31; 16:11). El comentario de W. F. Albright y C. S. Mann (*Matthew* [AB26; Garden City: Doubleday, 1971] 55) que "La función de los discípulos como luz es alejarse del mundo, y a la misma vez su propia existencia es tal que tienen que ejercer su influencia en ese mundo," estaría más de acuerdo con la manera como Juan ve el mundo que como lo hace Mateo. En Mateo no se hace hincapié en la separación del "mundo" de las discípulas y los discípulos de Jesús.

[25] Se encuentran declaraciones similares en otras partes del NT: Flp 2:15; Rom 2:19; Hechos 13:47; y en la literatura de rabinos, ej., "Ustedes son las luces de Israel" (*T. Levi* 14:3) y "Haya luz—que quiere decir obras buenas y de justicia" (*Gen. Rab.* 2).

[26] Ver Donahue, *The Gospel in Parable*, 64–65.

que se encuentra más allá de ellas. Cuando se usa para sazonar la comida, la sal funciona mejor cuando mejora el sabor de la comida sin que lo note quien come. De la misma manera, una vela (lámpara) bien puesta no llama la atención a sí misma, sino que ilumina bien todo lo que vale la pena en el cuarto.[27] Así mismo, el efecto de las buenas obras de las discípulas y de los discípulos de Jesús no es para llamar la atención a sí mismos, sino para señalar a Dios, quien debe de ser glorificado. Si las personas cristianas son luz, la luminosidad no les pertenece, sino que refleja a Dios, quien es luz (Sal 27:1; 26:9; Miq 7:8), y a Cristo, quien es la "luz muy grande" vista por todos los que se encuentran en la oscuridad (Mt 4:16; Isa 8:23).

El significado de Mateo 5:14-15 de la ciudad y la vela (lámpara) es más claro que el dicho de la sal en el versículo 13. Cuando se relacionan, ellos presentan imágenes de situaciones imposibles: la sal no puede volverse insípida; una ciudad en un monte no puede ser invisible; una vela (lámpara) no se apaga inmediatamente. De la misma manera, las discípulas y los discípulos, quienes son sal, no pueden dejar de sazonar, preservar, purificar y juzgar. Como luz, no pueden ser invisibles; ni tampoco se puede extinguir su testimonio.

"SU PADRE, QUE ESTÁ EN LOS CIELOS"

Mateo 5:16 es el primero de muchos ejemplos en el Primer Evangelio que menciona a Dios como "su Padre, que está en los cielos." Sólo en el Evangelio de Juan se encuentra "Padre" en labios de Jesús más frecuentemente.[28] En Mateo, Jesús habla de "su Padre, que está en los cielos" diez veces;[29] "su Padre" ocho veces;[30] y les enseña a orar el "Padre nuestro" (6:9). Cuando habla de su propia relación con Dios, Jesús se dirige a "mi Padre

[27] Estoy endeudada al Rev. Paul Kollman por haberme iluminado en esto con su homilía en St. Thomas the Apostle en Chicago el 4 de febrero del 1996.

[28] En el Evangelio de Juan Jesús habla de o se dirige a Dios como "Padre" 117 veces; en Mateo 42 veces; en Lucas 17 veces; y en Marcos 4 veces.

[29] Mt 5:16, 45, 48; 6:1, 14, 26, 32; 7:11; 18:14; 23:9.

[30] Mt 6:4, 6 [2x], 8, 15, 18; 10:20, 29.

del Cielo" nueve veces;[31] "mi Padre" siete veces;[32] y "el Padre" cuatro veces.[33] Él se dirige a Dios, "Padre, Señor del Cielo y de la tierra" (11:25) y "Padre" (11:26). Él habla del Hijo del Hombre que viene "con la gloria de su Padre" (16:27) y de los justos que brillan como el sol "en el Reino de su Padre" 13:43). La expresión "su Padre que está en los Cielos" es única en Mateo con excepción de Marcos 11:25.

El frecuente y casi exclusivo uso de la metáfora "Padre" de Dios en el Evangelio de Mateo presenta una dificultad para muchas personas creyentes hoy día. Las personas que predican tienen que ejercer una labor muy importante en expandir el lenguaje y las imágenes que usamos cuando hablamos de Dios. Es importante que quienes predican entiendan las dificultades teológicas y pastorales que ocurren cuando se habla de Dios predominante o exclusivamente como "Padre."

Primero, es importante recordar que todo lenguaje que se usa para hablar de Dios es metafórico. Ninguna palabra ni frase ni imagen puede capturar la realidad de Dios en su totalidad. Y la Biblia provee una rica variedad de metáforas para Dios. Algunas son imágenes que no son humanas: Dios como una roca (Deut 32:15), un fuego devorador (Deut 4:24), un león cargando una presa (Ose 5:14), un águila mamá que cuida a sus polluelos dándoles refugio bajo sus alas (Deut 32:11-12; Sal 91:4). Las metáforas humanas para Dios son masculinas y femeninas: un pastor (Sal 23), un guerrero (Sal 78:65), un rey (Sal 5:2), una mujer que da a luz (Isa 42:14; Deut 32:18), una mujer que cría a su niño (Isa 49:14-16) y una partera (Sal 22:10-11; Isa 66:9), para nombrar unas pocas.

Todas estas imágenes nos dicen algo de Dios, pero ninguna expresa adecuadamente la totalidad de la divinidad de Dios. Dios es más que lo que las palabras expresan. Sin embargo, es muy importante cuál de las imágenes escogemos para hablar sobre Dios, particularmente cuando es una imagen humana. Aunque aceptamos teológicamente que Dios no tiene género, las metáforas humanas que usamos para Dios pertenecen a un género en

[31] Mt 7:21; 10:32, 33; 12:50; 15:13; 16:17; 18:10, 19, 35.

[32] Mt 11:27; 20:23; 25:34; 26:26, 39, 42, 53.

[33] Mt 11:27 (2x); 24:36; 28:19.

particular. La dificultad surge cuando hablamos de Dios exclusiva y mayormente con imágenes masculinas. Debido a que las metáforas van en dos direcciones, cuando sólo se usan imágenes masculinas para hablar de Dios, entonces ser masculino es ser como Dios; mientras que ser femenina es no ser como Dios. Pero las en las escrituras no hay duda cuando dicen que el macho y la hembra fueron creados en la imagen de Dios (Gén 1:27).

Ya que los evangelios presentan a Jesús hablando frecuentemente de Dios como "Padre" y enseñándoles a sus discípulos a hacer lo mismo (Mt 6:9-13 // Lc 11:1-4), muchas personas cristianas piensan que éste es el término por excelencia que Dios le reveló a Jesús. Joachim Jeremias[34] tuvo mucha influencia al reforzar esta idea. Él hizo cuatro declaraciones: (1) "*ʾAbba*" representa un uso especial de Jesús que era central a su enseñanza; (2) "*ʾAbba*" se deriva de la manera como los bebés hablan y expresa una intimidad especial con Dios; (3) Jesús dirigiéndose a Dios como "Padre" era diferente a la práctica de los otros judíos; y (4) del uso del término en la Iglesia primitiva.

Todavía se discuten mucho las conclusiones de Jeremias. Se han hecho nuevos descubrimientos y se han vuelto a examinar textos conocidos, y se ha encontrado que el dirigirse a Dios como "Padre" no era algo que sólo Jesús hacía. Es algo que se ve en las Escrituras hebreas, en varios textos de Qumran, en Philo, en Josephus y en la literatura rabínica.[35] Es obvio que "padre" era un término importante para la iglesia temprana no

[34] Joachim Jeremias, *The Prayers of Jesus* (Philadelphia: Fortress, 1967) 11–65.

[35] Mary Rose D'Angelo ("*ABBA* and 'Father': Imperial Theology and the Jesus Traditions," *JBL* 111/4 [1992] 611–30) cita los siguientes ejemplos: Sir 23:1, 4; Sab 2:16-20; 14:3; 3 Mac 6:3-4, 7-8; Tob 13:4; 4Q372 1.16; 4Q460; fragmento 2 del *Apocalipsis de Ezequiel*; Jos. *Ant.* 2.6.8 §152; Philo, *Op. mund.* 10,21,72-75; *m. Yoma* 8:9; *b. Taʾan.* 25b. Joseph A. Fitzmyer ("*ʾAbbāʾ* and Jesus' Relation to God" en *According to Paul* [New York: Paulist Press, 1993] 47-63), hace la distinción que las citas de las Escrituras Hebreas y de Qumran usan *ʾāb*, no el arameo *ʾabbāʾ*. Además, en estos textos se habla de Dios como Padre de Israel como nación (se le añade énfasis). Por último, las referencias rabínicas se originaron después de los textos del Nuevo Testamento. Él concluye, "no hay evidencia en la literatura pre-cristiana del judaísmo de Palestina en el Siglo I del uso personal de *ʾAbbāʾ* cuando un judío se dirigía a Dios" y es algo nuevo cuando Jesús lo hace (p. 55).

sólo en los evangelios, sino también en Romanos 8:15 y Gálatas 4:6, donde Pablo dice que el Espíritu ayuda al creyente a orar, "¡Abbá! ¡Padre!"

Las tres veces que la palabra aramea *ʾabbāʾ* aparece en el Nuevo Testamento (Mc 14:36; Rom 8:15; Gál 4:6) enseguida es después de la palabra griega, *patēr*. Las otras veces que la palabra "padre" se usa en el Nuevo Testamento es en griego. Puede que la preservación de la palabra aramea *ʾabbāʾ* en textos de comunidades que hablan griego refleje el uso del mismo Jesús. Sin embargo, por el género de los evangelios,[36] y el hecho de que los primeros seguidores de Jesús también hablaban arameo, no es posible comprobar de manera definitiva que el término vino directamente de Jesús.[37] La noción de que *ʾabbāʾ* se origina del habla de bebés ha sido rechazada en cuanto a estudios lingüísticos.[38] En cuanto a que comunica una intimidad, cuando la palabra "Padre" aparece, como título para Dios en la literatura antigua de las personas judías y cristianas, siempre ocurre en un contexto donde quien hace la petición busca refugio del dolor o busca la seguridad del perdón. Lo que se invoca es el *poder* de Dios y la providencia como "Padre," no su intimidad ni ternura. Cuando las primeras personas que aceptaron el cristianismo, viviendo bajo el poder del imperio romano, invocaban a Dios como "Padre," ellas le presentaban un desafío a la autoridad del imperio. De una manera subversiva, decían que Dios, no el emperador quien reclamaba el título *pater patriae*, era el poder supremo para ellas.

No todas las preguntas sobre el uso de "Padre" por el Jesús histórico pueden ser resueltas con certitud. Sin embargo, hay varias implicaciones importantes. Primero, la creencia de que Jesús tenía una relación íntima con Dios no depende de si lo llamaba "Padre" o no, ni de si se dirigía a Dios de una manera

[36] Hay 3 etapas en la transmisión de los evangelios: (1) las acciones y enseñanzas de Jesús; (2) las varias décadas de la predicación oral de la vida y las enseñanzas de Jesús por sus seguidores; (3) la tradición escrita. La tradición escrita preserva cómo los primeros seguidores de Jesús entendieron y adaptaron el mensaje de Jesús para las necesidades de su época.

[37] Como D'Angelo ha notado ("*ABBA*," 615), nadie le atribuye la expresión aramea *maranatha* (Apo 22:20) a Jesús.

[38] James Barr, "*ʾAbbāʾ* and the Familiarity of Jesus' Speech," *Theology* 91 (1988) 173–79; Fitzmeyer, "*ʾAbbāʾ* and Jesus' Relation to God," 47–63.

original. Tampoco le quita honra a Dios si usamos otros términos además de "Padre." De hecho, decimos más, no menos, sobre Dios cuando aumentamos nuestro repertorio de imágenes divinas y términos.

Segundo, insistir en solamente dirigirse a Dios como "Padre" porque fue la manera especial revelada por Jesús tiene varias fallas. Primero, no se puede comprobar que esta manera de dirigirse a Dios era única de Jesús ni lo más esencial de sus enseñanzas.[39] Segundo, no toma en cuenta las otras imágenes que Jesús usa de Dios. Las parábolas de la mujer con la levadura (Mt 13:33 // Lc 13:20-21), la mujer que busca la moneda perdida (Lc 15:8-10), la viuda que persiste en buscar la justicia (Lc 18:1-8)[40] dan ejemplos de imágenes femeninas de Dios en la enseñanza de Jesús. Estas palabras de Jesús no son menos reveladoras que las veces que llama a Dios "Padre." Tercero, Jesús mismo es quien es la revelación suprema de Dios, no la metáfora "Padre." Cuarto, es un literalismo ecléctico escoger sólo el dirigirse a Dios como "Padre" como la parte más importante del evangelio a la cual los cristianos tienen que adherirse. Pero cuando se trata de otras palabras de Jesús, como "ofrecer también la otra mejilla" (Mt 5:39), "amen a sus enemigos" (Mt 5:44), "vende todo lo que tienes y reparte el dinero entre los pobres" (Mk 10:21), permitimos interpretaciones menos literales.

Aunque se pudiese comprobar con certeza que Jesús llamó a Dios "Padre," eso no resolvería el problema de hoy. Todavía tendríamos que lidiar con el significado que la imagen le comunica a la Iglesia y a la sociedad contemporánea. Para las personas judías y cristianas de la edad temprana, invocar a Dios como "Padre" afirmaba el poder y la autoridad divina en contraste con lo que el emperador reclamaba. Esa idea no tiene nada que ver con su significado hoy día. Nombrar a Dios "Padre" hoy sirve para hacer permanente un punto de vista patriarcal, transfiriendo el dominio masculino de la tierra al cielo.[41] Para poder desafiar

[39] En el Evangelio de Marcos no se puede decir que "Padre" era lo básico que Jesús enseñaba acerca de Dios. Esa palabra sólo se ve 4 veces.

[40] Ver abajo pp. 113–24 y B. Reid, *Parables for Preachers. Year C* (Collegeville: The Liturgical Press, 2000) 186–91; 227–36.

[41] Phyllis Trible, "God the Father," *TToday* 37 (1980) 118.

sistemas de dominación hoy día, como lo hizo Jesús, hay que invocar a Dios por otros nombres además de "Padre."

El trabajo de todas las personas cristianas en todas las épocas es discernir lo que significa ser fiel a las palabras y obras de Jesús en un contexto nuevo. Así como las personas cristianas del siglo pasado decidieron que acabar con la esclavitud era parte de serle fiel al evangelio, aun cuando las enseñanzas de Jesús suponían la institución de la esclavitud, hoy tenemos el desafío de eliminar el sexismo y los sistemas de dominación, aunque se encuentren tejidos en la misma tela de los evangelios.

Por último, no es una solución satisfactoria darle énfasis a las cualidades de amor, intimidad y ternura de un padre. Cuando se afirma que "Padre" no significa dominante ni patriarcal, los hombres ganan su lado femenino mientras que las mujeres no ganan nada. La imagen masculina de Dios queda solidificada en su lugar, luciendo más atractiva.[42] El patriarcado benévolo sigue siendo un patriarcado.[43]

La última dificultad con la frase "su Padre que está en los cielos" es que hablar de Dios "en los cielos" mantiene lo divino alejado. Le da énfasis a Dios como trascendental, alejado del terreno humano. El uso repetido o exclusivo de "su Padre, que está en los cielos" no solamente inculca el patriarcado, sino que disminuye el sentido de "Emmanuel, que significa: Dios-con-nosotros" (Mt 1:23).

POSIBILIDADES PARA LA PREDICACIÓN

En el contexto de las otras lecturas (Isa 58:7-10; Sal 112:4-7, 8a, 9; 1 Cor 2:1-5) para el Quinto Domingo del Tiempo Ordinario, el tema de la luz es el que más sobresale. La primera lectura es una parte de la sección donde Isaías exhorta a Israel a practicar el verdadero ayuno. Él define el ayuno que Dios desea como sigue, "¿No saben cuál es el ayuno que me agrada? Romper las cadenas injustas, desatar las amarras del yugo. Compartirás tu pan con el hambriento, los pobres sin techo entrarán a tu casa, vestirás al que veas desnudo y no volverás la espalda a tu hermano" (Isa 58:6-7).

[42] Elizabeth Johnson, *She Who Is* (New York: Crossroad, 1992) 49.
[43] Ibid., 34.

El resultado es, "Entonces tu luz surgirá como la aurora" (58:8). Para las personas cristianas de la época después de la Epifanía, el énfasis no es el ayuno, sino la luz que brilla.[44] Lleva el mensaje del tema de la Epifanía de Cristo nuestra luz, una luz que se manifiesta en las obras justas de las personas cristianas.

Mientras que el evangelio no especifica cómo las discípulas y los discípulos de Jesús son la luz, la primera lectura nos da ejemplos concretos. El texto de Isaías no sólo le da énfasis a la luz que brilla de los que hacen obras justas, sino también a las personas que han tenido la experiencia de la luz que surge de las tinieblas (Isa 58:10). El Salmo responsorial también afirma que Dios es luz para los justos, quienes a su vez emiten su luz en la oscuridad.

Quien predica puede orientarse por el significado de *mōrainō* en el evangelio, el cual relaciona "insípido" con "una tontería," para animar a las personas creyentes de hoy porque es inimaginable que sean menos de lo que son llamadas a ser como discípulas y discípulos. Así como la sal no puede dejar de ser salada, estas personas tampoco pueden dejar de ser el símbolo de la presencia de Dios en el mundo. Como la sal, ellas reparten la viveza y el sabor del amor de Dios en el mundo; preservan el testimonio de ese amor duradero y son una señal de juicio para quienes se oponen al reino de Dios. La persona que predica puede dar una palabra de advertencia junto con su palabra de ánimo: así como la sal no deja de ser sal, su eficacia se puede diluir. Lo mismo pasa con las discípulas y los discípulos. Quien predica puede nombrar fuentes contemporáneas de libertinaje en nuestra cultura, como acostumbrarse a la adquisividad y al materialismo, o la dispersión de energía que podría ser utilizada para la oración y las buenas obras.

Quien predica podría desarrollar la noción que ni la sal ni la luz llaman la atención a sí mismas, pero son verdaderamente eficaces cuando pasan por desapercibidas. De la misma manera, el bien que las discípulas y los discípulos encarnan y practican no es para llamar la atención, sino para glorificar a Dios.

[44] Reginald Fuller, *Preaching the Lectionary* (Collegeville: The Liturgical Press, 1984) 117–18.

CAPÍTULO CINCO

Dos constructores

(Mateo 7:21-27)

Noveno Domingo del Tiempo Ordinario

Jueves de la primera semana de Adviento (Mt 7:21, 24-27)

Jueves de la duodécima semana del Tiempo Ordinario (Mt 7:21-29)

En aquel tiempo, Jesús dijo a sus discípulos:
"No todo el que me diga '¡Señor, Señor!,'
entrará en el Reino de los cielos,
sino el que cumpla la voluntad de mi Padre, que está en los cielos.
Aquel día muchos me dirán:
'¡Señor, Señor!, ¿no hemos hablado y
arrojado demonios en tu nombre
y no hemos hecho, en tu nombre, muchos milagros?'
Entonces yo les diré en su cara:
'Nunca los he conocido. Aléjense de mí, ustedes, los que han hecho el mal.'
"El que escucha estas palabras mías y las pone en práctica,
se parece a un hombre prudente, que edificó su casa sobre roca.
Vino la lluvia, bajaron las crecientes,
se desataron los vientos y dieron contra aquella casa;
pero no se cayó, porque estaba construida sobre roca.
El que escucha estas palabras mías
y no las pone en práctica,
se parece a un hombre imprudente, que edificó su casa sobre arena.
Vino la lluvia, bajaron los crecientes,
se desataron los vientos, dieron contra aquella casa
y la arrasaron completamente."

EL CONTEXTO LITERARIO

La parábola de los dos constructores (vv. 24-27) concluye el Sermón del monte en Mateo. Emplea un lema común de parábolas: el contraste de dos personas opuestas, que invitan a quienes escuchan a tomar el camino preferido. Los tres versículos antes de la parábola (vv. 21-23) ofrecen un contraste parecido pero un poco diferente.

EL JUICIO FINAL

Los primeros tres versículos nos llevan al momento de la crisis escatológica. "En el día del Juicio" el versículo 22 es una alusión al día del juicio final. Esta frase ocurre mucho en la literatura profética del Antiguo Testamento en referencia al día cuando YHVH sería manifestado en poder y gloria.[1] Mientras Israel esperaba que fuese un día glorioso cuando YHVH lidiaría con sus enemigos, los profetas hablaban del día como el día del juicio final para Israel (Amós 5:18-20) y un día de furor con consecuencias cósmicas (Joel 2:1-2, 30-31). Pero el día también restaurará a todas las personas que escuchen el llamado al arrepentimiento (Joel 3:1). En el Nuevo Testamento, "el día" es el día cuando el Hijo de la Humanidad[2] vendrá con el poder y la gloria (Mt 24:30, 36; 24:42; Lc 17:24).

DECIR "SEÑOR, SEÑOR"

Los primeros versículos de esta lectura del evangelio (21-23) contrastan el decir "Señor, Señor," con el hacer la voluntad de Dios.[3] Hay varias maneras como quienes escuchan el Evangelio de Mateo se han enfrentado a las palabras "Señor, Señor." Primeramente, hay numerosos relatos de curaciones en las cuales la persona que está sufriendo, u otra persona que intercede por ella, se acerca a Jesús y se dirige a él como "Señor": un hombre

[1] Isaías, Jeremías, Ezequiel, Oseas, Joel, Amós, Abdías, Miqueas, Sofonías, Ageo, Zacarías todos profetizan de "el día."

[2] Ver abajo, p. 107 sobre "Hijo de la Humanidad."

[3] Un contraste parecido ocurre en la parábola de los dos hijos en Mt 21:28-32. Ver cap. 11.

leproso (8:2); un centurión por su sirviente (8:6, 8); los discípulos en medio de la tormenta (8:25); dos hombres ciegos (9:28 y 20:30, 31, 33); Pedro, cuando se aventuró al agua (14:28) y luego tuvo miedo (14:30); la mujer cananea rogando por su hija (15:22, 25, 27); el padre de un hijo epiléptico (17:15). En cada caso, quien le suplica se dirige a Jesús como "Señor" para que alivie su sufrimiento. En este contexto, la advertencia de Mateo 7:21 es que quien entre al reino de Dios no solamente tiene que reconocer y llamar a Jesús cuando necesite su poder salvador, sino que él o ella tiene que estar participando activamente en las obras que manifiestan la voluntad de Dios.

Por otro lado, Mateo puede estar refiriéndose al contexto del culto. Por las cartas de Pablo sabemos que la frase "Jesús es Señor" era una proclamación litúrgica común de los primeros cristianos (Rom 10:9; 1 Cor 12:3; Fil 2:11). En este contexto, Mateo 7:21 afirma que una relación duradera con Jesús requiere mucho más que simplemente proclamarlo como "Señor," o participar regularmente en las reuniones litúrgicas. Hacer la voluntad de Dios tiene que acompañar a tal proclamación.

En el contexto del juicio final, el uso de "Señor" en Mateo 7:21 establece a Jesús en el papel del juez escatológico, quien decide de manera definitiva quien entrará y quien no en el reino divino (como Mt 25:11, 37, 44).

DIRIGIRSE A JESÚS COMO SEÑOR

El libro del Éxodo relata que YHVH fue el nombre revelado por Dios cuando Moisés insistió en saber el nombre divino (Exo 3:14). Por reverencia, las personas judías piadosas nunca pronuncian este nombre. En hebreo las cuatro letras YHVH (que significa más o menos "YO SOY el que causa el ser") se escriben sin vocales, para afirmar que no se puede pronunciar. Cuando se lee en voz alta un texto donde YHVH está escrito, las personas judías pronuncian "Adonai," que significa "Señor." Los textos del Nuevo Testamento se refieren muchas veces a Dios como "Señor."[4] En una de las oraciones de Jesús él se dirige a Dios

[4] En el Evangelio de Mateo ver 1:20, 22, 24; 2:13, 15, 19; 5:33; 21:9; 22:37; 23:39; 27:10; 28:2.

con las palabras, "Padre, Señor del cielo y de la tierra" (Mt 11:25 // Lc 10:21).

Las primeras personas cristianas dieron un paso muy grande después de la resurrección al aplicarle el título de "Señor," (*kyrios* en griego; *mārêʾ* o *māryāʾ* en arameo) a Jesús.[5] Pero, en griego, *kyrie* no siempre tiene un significado religioso. Era un término respetuoso para dirigirse a los maestros. Cuando la gente llamaba a Jesús *kyrie* en su ministerio terrenal, era una manera cortés de dirigirse a él, como "señor," que no tenía nada que ver con lo divino.[6] En varias ocasiones el evangelista proyecta el título de la resurrección al ministerio terrenal de Jesús.[7] Es muy probable que el título se le aplicó a Jesús en relación a su regreso en la *parousia* (como en Mt 24:42). Lo vemos en la oración aramea de las primeras personas cristianas, *māranāʾ thāʾ*, "Nuestro Señor, ven!" preservado en griego en 1 Corintios 16:22.[8]

Para las personas creyentes de hoy, "Señor" es un término popular para dirigirse a Dios y a Cristo. Pero hoy día hay varias dificultades con este título.[9] En inglés y en español, el término evoca una imagen de los tiempos feudales llenos de señores y señoritas y el ambiente cortesano. Aunque hay cierta fascinación romántica con la realeza, hay que hacer la pregunta: ¿Cuáles son los efectos de usar este lenguaje para Dios y Cristo?

[5] En Mateo 3:3; 4:7, 10 el evangelista le aplica a Jesús textos de Isaías y Deuteronomio donde "Señor" se refería originalmente a Dios.

[6] Por esta razón la Biblia *NRSV* traduce *kyrie* como "Sir," no "Lord" cuando se refiere a Jesús en Marcos 7:28; Juan 4:11, 15, 19, 49; 5:7; 12:21. Además de estos ejemplos, la Biblia *NAB* (con una revisión del Nuevo Testamento) traduce *kyrie* como "Sir" en Juan 6:34; 8:11; 9:36; 20:15. En Mateo 27:63 los jefes de los sacerdotes y los fariseos usan *kyrie*, "Sir," para dirigirse a Pilato.

[7] Además de las muchas veces cuando a Jesús se le llama *kyrie*, hay veces cuando al Jesús humano se le llama "el Señor," ej. Mc 5:19; 11:3; Lc 1:43; 7:13, 19; 10:1, 41; 11:39; 12:42; 13:15; 17:5, 6; 18:6; 19:8, 31, 34; 22:61; Jn 6:23; 11:2.

[8] Como título cristológico, "Señor" era un favorito del apóstol Pablo—ocurre 250 veces en las cartas que se le atribuyen a él. Para obtener más información del fondo histórico del título, ver Joseph A. Fitzmyer, "New Testament *Kyrios* and *Maranatha* and Their Aramaic Background," en *To Advance the Gospel: New Testament Studies* (2d ed.; The Biblical Resource Series; Grand Rapids: Eerdmans, 1998) 218–35; "The Semitic Background of the New Testament *Kyrios*-Title," *A Wandering Aramean* (SBLMS 25; Chico, Calif.: Scholars Press, 1979) 115–42.

[9] Ver Gail Ramshaw, *God Beyond Gender. Feminist Christian God-Language* (Minneapolis: Fortress, 1995) 47–58.

La palabra anglosajona original "señor" se usaba para referirse a la figura autoritativa masculina que estaba obligada a proveer comida y protección a su comunidad. En la Edad Media adquirió su sentido del poder feudal. Lo que es problemático cuando se usa "Señor" para Dios y Cristo hoy día es que el término se centra en lo masculino, es arcaico y se inclina a la dominación. Mientras que el nombre divino YHVH o "YO SOY" no tiene género sexual, "Señor" siempre es masculino. Mientras que todo lenguaje sobre Dios, es metafórico, y ningún término por su cuenta captura todo lo que Dios es, las metáforas que se usan son de vital importancia. Cuando solamente se usa la terminología masculina para Dios, el encuentro con Dios queda incompleto y no se percibe a la mujer como hecha a imagen de Dios (Gén 1:27). Además, "Señor" se deriva de un sistema económico en el cual se consideraba que el hombre poderoso era el proveedor de los sirvientes subordinados. Muchas veces en los tiempos medievales, lo contrario era verdad: los señores poderosos consumían desproporcionadamente lo que los campesinos producían. Pero, no se trata de si los señores eran justos o abusivos. El problema es que el término "Señor" refuerza los modelos de inigualdad y dominación.

Hoy día el desafío es encontrar o crear el lenguaje que pueda expresar la idea de la providencia divina, la misericordia y el poder en maneras que no apoyan los sistemas terrenales de dominación y sumisión. Una proposición, ofrecida por el National Council of Churches, es usar "el Soberano" para el hebreo YHVH y "el Soberano Jesucristo" para *kyrios*.[10]

Otro título propuesto es "el Ser Viviente."[11] Esta frase tiene la ventaja de que incluye ambos géneros de sexo y captura la

[10] El comité de la NCC hizo esta propuesta en su revisión del lenguaje que incluye ambos sexos para su *Revised Standard Version*. Ver *An Inclusive-Language Lectionary*, ed. The Inclusive-Language Lectionary Committee, Division of Education and Ministry, National Council of Churches of Christ in the U.S.A. (Atlanta: John Knox, 1984) 10–11. Se debería notar que esto no es una solución completamente aceptable. Mucho/as afro-americano/as cristiano/as, por ejemplo, insisten en que llamar a Dios y a Jesús "Señor" es esencial para su fe, y que para ellos es liberador dirigirse a Dios, no a los amos blancos, como "Señor."

[11] Gail Ramshaw, *God Beyond Gender*, 54–57. También sugiere "el Nombre" y "YO SOY" como proposiciones moderadas (pp. 57–58).

esencia del poder que da y sostiene vida de "YO SOY." Además, el título reconoce el poder de Dios de liberar a todos del sufrimiento y de la muerte, expresado y vivido por Cristo, a quien también se le llama, "el Ser Viviente."

En cuanto a los nombres que usamos al referirnos a Dios, tratar de cambiar nombres queridos y usados por mucho tiempo es una situación delicada. Es extremadamente importante que quienes predican entiendan el origen de los nombres que usamos para Dios y como el lenguaje que habla de Dios y Cristo funciona en el contexto contemporáneo. Las personas que predican tienen un papel crítico: pueden escoger mantener el *status quo* o pueden abrir nuevos horizontes. El uso atento y constante de nombres inclusivos y liberadores para Dios y Cristo en la liturgia es mejor cuando va acompañado de una educación clara y respetuosa para adultos. Lo ideal es una comunidad donde las personas pueden estudiar y luchar juntas con sus recelos y temores, mientras siguen claramente su jornada hacia una praxis liberadora en el culto.

CUMPLIENDO LA VOLUNTAD DE DIOS

El lado positivo del contraste de Mateo 7:21 es hacer "la voluntad de mi Padre, que está en los cielos."[12] ¿Qué precisamente es lo que esto significa? ¿Cómo saben las personas creyentes lo que es la voluntad de Dios? Otras cuatro veces el Jesús de Mateo habla sobre la voluntad de su "Padre." La primera vez es cuando Jesús les enseña a los discípulos a rezar, "Padre nuestro . . . hágase tu voluntad / así en la tierra como en el Cielo" (6:9-10). Presentado de una forma teológica pasiva, la oración pide que se cumpla la voluntad de Dios en la tierra como en el Cielo, sin dar detalles específicos de cómo los seres humanos pueden participar en esta tarea.

En otro episodio, la mamá de Jesús y sus hermanos lo buscaban y Jesús les asegura a sus discípulos que "todo el que cumple la voluntad de mi Padre que está en los Cielos, ése es mi hermano, mi hermana y mi madre" (12:50). Aquí Jesús les asegura a sus discípulas y a sus discípulos que cumplir la voluntad de Dios, no tener la misma sangre, establece las relaciones familia-

[12] Ver arriba, p. 57 "mi Padre, que está en los cielos."

res con Jesús. De nuevo, no se explica lo que constituye hacer la voluntad de Dios.

Los últimos dos ejemplos sí hablan claramente de lo que significa cumplir la voluntad de Dios. En Mateo 18:14 Jesús concluye su parábola de la oveja perdida diciendo, "Pasa lo mismo donde el Padre de ustedes, que está en los Cielos: allá no quieren que se pierda ninguno de estos pequeñitos." El contexto de Mateo hace que esta parábola sea una amonestación para los líderes de la iglesia (discípulos en 18:1) para que busquen a cualquiera de los "pequeñitos" (v. 10) que se encuentre extraviado. Hacer la voluntad de Dios es apreciar al más insignificante hasta tal punto que quien sea líder cristiano o cristiana está dispuesto/a a arriesgar alejarse de su "rebaño" para buscar a quien se ha perdido. Al juntar a esa persona con las demás, un gozo tremendo inunda a quien cumple la voluntad de Dios.

El último ejemplo es uno sobrio. Jesús reza tres veces en Getsemaní, "Padre, si es posible, aleja de mí esta copa. . . . que se haga tu voluntad tu voluntad" (26:39, 42, 44). Mientras que el evangelio se acerca a su culminación, la voluntad de Dios se manifiesta en la pasión y muerte de Jesús. No es que Dios desea el sufrimiento y la muerte; más bien, la pasión y la muerte son el resultado de haber vivido una vida implacablemente ejerciendo un ministerio basado en el deseo de Dios por la vida y el bienestar de todos. Así como Jesús alienaba a los poderosos al predicar la voluntad de Dios por la vida y por el bien de todos, cualquiera que siga sus pasos inevitablemente se enfrentará a la persecución, y hasta a la muerte. El poder que el Ser Viviente tiene sobre la misma muerte demuestra que la voluntad de Dios es siempre a favor de la vida en su plenitud.

AMBOS/Y

Del contraste que se ve en el versículo 21, parece que la manera de asegurar un resultado positivo en el juicio final es hacer las cosas que Jesús hizo: profetizar, expulsar a los demonios y otras grandes hazañas.[13] Sin embargo, el versículo 23 predice

[13] En Mateo 14:5, 21:11, 46 se afirma que la gente consideraba que Jesús era un profeta. Para leer sobre el ministerio de Jesús de expulsar a los demonios

un destino horrendo para las personas que hacen estas cosas. "No los reconozco"[14] indica que aunque las obras externas corresponden con lo que Jesús hizo, quienes hacen las obras no tenían una relación con él.

El veredicto final es, "Aléjense de mí todos los malhechores" (v. 23).[15] La frase "los malhechores" significa literalmente, "los que hacen las cosas no de la ley" (*hoi ergazomenoi tēn anomian*).[16] Es alarmante que los que parecen estar haciendo buenas obras (profetizando, expulsando demonios, haciendo grandes hazañas) realmente están haciendo el mal. Una acusación similar se les dirige a los maestros de la Ley y a los fariseos en Mateo 23:28. Jesús los critica porque ellos aparentan ser justos en el exterior, pero en su interior "están llenos de hipocresía y de maldad (*anomia*)." La disposición interior es lo que distingue a las personas justas de las que no siguen la ley. Pero tampoco es suficiente tener la disposición interior que proclama el poder soberano de Jesús (v. 21). Ambas cosas, proclamar y hacer la voluntad de Dios son necesarias para entrar al reino eterno de Dios.

En el contexto de la comunidad de Mateo, la acusación de "no cumplir la ley" se refiere a seguir la interpretación de Jesús de la Ley, no a ignorar excesivamente la Ley.[17] De la misma manera que Jesús se encontró en conflicto con los líderes religiosos

---

ver Mt 4:24; 8:16, 28-34; 9:32-34; 12:22-32; 15:22; 17:14-21. Sus grandes hazañas (*dynameis*) se comentan en Mt 11:20, 21, 23; 13:54, 58. En Mt 10:5-15 Jesús envía a los Doce a hacer lo mismo: a proclamar el Reino de los Cielos, a curar a los enfermos, a resucitar a los muertos, a limpiar a los leprosos y a expulsar a los demonios.

[14] En hebreo "conocer" a otro es tener relaciones sexuales, ej., Gén 4:1, 16, 25; Lc 1:34. Mt 7:23 no habla de ninguna relación, sea íntima o de cualquier otro tipo. La declaración solemne, "Nunca los he conocido" (v. 23) es un eco de cuando Pedro insiste en su negación, "Yo no conozco a ese hombre" (Mt 26:69-75).

[15] En el Salmo 6:9 "Aléjense de mí, ustedes malvados" es una oración de una persona afligida.

[16] El término *anomia* es especial de Mateo entre los evangelios. Ocurre en Mt 13:41; 23:38; 24:12. Mt 13:41 es parecido a 7:23. Describe como, al final de los tiempos, "los que hacen las cosas no de la ley" son recogidos y echados al horno ardiente por los ángeles del Hijo de la Humanidad, en contraste con los justos quienes "brillarán como el sol en el Reino de su Padre" (13:43). Mt 24:12, hablando sobre las calamidades que ocurrirán al final de los tiempos, advierte que porque "tanta será la maldad (*anomia*)," el amor de muchos se enfriará.

[17] Ver arriba, pp. 41–43 "El papel de la Ley" en Mateo.

por sus interpretaciones de la Ley, las personas que lo seguían también tuvieron problemas con los judíos de las sinagogas y con otras personas cristianas, porque tenían interpretaciones diferentes de lo que significaba la rectitud. Mientras que otras personas judías consideraban que los cristianos y las cristianas de Mateo eran quienes "no cumplían la ley," esta lectura del evangelio afirma que quien aclama el poder autoritativo de Jesús en palabra y en obra es quien verdaderamente sigue la Ley.

La parábola de los Dos constructores[18] (vv. 24-27) también contrasta a dos personajes, pero en ella el propósito cambia de "decir y hacer" a "escuchar y hacer." La símil es fácil de entender. Su significado no es misterioso. Toda persona que escuche y actúe de acuerdo con las palabras de Jesús será como la persona que edificó su casa sobre la roca (v. 24). Tal casa no se derrumba cuando es azotada por lluvias, inundaciones y vientos. Pero cualquiera que oiga y no actúe de acuerdo con las palabras de Jesús será como el tonto que construye su casa sobre la arena. Cuando viene la tormenta queda completamente arruinada.

"ESTAS PALABRAS MÍAS"

Esta parábola termina el Sermón del monte con una opción que es presentada muy claramente. Quien ha escuchado la interpretación de Jesús de la Ley ahora tiene que tomar la decisión de aceptarla o rechazarla. Esta opción le fue propuesta a la audiencia original de Jesús y todavía desafía a todas las personas a quienes se les ha proclamado el sermón. "Mis palabras" en los versículos 24 y 26 son enfáticas—lo que se debate es la interpretación de Jesús de la Torá. En su propia vida, la interpretación de Jesús sobre la Ley muchas veces no concuerda con la de los otros líderes judíos religiosos. Y en los primeros decenios después de su muerte, el conflicto continuó como una lucha entre las

[18] Otros títulos de la parábola incluyen "Los dos cimientos" (*NAB*) y "La casa edificada sobre la roca" (Aland, *Synopsis of the Four Gospels*, 70). La fuente de la símil es Q; el paralelo en Lucas 6:46-49 (con vv. 43-45) es la lectura para el Sábado de la vigésima segunda semana del Tiempo Ordinario. También hay un relato rabínico parecido en *m. ʾAbot.* 3:18.

personas judías.[19] Esta parábola advierte que una persona sabia escogerá el actuar de acuerdo con la enseñanza autoritativa de Jesús; mientras que el tonto escucha pero no hace caso.

ESCUCHAR Y HACER

Los ecos del Antiguo Testamento son muy claros. Las mismas dos acciones—escuchar y hacer—son requeridas de Israel cuando se le dio la Ley. Su respuesta fue "Obedeceremos y haremos todo lo que pide Yavé" (Ex 24:7). En las últimas instrucciones de Moisés para la lectura de la Ley se resalta la conexión íntima entre escuchar y hacer. Él le encarga a Josué que lea la ley en voz alta en la presencia de todo Israel "para que escuchen, aprendan a temer a Yavé y cuiden de poner en práctica todas las palabras de esta Ley" (Dt 31:11-12). Para quienes siguen a Jesús, sus palabras son las que requieren la misma respuesta.

La opción no es neutral, o sea, la interpretación de Jesús no es una opción buena entre muchas posibilidades. Quien escucha las palabras de Jesús pero no las pone en práctica tendrá un final desastroso (v. 27). La opción es entre la vida y la muerte. Y en el contexto del juicio final (vv. 21-23), es entre la vida eterna o la condenación eterna.

EDIFICAR SOBRE LA ROCA

Como sucede muchas veces en el Nuevo Testamento, el lenguaje que se usa en el Antiguo Testamento para referirse a Dios ahora se usa para referirse a Jesús. La imagen de la roca se usa frecuentemente en las Escrituras Hebreas para hablar de la fidelidad duradera, la fuerza y la protección de Dios (Dt 32:4, 18, 31; Sal 18:2, 31; 27:5; 28:1; Is 17:10). En las escrituras cristianas, Mateo 7:24 es uno de varios ejemplos[20] en los cuales ahora se dice que la roca es Jesús.

---

[19] Esta declaración es apoyada por los versos que concluyen el Sermón del monte pero no se incluyen en esta lectura del Leccionario: "Cuando Jesús terminó este discurso, la gente estaba admirada de cómo enseñaba, porque lo hacía con autoridad y no como sus maestros de la Ley" (7:28-29; ver Mc 1:22).

[20] Ej., Pablo identifica la "roca espiritual" de la cual los israelitas bebieron durante el Éxodo como Cristo en 1 Cor 10:4. La primera carta de Pedro invita a

LLUVIA, INUNDACIONES Y VIENTO

En la versión de Mateo de esta parábola, el uso de las frases cortas, "cayó la lluvia a torrentes, sopló el viento huracanado" (v. 25) dan la impresión de una tormenta en la que la furia de la naturaleza se expresa en ráfagas implacables de agua y viento.[21] Casi siempre se piensa que la tormenta representa los desafíos en la vida del discípulo o la discípula[22] o las tribulaciones que acompañan la venida del reino.[23] Sin embargo, cada fenómeno del tiempo es un símbolo de la acción de Dios en el mundo.[24] En Palestina, que es un país árido, la lluvia es una bendición, como en Mateo 5:45, donde se conoce el amor inclusivo de Dios porque Dios permite que la lluvia caiga igual sobre el justo y el injusto.[25] De la misma manera, el diluvio en la época de Noé fue una señal de la acción purificadora de Dios en el mundo. Mateo 24:37-39 compara la venida del Ser Humano a los días antes del diluvio en el tiempo de Noé. Finalmente, el viento se asocia con la acción del Espíritu. La palabra griega *pneuma* significa "viento" y "espíritu."[26] Por lo tanto, la lluvia, las inundaciones y el viento

---

las cristianas y a los cristianos, "Se han acercado al que es la piedra viva . . ." (2:4-5). Más similar aún a la imagen de Mt 7:24-27 es 1 Cor 3:10-11 donde Pablo dice, "Yo, como buen arquitecto, puse las bases según la capacidad que Dios me ha concedido; otro después ha de levantar la casa. Que cada uno, sin embargo, se fije cómo construye encima. Pues la base nadie la puede cambiar; ya está puesta y es Cristo Jesús." Hay que notar que en cada caso Jesús mismo es la base mientras que en Mt 7:24-27 la base es la enseñanza de Jesús.

[21] Por contraste, Lucas 6:48 le presta más atención al proceso de excavar una base profunda y solamente habla de una inundación.

[22] Ej., Madeline Boucher, *The Parables* (NTM 7; Wilmington: Glazier, 1981) 129–31.

[23] Daniel Harrington, *Matthew* (SacPag 1; Collegeville: The Liturgical Press, 1991) 109.

[24] Robert Winterhalter and George W. Fisk, *Jesus' Parables: Finding our God Within* (New York: Paulist, 1993) 188.

25 Ver también Dt 11:10-17 para obtener una descripción del regalo de la lluvia que Dios le dará a Israel en la Tierra Prometida.

[26] En Mt 7:25 el verbo *epneusan*, "sopló," es de la misma raíz que el nombre *pneuma*, "viento," o "espíritu." Se expresa "los vientos" con *hoi anemoi* en Mt 7:25. La conexión entre "viento" y "el Espíritu" se ve en Hechos 2:2, donde la venida del Espíritu en Pentecostés es acompañada por "un ruido, como el de una violenta ráfaga de viento," *pnoēs biaias*. En griego el término *pnoē*, "aliento, viento" pasa al mismo significado que *pneuma*. Otro ejemplo es Juan 3:8, donde

en Mateo 7:25, 27 puede que no representen los desafíos y las tribulaciones, sino la acción de Dios en el mundo, que distinguirá a los justos de los "malhechores" (v. 23).[27] Las personas justas se encuentran bien establecidas en la base de "la roca" al escuchar y obrar de acuerdo con las palabras de Jesús, mientras que las otras se arruinarán por completo.

PARALELOS RABÍNICOS

Varios paralelos rabínicos de esta parábola demuestran que las preguntas con respecto a la relación entre escuchar y actuar, la sabiduría y las obras, el estudio y las buenas obras, abundaban al principio del desarrollo del judaísmo y el cristianismo. Una parábola atribuida al rabino Elisha ben Avuyah (110 d.C.) también habla de dos constructores: "A un hombre que se le acreditan las buenas obras y que también ha estudiado bastante la Torá, ¿a qué se parece? A alguien que edifica [una estructura y pone] las rocas debajo [para la base] y los ladrillos encima, para que, sin importar cuánta agua se amontone por el lado, no se derrumbe. Pero el hombre que no tiene buenas obras, aunque haya estudiado la Torá, ¿a qué se parece? A alguien que edifica [una estructura y pone] los ladrillos primero [para la base] y las rocas encima, y cuando se amontone un poco de agua, enseguida se derrumba."[28]

Este cuento rabínico sigue la misma delineación que la parábola del evangelio, pero el debate tiene que ver más con el estudio de la Torá que con las obras buenas. La conclusión es la misma en ambos: para los rabinos, las obras tienen que ser el resultado del estudio de la Torá; para las cristianas y los cristianos, las obras tienen que ser el resultado de tomar en serio la interpretación de Jesús de la Torá.

---

hay un doble juego de palabras con *tēn phōnēn* y *a pneuma*: "la voz del espíritu" o "el sonido del viento."

[27] En Ez 13:10-16 hay una imagen similar de las inundaciones y los vientos de tormenta que Dios envió para poner al descubierto los cimientos de una pared encalada. Esto expone a los falsos profetas que erróneamente le predecían la paz a Israel en relación con los caldeos.

[28] *ʾAbot R. Nat.* ver. A, chap. 24, citado por Brad Young, *Jesus and His Jewish Parables* (New York: Paulist, 1989) 257.

Otro paralelo rabínico se encuentra en *Pirqe ʾAbot* 3.18: "Para quien su sabiduría sobrepasa sus obras, ¿con qué se le puede comparar? A un árbol cuyas ramas son numerosas, pero cuyas raíces son pocas. Llega el viento y lo saca de la tierra y lo derrumba. Pero aquel cuyas obras sobrepasan su sabiduría, ¿con qué se le puede comparar? A un árbol que tiene pocas ramas pero muchas raíces. Entonces, aunque vengan todos los vientos del mundo y soplen contra el mismo, no lo podrán mover de su sitio."[29]

Hay que darse cuenta de que esta parábola hace la pregunta en términos cuantitativos. El punto es el balance entre la sabiduría y las obras.[30] Ésta es una pregunta diferente a la que propone la parábola del evangelio. La opción en Mateo 7:24-27 no tiene que ver con la proporción correcta entre actuar y escuchar; la opción tiene que ver con si la persona va a actuar tan pronto como haya escuchado.

POSIBILIDADES PARA LA PREDICACIÓN

La opción que se les presenta a quienes escuchan la enseñanza de Jesús en el evangelio es un eco de la que Moisés les presenta a las personas israelitas en la primera lectura (Dt 11:18, 26-28). Moisés les ofrece la bendición o la maldición. La bendición resulta cuando obedecen los mandamientos de Dios; la maldición es la consecuencia de la desobediencia al dirigirse hacia otros dioses. La misma dinámica se encuentra en el evangelio, la obediencia ahora se define como el cumplir con la interpretación de Jesús de los mandamientos de Dios. La obediencia incluye la proclamación de la soberanía de Jesús y el cumplimiento de la voluntad de Dios siguiendo el ejemplo de Jesús y en una relación íntima con él (vv. 21-23). Puede que el predicador le quiera dar énfasis al elemento de la opción: que ser discípulo o discípula no se trata de seguir por el camino después de escogerlo, sino que se trata de escoger conscientemente, una y otra vez, el escuchar y obrar de acuerdo con la palabra. Quien predica puede dar

[29] Boucher, *The Parables*, 129–31.

[30] Otros textos rabínicos (ej., *b.Sanh.* 74a; *b.Qidd.* 40b) presentan la pregunta de qué es más importante, ¿el estudio o las obras?

ejemplos concretos para ayudar a las personas que escuchan a reconocer las disyunciones en sus vidas cristianas y ayudarlas a profundizar su conversión. Por ejemplo, si alguien dice que su familia es lo más importante, ¿se refleja en el tiempo que le dedica a la familia comparado con las horas de trabajo? Si digo que creo en estar a favor de los pobres, ¿puedo nombrar algún momento concreto cuando verdaderamente lo hago? Si digo que valoro el ejercicio y una dieta balanceada, ¿cómo es evidente en mi vida diaria? Si digo que creo en la oración, ¿cuántas veces y con quién comparto la oración? ¿Qué obras que identifican a los discípulos o a las discípulas se estancan en el nivel de ideales que tratamos de realizar? ¿Qué ayuda le pediría a Jesús para alinear mis palabras y obras al llamado del evangelio? ¿Qué quisiera yo comenzar a hacer o decir? De la misma manera, ¿qué obras buenas hago de rutina sin sentir nada en mi interior? ¿Qué ayuda le pediría a Jesús para alinear mi corazón con el de él mientras que actúo de manera visible como su discípulo o discípula?

La metáfora central en la parábola es la imagen de Jesús y su palabra como roca. Quien escucha y obra de acuerdo con la enseñanza de Jesús se basa en una base muy firme. Ésta es la misma imagen de Dios en el Salmo responsorial. Para las personas que se sienten sacudidas por la tormenta de la vida o por las exigencias de vivir el evangelio, la imagen de la roca en la parábola ofrece consuelo y ánimo. Puede que haya una oportunidad de sentir la presencia de Dios de una manera especial en medio de los problemas. Sin embargo, la solidez que se ofrece al unirse a Jesús no debe acabar en la rigidez o en una propia estimación extrema. Los discípulos y las discípulas también tienen que poder doblarse como el árbol con el viento, prestándole atención al Espíritu, listos para responder a las nuevas necesidades que surgen en cada época.

La segunda lectura también se relaciona bien con el mensaje de la parábola. Romanos 3:21-25, 28 es donde se encuentra el corazón de la tesis famosa de Pablo de que estar de buenas con Dios ya no depende de las obras de la Ley, sino que ya se ha cumplido por Cristo. Por lo tanto, una persona no se salva por las obras, sino por la fe en Cristo. A primera vista, parece que la lectura está en contraste con la insistencia del evangelio sobre la necesidad de actuar al escuchar la enseñanza de Jesús. Pero

Pablo nunca ignora la necesidad de las buenas obras. En cada carta él alienta a las personas cristianas a obrar de manera que demuestren el amor porque han recibido un regalo de Dios. Por ejemplo, en Gálatas él habla de "la fe que actúa mediante el amor" (5:6) y que la totalidad de la Ley se ha resumido en un solo mandamiento, "Amarás a tu prójimo como a ti mismo" (5:14). En Romanos 3 lo que Pablo quiere decir es que las obras de la Ley no ganan la salvación. Esto no es tan diferente de Mateo 7:22, donde profetizar, expulsar demonios y hacer milagros no garantizan que la persona va a entrar al reino escatológico de Dios. Pablo le da más énfasis al hecho de que estar de buenas con Dios es un regalo, ya cumplido para quien cree por Cristo, y que las buenas obras brotan de la aceptación de este regalo. La persona que predica puede seguir los pasos de Pablo al enfatizar el hecho de que nunca se debe presumir de las buenas obras realizadas. La habilidad de realizarlas nos viene como un regalo, al igual que la gracia de tener un corazón que abraza al Dador.

CAPÍTULO SEIS

El sembrador, la semilla, el terreno, la cosecha

(Mateo 13:1-23)[1]

Décimo Quinto Domingo Del Tiempo Ordinario

Miércoles de la décimo sexta semana del Tiempo Ordinario
(Mt 13:1-9)

Jueves de la décimo sexta semana del Tiempo Ordinario
(Mt 13:10-17)

Viernes de la décimo sexta semana del Tiempo Ordinario
(Mt 13:18-23)

[Un día salió Jesús de la casa donde se hospedaba y
se sentó a la orilla del mar.
Se reunió en torno suyo tanta gente,
que él se vio obligado a subir a una barca, donde se sentó,
mientras la gente permanecía en la orilla.
Entonces Jesús les habló de muchas cosas en parábolas y les dijo:

"Una vez salió un sembrador a sembrar,
y al ir arrojando la semilla, unos granos cayeron a lo largo del camino;
vinieron pájaros y se los comieron.
Otros granos cayeron en terreno pedregoso, que tenía poca tierra;
ahí germinaron pronto, porque la tierra no era gruesa;
pero cuando subió el sol, los brotes se marchitaron,
y como no tenían raíces se secaron.

[1] El Leccionario ofrece la opción de usar la forma breve, Mt 13:1-9.

Otros cayeron entre espinos, y cuando los espinos crecieron,
sofocaron las plantitas.
Otros cayeron en tierra buena y dieron fruto:
unos, ciento por uno; otros, sesenta; y otros, treinta.
El que tenga oídos, que oiga."]

Después se le acercaron sus discípulos y le preguntaron:
"¿Por qué les hablas en parábolas?"
El les respondió:
"A ustedes se les ha concedido conocer
los misterios del Reino de los cielos, pero a ellos no.
Al que tiene, se le dará más y nadará en la abundancia;
pero al que tiene poco, aun eso poco se le quitará.[2]
Por eso les hablo en parábolas,
porque viendo no ven y oyendo no oyen ni entienden.

En ellos se cumple aquella profecía de Isaías que dice:
Oirán una y otra vez y no entenderán;
mirarán y volverán a mirar, pero no verán;
porque este pueblo ha endurecido su corazón,
ha cerrado sus ojos y tapado sus oídos,
con el fin de no ver con los ojos,
ni oír con los oídos, ni comprender con el corazón.
Porque no quieren convertirse ni que yo los salve.

Pero dichosos, ustedes, porque sus ojos ven
y sus oídos oyen.
Yo les aseguro que muchos profetas y muchos justos
desearon ver lo que ustedes ven y no lo vieron
y oír lo que ustedes oyen y no lo oyeron.
Escuchen, pues, ustedes, lo que significa la parábola del sembrador.

A todo hombre[3] *que oye la palabra del reino y no la entiende,*
le llega el diablo y le arrebata
lo sembrado en su corazón.
Esto es lo que significan los granos que cayeron a lo largo del camino.

[2] En el texto griego, los pronombres en el v. 12 son masculinos y singulares. En la proclamación hoy día es preferible usar el género plural que incluye ambos sexos, como lo hace *NRSV*: "Para aquellos que tienen, más se les dará, y tendrán en abundancia; pero de quienes no tienen nada, hasta lo que tienen se les quitará."

[3] En el griego el pronombre en vv. 12, 19, 20, 22, 23 es masculino singular. Es preferible traducirlo con una expresión que incluye ambos sexos, ej., "A todo aquel que oye" (*NAB*, rev. 1986), en vez de "A todo hombre que oye" (*NAB*, 1970).

Lo sembrado sobre terreno pedregoso
significa al que oye la palabra y la acepta inmediatamente con alegría;
pero, como es inconstante, no la deja echar raíces,
y apenas le viene una tribulación o una persecución por causa de la palabra,
sucumbe.[4]

Lo sembrado entre los espinos representa a aquel que oye la palabra,
pero las preocupaciones de la vida y la seducción de las riquezas la sofocan y queda sin fruto.

En cambio lo sembrado en tierra buena
representa a quienes oyen la palabra, la entienden y dan fruto:
unos, el ciento por uno, otros, el sesenta; y otros, el treinta."

EL CONTEXTO LITERARIO

El mayor número de parábolas en el Evangelio de Mateo se encuentra en el capítulo 13, el tercer discurso de los cinco discursos principales de Mateo. Hay siete parábolas, dos explicaciones alegóricas (vv. 18-23, 36-43) y una teoría para el uso de parábolas por Jesús (vv. 10-17, 34-35, 51-52). El capítulo entero se proclama en el transcurso de tres domingos, del Décimo Quinto Domingo al Décimo Séptimo Domingo del Tiempo Ordinario en el Ciclo A, y se repite en el Leccionario de la semana en la décimo sexta semana y la décimo séptima semana del Tiempo Ordinario.

Mateo 13:1-23 tiene tres partes: la parábola (vv. 1-9), una discusión de la razón por la cual Jesús habla en parábolas (vv. 10-17) y una interpretación secundaria de la parábola (vv. 18-23). Los versículos 1-23 siguen de cerca la fuente de Marcos (4:1-20),[5] aunque hay diferencias considerables en la redacción de Mateo de los versículos 10-17. La mayoría de las personas expertas concuerdan que la explicación (vv. 18-23) no era parte de la parábola original de Jesús. Una de las características que distingue a las parábolas de los evangelios es que se cuentan sin tener un final

[4] La *NRSV* traduce el v. 21 para incluir a ambos sexos: "sin embargo tal persona no tiene raíces, y sólo dura por poco tiempo, y cuando vienen los problemas o la persecución por la palabra, esa persona inmediatamente falla."

[5] Ni la versión de Marcos ni la de Lucas aparecen en el Leccionario del domingo; Marcos 4:1-20 es asignado para el miércoles de la tercera semana del Tiempo Ordinario; Lucas 8:4-15 es el evangelio para el sábado de la vigésimo cuarta semana del Tiempo Ordinario.

predeterminado, permitiendo una variedad de interpretaciones.[6] Sólo en el caso de la parábola del sembrador, la semilla, el terreno y la cosecha (Mt 13:1-9, 18-23) y la del trigo y la hierba mala (Mt 13:24-30, 36-43) encontramos una explicación alegórica que se da en el texto del evangelio. Lo más probable es que estas parábolas representan el significado que los primeros cristianos y cristianas les dieron y no las palabras de Jesús.

EL MAESTRO

En la versión de Mateo de la parábola, Jesús adopta la posición de maestro: él se sienta mientras una multitud lo rodea. En el Primer Evangelio la multitud juega un papel generalmente favorable hasta el momento de la narración de la pasión (26:47, 55; 27:20).[7] Estas personas siguen a Jesús (4:25; 8:1), escuchan sus enseñanzas (4:1; 7:28), son sanados por él (12:15) y alaban a Dios cuando dan testimonio del poder de Jesús (9:8, 33). Esta primera parábola se les dirige a ellas.[8]

La parábola permite una variedad de interpretaciones, dependiendo del "personaje" que se escoja para que sea el enfoque. Puede ser: la parábola del sembrador,[9] la parábola de la semilla,[10] la parábola del terreno (basado en la interpretación alegórica de vv. 18-23) y la parábola de la cosecha.[11]

LA PARÁBOLA DEL SEMBRADOR

La primera línea de la parábola llama la atención al sembrador, un personaje conocido en los campos de Palestina. Si la audiencia original de Jesús eran granjeros, quienes reconocían

[6] Ver arriba, pp. 8–10.

[7] Ver Warren Carter, "The Crowds in Matthew's Gospel," *CBQ* 55 (1993) 54–67.

[8] Mat 13:3 es la primera vez que el término *parabolē* aparece en ese evangelio.

[9] Ver *NAB, NJB, La Nueva Biblia Latinoamericana, The Christian Community Bible.*

[10] Ver la versión de 1970 de *NAB.*

[11] La *NRSV* sabiamente no titula la parábola, permitiendo cualquiera de las interpretaciones. La *Revised English Bible* titula todo el capítulo 13 "Parábolas." En el texto griego no hay títulos.

al sembrador como el dueño de la tierra, puede que hayan reaccionado con desdén a la manera de sembrar tan descuidada y desperdiciadora.[12] De la misma manera, si consideraban que el sembrador era un granjero que alquila el terreno o un trabajador como ellos, reaccionarían con simpatía. Ellos sabrían la cantidad de semillas y el gran esfuerzo que se gastan y que nunca dan fruto debido a las condiciones tan duras que existen.[13]

En muchas interpretaciones, el sembrador representa a Dios o a Jesús, y la semilla es la palabra de Dios.[14] Desde esta perspectiva, el relato trata de como Dios actúa en el mundo. Dios es como un granjero extravagante, que sin discernir siembra semillas en todo tipo de terreno. El cuento es una ilustración del amor total de Dios, parecido a Mateo 5:45, donde dice que Dios hace que el sol brille sobre las personas malas y buenas, y hace que la lluvia caiga sobre las personas justas e injustas. El propósito del cuento es que Dios, sabiéndolo todo, dispersa las semillas en todo tipo de terreno. Dios les ofrece la palabra a todas las personas, sin importar su capacidad de aceptarla. Aunque no todas aceptarán la palabra ni darán fruto, de todos modos se le ofrece a toda la gente. Si el sembrador es Jesús, el propósito sigue siendo el mismo. Jesús les predica la palabra a todas las personas, ofreciéndoles el amor total de Dios, sin discriminar, a todo tipo de persona.

La exhortación a escuchar (v. 9)[15] recuerda el *Shema*, la oración de Deuteronomio 6:4-5, que los judíos rezan tres veces al día, "Escucha, Israel: Yavé, nuestro Dios, es Yavé-único. Y tú amarás a Yavé, tu Dios, con todo tu corazón, con toda tu alma y

[12] Hay debate sobre si se acostumbraba arar después de sembrar, como lo expresa la parábola. Algunos textos antiguos hablan de arar antes de sembrar: Is 28:24-26; Jer 4:3; Ez 36:9; *Evan. Tom.* §20; Pliny, *Nat. Hist.* 18.176. Otros hablan de sembrar y luego arar: *Jub.* 11.11; *m. Šabb.* 7.2; *b. Šabb.* 73a-b.

[13] John J. Pilch, *The Cultural World of Jesus. Sunday by Sunday, Cycle A* (Collegeville: The Liturgical Press, 1995) 109–11; Bruce J. Malina and Richard L. Rohrbaugh, *Social Science Commentary on the Synoptic Gospels* (Minneapolis: Fortress, 1992) 202.

[14] Marcos 4:14 es más claro que Mateo en igualar la semilla con la palabra.

[15] La redacción de Mateo disminuye el énfasis de la fuente de Marcos. Marcos comienza la parábola con, "Escuchen" (v. 3) y concluye "El que tenga oídos para oír, que escuche" (v. 9), para que la exhortación sirva de marco para toda la parábola.

con todas tus fuerzas" (citado en Mt 22:37 también).[16] Aunque esta oración representa la relación especial de Israel con Dios, la parábola de Jesús aumenta la audiencia a la cual Dios ahora le extiende su gracia que antes sólo se le dirigió a Israel.

En el mundo palestino de Jesús del siglo I, este cruce de fronteras y mezcla de personas sería escandaloso.[17] Si los campesinos que escuchan a Jesús odian al sembrador, reconociendo en él a un patrón desperdiciador, se les reta a pensar que Dios se puede manifestar hasta en quien ellos consideran despreciable. Si tuvieran que expresar el amor total de Dios, tendrían que expresárselos hasta a quienes abusan de ellos. Sin embargo, noten que como Mateo 5:38-48 aclara, el amor total no significa que se permite la explotación. Más bien, crea una oportunidad para que el opresor se arrepienta; no simplemente lo condena como a alguien que no se puede redimir. Del mismo modo, si los campesinos se identifican con el sembrador como uno de ellos, el desafío es comprender que imitan a Dios en sus acciones cuando, al sembrar la semilla de la palabra de Dios, van más allá de sus propios círculos de amistades y familiares.

Desde la perspectiva de la narración del texto del evangelio, la invitación a la multitud que todavía no sigue a Jesús es a recibir y responder a la palabra llena de gracia que predica. Si son personas judías que piensan que ya lo saben todo y ya obedecen a Dios, Jesús las invita a aumentar su percepción de a quien es que Dios invita a estar entre las personas escogidas. Ahora se les abre una puerta a las personas en la multitud que consideran que están en "las afueras" de Israel, o a quienes no pertenecen al Dios de Israel.

Desde el punto de vista de la comunidad de Mateo la parábola justifica el incluir a las personas judías marginadas y a quienes no son judíos ni judías entre los fieles. El sembrador

[16] Ver B. Gerhardsson, "The Parable of the Sower and Its Interpretation," NTS 14 (1968) 165–93. Para él, las semillas devoradas por los pájaros representan los que no aman a Dios con todo su corazón; las que caen en tierra pedregosa a los que no aman a Dios con toda su alma; las que fueron sofocadas por los espinos a los que no aman a Dios con todas sus fuerzas.

[17] Malina and Rohrbaugh, *Social Science Commentary*, 192–94; David Rhoads, "Social Criticism: Crossing Boundaries," en *New Approaches in Biblical Studies*, ed. J. C. Anderson and S. D. Moore (Minneapolis: Fortress 1992) 135–61.

ha regado las semillas entre quienes anteriormente no se consideraban "terreno bueno." Para las comunidades cristianas contemporáneas que luchan con la inclusión de los demás, la parábola puede funcionar de la misma manera.

LA PARÁBOLA DE LA SEMILLA

Si la semilla es el punto principal de la parábola, el punto de vista cambia a la fiabilidad de que la semilla dará fruto. Aunque a primera vista parece que no dará fruto, el resultado final es lo que confirma la eficacia de la semilla. La parábola asegura que la palabra de Dios cumplirá con su propósito aunque mucho caiga en oídos sordos.

Puede que la parábola sea un recontar de Isaías 55:10-11: "Como baja la lluvia y la nieve de los cielos y no vuelven allá sin haber empapado y fecundado la tierra y haberla hecho germinar, dando la simiente para sembrar y el pan para comer; así será la palabra que salga de mi boca. No volverá a mí sin haber hecho lo que yo quería, y haber llevado a cabo su misión."[18]

En el contexto del ministerio de Jesús, la parábola anima a sus discípulos y discípulas a que, aunque sean pocas personas las que den una respuesta positiva, la predicación de Jesús de la palabra de Dios, por fin, logra cumplir el propósito de Dios. En el contexto de la comunidad de Mateo, que cuestiona el por qué no muchas personas aceptan la interpretación de Jesús de la Ley como él la entiende, la parábola asegura que es de fiar. Si algunas personas quieren culpar la calidad de las semillas porque no todas maduran (como en 13:27) la parábola deja saber muy claramente que no es la culpa de la semilla. Las personas cristianas de hoy pueden obtener la misma garantía de la parábola. A pesar de no dar resultados al principio, sus esfuerzos por divulgar la palabra de Dios eventualmente darán fruto.

[18] C. A. Evans ("A Note on the Function of Isaiah 6:9-10 in Mark 4," *RB* 99 [1981] 234–35) analiza la versión de la parábola de Marcos como un midrash sobre Is 6:9-13 y Is 55:10-11. Ver también J.W. Bowker, "Mystery and Parable: Mark 4:1-20" *JTS* 25 (174) 300–17, quien ve a Marcos 4:1-20 como un midrash sobre Is 6:13.

LA PARÁBOLA DE LA COSECHA

Otro punto de vista que surge si la cosecha es el punto principal de la parábola. La narración crea una dinámica en la cual las expectativas aumentan con cada vez que se siembra. En el camino, se elimina toda esperanza cuando los pájaros enseguida devoran la semilla. En el terreno pedregoso, la esperanza surge cuando la semilla comienza a crecer, pero, de nuevo, no dura mucho. Entre los espinos, la esperanza dura un poco más, porque probablemente la semilla y los espinos "crecen juntas," sólo para que los espinos triunfen. Por último, de la tierra buena viene el grano que llega a madurar.

Pero el cuento hace mucho más que llegar a un punto culminante esperado. No se trata simplemente de asegurarles a las personas que alcanzarán el éxito final aunque experimenten fracasos. Las cantidades enormes de la cosecha ponen al descubierto la parábola, y transportan al oyente a un escenario escatológico. La imagen de la cosecha se usaba mucho para hablar sobre el fin del mundo,[19] porque es una hipérbole.[20] Las cantidades de la cosecha son astronómicas. Si una buena cosecha para un granjero palestino era dar diez por fruto, las que producen el ciento, el sesenta o el treinta por uno no se pueden ni imaginar.[21] Esta multiplicación anormal simboliza la totalidad divina que se desborda, y sobrepasa toda medida humana.[22]

[19] Como también Mt 13:30, 39; 21:34, 41; Mc 4:29. La explicación de la parábola de la hierba y el trigo dice claramente "la cosecha es el fin del mundo" (Mt 13:39).

[20] Irenaeus (*Adv. Haer.* 5.33.3-4) afirma que Papías predijo que en la era mesiánica "un grano de trigo dará fruto de 10,000 espigas, y en cada espiga habrá 10,000 granos." En la tradición rabínica *Ketub.* 111b-112a dice que tomará un barco entero para cargar una uva en la era mesiánica.

[21] Jeremias (*The Parables of Jesus* [2d rev. ed.; New York: Scribners, 1972] p. 150, n. 84) afirma que una buena cosecha producía 10, con un promedio de 7 y medio. Pilch (*The Cultural World of Jesus. Cycle A*, 109) dice que una buena cosecha era de 4 a 5. Davies and Allison (*Matthew*, 385) cuestionan si se supone que se exagere la cantidad. Ellos citan a Varro, *R.R.* 1.44.2, quien dice que las semillas en Syria podían dar fruto de 100, y otros textos (*Sib. Or.* 3.263-4; Theophrastus, *Hist. Plant.* 8.7.4; Strabo 15.3.11; Pliny, *N.H.* 18.21.94-5) que dicen más o menos lo mismo.

[22] Algo parecido ocurre en Gén 26:12 "Isaac sembró en aquella tierra y cosechó aquel año el ciento por uno. Yavé lo bendijo."

Considerado desde esta perspectiva, ya sea en el contexto la predicación de Jesús, la comunidad de Mateo o la proclamación contemporánea del evangelio, la parábola deja asombradas a las personas que escuchan por la abundancia increíble de la gracia de Dios manifestada en el fin del mundo. Evoca el asombro y la alabanza de Dios, porque la cosecha milagrosa es claramente la obra de Dios y sobrepasa cualquier cosa que cualquier ser humano podría hacer. Un campesino granjero que ha trabajado muchísimo contra viento y marea oye en este cuento la buena nueva de la providencia amorosa de Dios hacia las personas necesitadas y les asegura la gran recompensa al final de los tiempos.[23]

Teniendo en mente la proclamación de Jesús que el reino de Dios ya está cerca (Mt 4:17), algunos expertos interpretan la abundancia de la cosecha como una articulación de la esperanza de las personas oprimidas de poner en orden las relaciones en el presente.[24] No se trata solamente de soñar con un futuro mejor, sino que tiene un efecto subversivo en el presente. La cosecha abundante podría destruir la relación entre quien cultiva y quien le alquila el terreno. Con tanta cosecha el granjero que antes luchaba para comer y pagar sus deudas ahora podía pensar en comprar el terreno, lo que antes le hubiera parecido una locura. Podría acabar con su servidumbre al dueño del terreno.

Un detalle que Mateo ha alterado de su fuente es el mencionar las cantidades de los frutos en orden descendiente: "el ciento, el sesenta y el treinta por uno" (v. 8). En Marcos 4:8 la escala asciende y la dinámica del cuento es más explosiva. El estilo de Marcos se parece más al de Sirácides 41:4 donde se habla de una persona que vive "diez, cien o mil años."[25]

[23] Pilch (*Cultural World. Cycle A*, 109) nota que si la audiencia de Jesús oye la parábola como el cuento de un amo malgastador que realiza una ganancia enorme, esto no sería una buena nueva para ellos. Entonces nos preguntaríamos, por qué Jesús contaría tal cuento que describe cómo eran las cosas en una situación opresiva sin ofrecer ninguna esperanza con una alternativa.

[24] Ej., Ched Myers, *Binding the Strong Man* (Maryknoll: Orbis, 1988) 177.

[25] Jeremias, *Parables*, 150. Gundry (*Matthew*, 254) sugiere que Mateo pone 100 primero como el mejor ejemplo. Los Padres de la Iglesia temprana les daban significados alegóricos a los números. San Jerónimo igualaba los 100 con mujeres castas, los 60 con viudas y los 30 con los casados (*PL* 26.89). Así también lo hacía

LA RAZÓN POR LA CUAL SE HABLA EN PARÁBOLAS (13:10-17)

Enmarcada por la parábola (vv. 1-9) y la explicación alegórica (vv. 18-23) vemos una discusión de la razón por la cual se habla en parábolas.[26] Esta sección es la que se desvía más de la fuente de Marcos. En Marcos 4:10-12 las personas que estaban alrededor de Jesús, junto con los Doce le preguntaron acerca de las parábolas (v. 10). La respuesta de Jesús contrasta a quienes están adentro y a quienes están afuera. A quienes están adentro se les da "el misterio del Reino de Dios," pero para quienes están afuera, todo está en parábolas (v. 11). El resultado es que, al igual que con los profetas, sólo las personas que están bien dispuestas escuchan y obedecen (v. 12). En el Evangelio de Marcos el contraste no es entre los discípulos y las discípulas de Jesús y la multitud; "las de adentro" incluyen a todas las que están alrededor de Jesús, que escuchan y obedecen su enseñanza. Los discípulos y las discípulas en Marcos son personas con fallas que luchan constantemente por entender. Marcos 4:1-20 les advierte a los discípulos y a las discípulas que se pueden convertir en quienes están afuera; se requiere más que sólo la decisión inicial de seguir a Jesús.

Mateo, por el contrario, ha presentado claramente una división entre los discípulos y las discípulas de Jesús y la multitud en 13:10-17. Los discípulos y las discípulas (*hoi mathētai*) son quienes se le acercan a Jesús, no "los que lo seguían, junto con los Doce" (Marcos 4:10). En Mateo la pregunta de los discípulos y las discípulas no es para que Jesús les explique las parábolas. Más bien preguntan, "¿Por qué les hablas [a la multitud] en parábolas?" (v. 10). Se insinúa que las parábolas ni siquiera se les dirigen a los discípulos y las discípulas. No es hasta 13:36, donde estas personas le piden a Jesús que explique la parábola

---

San Agustín, con la excepción de los 100, quienes para él eran los mártires (*PL* 35.1326). Ver también Theophylact en *PG* 123.532.

[26] Davies y Allison (*Matthew*, 387) notan que Mt 13:1-23 sigue el ejemplo del Antiguo Testamento y los apocalipsis judíos, la literatura rabínica y los textos herméticos y gnósticos: (1) enseñanza; (2) cambio de escena o audiencia; (3) pregunta; (4) reproche; (5) interpretación o aclaración. Ver Zacarías 4; Marcos 7:14-23; 2 Baruc 13-15; el *Evangelio de Tomás* 42-43; *Ap. Jas.* 6-7; *Corp. Herm.* 10.6-7. En Mat 13:1-23 no hay reproche, aunque puede que el versículo 9 lo insinúe.

de la hierba mala en el campo, que ellas parecen formar parte de quienes escuchan del capítulo 13. El versículo 34 aclara que la audiencia en los versículos 24, 31, 33, es la multitud.

La respuesta de Jesús (vv. 11-12) explica por qué los discípulos y las discípulas entienden, pero la multitud no. Dios es el sujeto implícito que se expresa en una forma teológica pasiva, "A ustedes se les ha concedido" (*hymin dedotai*). El conocimiento que los discípulos y las discípulas tienen es un regalo de Dios. Mateo luego transpone y expande un versículo que aparece más tarde en el discurso parabólico en Marcos 4:25, que recalca la diferencia todavía más: a quien tiene, se le dará más y tendrá en abundancia; pero a quien no tiene, aún lo poco que tiene se le quitará (v. 12).

En el contexto de Mateo 13:10-17 lo que se "da" es conocimiento de "los misterios del Reino de los cielos" (v. 11). Ésta es la única vez que la palabra "misterios" ocurre en los evangelios (Mt 13:11 y parecidos). Es la presencia del reino de Dios en Jesús y su ministerio que constituye el "misterio." En otras fuentes judías "misterio" se asocia con el plan de Dios para el final de los tiempos.[27]

El enfoque cambia en el v. 13 a la razón[28] por la cual Jesús les habla a otras personas en parábolas. Mientras que los vv. 11-12 trata de la disposición de Dios, los versículos 13-17 ponen el énfasis en la responsabilidad humana. Mateo, más que Marcos, cita el texto de Isaías 6:9-10 de una manera más completa. Mateo considera que esas palabras se han cumplido ahora.[29] El resultado es que la multitud tiene la culpa de no entender. Sus corazones endurecidos, sus oídos sordos y sus ojos cerrados bloquean cualquier posibilidad de escuchar y de obedecer las

[27] Ej., Dan 2:27-28; *1 Enoch* 68.5; 103.2; 4 Ezra 10:38; 14:5; *2 Bar.* 81:4; *b. Meg.* 3a; *Tg Ps.-J.* a Gén 49:1. Ver también Rom 11:26; 2 Tes 2:7; Ap 10:7; 17:5-7.

[28] Mateo cambia el *hina* de Marcos, "para que" a *hoti*, "porque." El énfasis de Marcos es en el resultado o la consecuencia de Jesús hablar en parábolas, no la razón.

[29] Citas del Antiguo Testamento, particularmente de Isaías, que interpretan las palabras y obras de Jesús como el cumplimiento de una profecía ocurren muy frecuentemente en Mateo. Pero no es muy común que las citas nos vengan de la boca de Jesús; más común es que el autor de la narración interprete las citas.

palabras de Jesús. Por causa de su falta de fe es que Jesús les habla en parábolas a quienes no le hacen caso a su enseñanza.

Vemos otro cambio en los versículos 16-17, con la bienaventuranza tomada de la fuente Q (con Lc 10:23-24). Jesús les habla a las otras personas en parábolas porque los discípulos y las discípulas han recibido una gracia especial para ver y escuchar. Otra nota escatológica se ve cuando Jesús contrasta la bendición de lo que sus discípulos y sus discípulas ven y oyen con lo que los profetas de antes y la gente justa anhelaban. Es un nuevo anuncio del reino de Dios.

LA PARÁBOLA DEL TERRENO (VV. 18-23)

La mayoría de las personas expertas cree que la explicación de la parábola en los versículos 18-23 es una interpretación secundaria de la Iglesia primitiva.[30] Un análisis lingüístico comprueba que ésta es la única vez en los evangelios que ocurre el uso absoluto de *ho logos*, "la palabra," un término técnico para "el evangelio" que vemos muchas veces en las Cartas de Pablo y en los Hechos de los Apóstoles.[31] Otra señal que la Iglesia primitiva compuso los versículos 18-23 es el uso de *speirein*, "sembrar," en referencia a "la palabra" (como en 1 Cor 9:11). Asimismo, el paralelo en el *Evan. Tom.* §9 no tiene la interpretación, una señal de que, en un momento dado, la parábola circuló sin ella.[32] Además, la interpretación no toma en cuenta el punto escatológico de la parábola. En vez, se convierte en una exhortación para un examen personal.[33] Con la excepción de la hierba mala en el campo (Mt 13:24-30, 36-43), ninguna otra parábola del evangelio

[30] Ver Allison y Davies, *Matthew*, 396–99 para obtener un análisis detallado de los diferentes argumentos a favor y en contra. Ellos se encuentran entre los pocos eruditos que están menos seguros del carácter secundario de los versículos 18-23. Ellos encuentran que ninguno de los dos lados da una prueba definitiva.

[31] Ej., 2 Cor 11:4; 1 Tes 1:6; 2:13; 2 Tes 1:6; 2 Tim 1:8; 2:9; Col 1:6, 10; Hechos 6:7; 12:24; 17:11; 19:20.

[32] Davies y Allison (*Matthew*, 398) comentan que es tan posible que la explicación fue originalmente parte de la parábola y que el autor del *Evan. Tom.* eliminó la explicación para mantener la historia esotérica.

[33] Jeremias, *Parables*, 28. Davies y Allison (*Matthew*, 402-3) observan que lo importante para Mateo no era la exhortación, sino más bien la explicación del por qué la mayoría de los judíos no había aceptado a Jesús como el Mesías. Dios

tiene una explicación alegórica. Lo más probable es que Jesús terminaba sus parábolas con desafíos indefinidos.

Sin embargo, estos versículos ofrecen información importante acerca de cómo la Iglesia primitiva predicaba esta parábola de Jesús, y dan una ejemplo de cómo se podría predicar. La audiencia para los versículos 18-23 sigue siendo los discípulos y las discípulas. La exhortación al principio de escuchar (v. 18) y la manera como Mateo enmarca la explicación con oír y *comprender* (vv. 19 y 23)[34] aclara muy bien que los discípulos y las discípulas comprenden (vv. 11, 16), pero no completamente. Todavía tienen que escuchar y obedecer a Jesús.

La explicación alegórica en los versículos 18-23 claramente trata de los diferentes niveles de receptividad de los cuatro diferentes tipos de terreno, es decir, los cuatro tipos de oyentes de la palabra. Los tipos de obstáculos que un granjero enfrentaría con los pájaros, las rocas, las espinas y la exposición extrema de la semilla al sol, representan los obstáculos a los que una persona se enfrenta al recibir la palabra. La falta de entendimiento, la obra del malvado, la falta de buenas raíces, la tribulación y la persecución por causa de la palabra, las preocupaciones cotidianas y las tentaciones de las riquezas, todas son obstáculos que impiden que la palabra de Dios eche sus raíces y dé fruto.[35]

El énfasis en esta manera de leer la parábola radica en quien escucha. Se exhorta a cada persona a que elimine todos los impedimentos y se convierta en "tierra buena." La parábola no sólo explica por qué algunas de las personas que oyen "dan fruto" y otras no, sino que llama a todas las que la escuchan a cultivarse a sí mismas para tener una mayor receptividad y un mayor entendimiento. Para la comunidad de Mateo, esto le da la respuesta de por qué no todo Israel ha aceptado a Jesús como el Mesías.

---

no es la causa de este fracaso, sino las personas, que son libres de endurecer sus corazones.

[34] Solamente Mateo añade "comprender" a "oír" en los versículos 19 y 23.

[35] Hay algo parecido en el Mishnah donde se habla de diferente oyentes como: aquellos que son lentos para oír y rápidos para perder; aquellos que son lentos para oír y lentos para perder; aquellos que son rápidos para oír y lentos para perder; y aquellos que son rápidos para oír y rápidos para perder (*m. ʾAbot* 5.10-15).

POSIBILIDADES PARA LA PREDICACIÓN

La tarea de la persona que predica es discernir cuál de las muchas posibilidades, las cuatro delineadas arriba u otras más, comunica el mensaje que le hace falta escuchar a su congregación aquí y ahora. ¿Lucha la comunidad con la inclusión? Entonces sería bueno que quien predica se enfoque en la forma en que el sembrador siembra la palabra de manera indiscriminada y extravagante. ¿Se siente la gente desanimada porque sus esfuerzos de evangelización y justicia no han dado resultados? Entonces la parábola le puede dar ánimo en cuanto a la eficacia garantizada de la semilla, de la palabra y de la cosecha abundante al final de los tiempos. Se puede apoyar esta interpretación con la primera lectura, Isaías 55:10-11, un anuncio de salvación para Israel. Pinta un retrato de la palabra de Dios que es cíclica. De la misma manera que la lluvia y la nieve se originan en las nubes sobre la tierra, mojan la tierra y se evaporan de nuevo, de igual modo nos viene la palabra de Dios, cumple con su propósito de darle vida a la humanidad y lleva todo a Dios. En yuxtaposición con la parábola en Mateo 13:1-9, enfatiza que la palabra de Dios incluye a todas las personas y es muy eficaz.

Otra opción puede ser el enfocarse en la cosecha. Si hay personas en la congregación quienes se encuentran atrapadas por la opresión, entonces la imagen revolucionaria de una cosecha extraordinaria les puede dar esperanzas de que el sistema de dominación puede cambiar. Esta interpretación va muy bien con la segunda lectura (Rom 8:18-23) el Décimo Quinto Domingo del Tiempo Ordinario, en la cual Pablo habla muy elocuentemente de la gloria escatológica que le será revelada a quienes sufren en el presente.

Para una asamblea que se está descuidando sus esfuerzos de cultivarse a sí misma para ser "tierra" buena y poder recibir la palabra, una exhortación de remover las "piedras" y los "espinos" sería una buena idea. La parábola les advierte a los discípulos y a las discípulas que su buena recepción inicial de la palabra puede fallar al encontrar impedimentos contra la fe. Se requiere más que la decisión inicial de seguir a Jesús.

Si quien predica escoge discutir la pregunta del por qué algunas personas entienden y otras no (vv. 10-17), él o ella no debería olvidar las dos partes de la discusión. Por un lado, el entendimiento es un regalo de Dios (vv. 11-12, 16-17); por el otro lado, uno tiene que responderle al regalo con obras humanas (vv. 13-15). De igual manera, si la persona que predica se enfoca en la cosecha del final de los tiempos, sería bueno que él o ella no olvidara el segundo punto de la responsabilidad humana. La parábola, con su explicación, no promueve la espera pasiva por la cosecha futura, sino exhorta a quienes escuchan a abrir los ojos, los oídos y los corazones. La persona que predica no le debería dar énfasis a la exclusividad del regalo de comprender que se les ha dado a unos pocos, sino a la responsabilidad de compartir ese regalo de la misma manera indiscriminada y extravagante como el sembrador que riega la semilla.

CAPÍTULO SIETE

La cizaña y el trigo, la mostaza traviesa, la levadura escondida

(Mateo 13:24-43)[1]

Décimo Sexto Domingo Del Tiempo Ordinario

Sábado de la décimo sexta semana del Tiempo Ordinario (Mt 13:1-9)

Lunes de la décimo séptima semana del Tiempo Ordinario (Mt 13:10-17)

Martes de la décimo octava semana del Tiempo Ordinario (Mt 13:18-23)

[En aquel tiempo, Jesús propuso esta parábola a la muchedumbre:
"El Reino de los cielos[2] *se parece*
a un hombre[3] *que sembró buena semilla en su campo;*
pero mientras los trabajadores dormían, llegó un enemigo del dueño,
sembró cizaña entre el trigo y se marchó.
Cuando crecieron las plantas y se empezaba a formar la espiga,
apareció también la cizaña.

Entonces los trabajadores fueron a decirle al amo:
'Señor, ¿qué no sembraste buena semilla en tu campo?
¿De dónde, pues, salió esta cizaña?'

[1] El Leccionario ofrece la opción de usar la forma breve, Mateo 13:24-30.

[2] Ver arriba pp. 43–44 acerca de "el Reino de los cielos."

[3] La palabra griega *anthrōpos* se debería traducir de manera que incluya ambos sexos, "una persona."

El amo les respondió: 'De seguro lo hizo un enemigo mío.'
Ellos le dijeron:
'¿Quieres que vayamos a arrancarla?'
Pero él les contestó: 'No. No sea que al arrancar la cizaña,
arranquen también el trigo.
Dejen que crezcan juntos hasta el tiempo de la cosecha y,
cuando llegue la cosecha, diré a los segadores:
Arranquen primero la cizaña y átenla en gavillas para quemarla;
y luego almacenen el trigo en mi granero.'"]

Luego les propuso esta otra parábola:
"El Reino de los cielos es semejante a la semilla de mostaza
que un hombre siembra en un huerto.
Ciertamente es la más pequeña de todas las semillas,
pero cuando crece, llega a ser más grande que las hortalizas
y se convierte en un arbusto,
de manera que los pájaros vienen y hacen su nido en las ramas."

Les dijo también otra parábola:
"El Reino de los cielos se parece a un poco de levadura
que tomó una mujer y la mezcló con tres medidas de harina
y toda la masa acabó por fermentar."

Jesús decía a la muchedumbre todas estas cosas con parábolas,
y sin parábolas nada les decía,
para que se cumpliera lo que dijo el profeta:
Abriré mi boca y les hablaré con parábolas;
anunciaré lo que estaba oculto desde
la creación del mundo.

Luego despidió a la multitud y se fue a su casa.
Entonces se le acercaron sus discípulos y le dijeron:
"Explícanos la parábola de la cizaña sembrada en el campo."

Jesús les contestó:
"El sembrador de la buena semilla es el Hijo del hombre,
el campo es el mundo, la buena semilla son los ciudadanos del Reino,
la cizaña son los partidiarios del maligno,
el enemigo que la siembra es el diablo,
el tiempo de la cosecha es el fin del mundo, y los segadores son los ángeles.

Y así como recogen la cizaña y la queman en el fuego,
así sucederá al fin del mundo:
el Hijo del hombre enviará a sus ángeles
para que arranquen de su Reino a todos los que inducen a otros al pecado

y a todos los malvados,
y los arrojen en el horno encendido.
Allí será el llanto y la desesperación.
Entonces los justos brillarán como el sol
en el Reino de su Padre.
El que tenga oídos, que oiga."

EL CONTEXTO LITERARIO Y LA ESTRUCTURA

Esta selección nos viene del centro de Mateo 13, el discurso de las parábolas, la tercera de cinco secciones importantes de enseñanzas en el evangelio. Incluye la parábola larga de la hierba mala y el trigo (vv. 24-30), su explicación (vv. 36-43), dos parábolas cortas: una de la semilla de mostaza (vv. 31-32); una de la levadura mezclada con la harina (v. 33); y otra explicación de por qué Jesús le habla a la multitud en parábolas (vv. 34-35). ¡Las posibilidades para la predicación son innumerables!

La estructura de Mateo 13:24-43 refleja la de Mateo 13:1-23, el evangelio del domingo anterior. En ambas selecciones una parábola y su explicación alegórica proveen el marco para la explicación del uso de parábolas por Jesús. La audiencia para las tres parábolas en Mateo 13:24-33 es la multitud. Los versículos 34-35 son una interrupción por el narrador para explicar el uso de parábolas por Jesús. En el versículo 36 la audiencia cambia a los discípulos y las discípulas, que piden una interpretación de la parábola de la maleza en el campo después que Jesús despidió a la multitud.

LA MALEZA Y EL TRIGO

En los evangelios canónicos, la parábola de la maleza en el campo de trigo (vv. 24-30 y su explicación secundaria (vv. 36-43) ocurren solamente en Mateo.[4] En muchos aspectos se oye un eco

[4] El *Evan. Tom.* §57 contiene la siguiente versión: "Jesús dijo: el reino del padre es como una persona que tenía [buena] semilla. Su enemigo vino por la noche y sembró cizaña entre la buena semilla. La persona no trató de sacar la cizaña sino les dijo, 'No, puede que cuando arranquen la cizaña, arranquen el trigo junto con ella.' Porque el día de la cosecha la cizaña se verá y se arrancará y quemará." (esa traducción se basa en la traducción inglés de Marvin Meyer,

de la parábola del sembrador/la semilla/el terreno/la cosecha y su interpretación alegórica (13:1-9, 18-23). Los temas que surgieron en 13:1-23 surgen de nuevo: sembrar, semillas, tierra, el reino de Dios, impedimentos para el crecimiento. Ambos hablan de un resultado positivo a la hora de la cosecha. Sin embargo, el énfasis de 13:24-30 es diferente del de 13:1-9. En Mateo 13:1-9 el asunto principal es el por qué todas las personas que escuchan la palabra no responden completamente a la misma. La parábola de la hierba mala trata de un problema más general, el de la convivencia entre el bien y el mal, y presenta dos preguntas difíciles: ¿Quién es responsable por la maldad? (vv. 27-28a) y ¿Qué hay que hacer? (vv. 28b-30). Las respuestas que surgen de esta parábola dependen de si las personas que escuchan adoptan la posición del amo o la de los esclavos.

"EL REINO DE LOS CIELOS SE PARECE . . ."

Las tres parábolas en 13:24-33 usan la misma símil para hacer una comparación explícita. Cada cual comienza, "El Reino de los cielos se parece . . ."[5] Pero hay que tomar en cuenta que en cada caso el cuento compara el reino de Dios a toda la situación que se ve en la parábola. No es que el reino de Dios se parezca a la persona que siembra la buena semilla, o a la semilla de mostaza o a la levadura. Todo lo que ocurre en la parábola es parecido a lo que es el reino de Dios.[6] La traducción de la *Revised English Bible* lo captura muy bien: "El reino de los Cielos es como sigue. Un hombre sembró su campo . . ."

EL CUENTO

El cuento supone que las personas que escuchan conocen las prácticas agrícolas. Son personas que conocen por experiencia que la maleza siempre crece junto con el trigo. La narración

The Gospel of Thomas [HarperSanFrancisco, 1992] 45). La mayoría de los expertos consideran que la versión abreviada es una reducción del relato canónico.

[5] Ver arriba, pp. 43–44 acerca de "el Reino de los cielos."

[6] Jeremias (*Parables*, 101) nota que la fórmula que introduce la parábola refleja el arameo le, y el significado no es "se parece," sino "es el caso que . . . como con . . ." El contenido de la parábola también afirma este entendimiento.

comienza con el amo que riega la buena semilla en el campo (v. 24). Cuando nadie está al tanto, un enemigo sabotea la granja (v. 25).[7] Una crisis ocurre cuando la hierba mala aparece junto con el trigo justo cuando la cosecha madura y comienza a dar fruto (v. 26). El diálogo que sigue entre los sirvientes y el amo primero indaga acerca del origen de la maleza (vv. 27-28a) y luego acerca de lo que se debe hacer (vv. 28b-30).

LA IDENTIFICACIÓN CON LOS ESCLAVOS

Si las personas que originalmente escucharon a Jesús eran campesinos, lo más probable es que se identifiquen con los esclavos del cuento. Estas personas hubiesen oído la pregunta del origen de la hierba mala con un poco de miedo. Suponiendo que los esclavos fueron quienes sembraron y cuidaron el campo, es posible que sintieran miedo de que se les echara la culpa por el crecimiento de la maleza. Lo que los esclavos le preguntaron al amo, "Señor, ¿no sembraste buena semilla en tu campo?" (v. 27) trata de desviar la culpa hacia la calidad de la semilla que se les dio en vez de hacia ellos mismos. La respuesta del amo (v. 28) exonera a los esclavos de la responsabilidad y señala hacia el enemigo. Desde la perspectiva de una narración, la persona que escucha ya sabe que la causa de la maleza es la obra del enemigo (v. 25).[8]

[7] W.O.E. Oesterley (*The Gospel Parables in the Light of their Jewish Background* [New York: Macmillan, 1936] 60) habla sobre el realismo de este detalle. Él cita una ley romana que trata de sembrar cizaña en el campo de otra persona. Jeremias (*Parables*, 224) señala otra ocurrencia similar en la Palestina moderna. Otros (ej., Schweizer, *Matthew*, 303) encuentran la introducción del enemigo que siembra cizaña un hecho imposible que arruina un cuento que pudo haber sido real. Ver también A. J. Kerr, "Matthew 13:25: Sowing *zizania* among another's wheat: realistic or artificial?" JTS ns. 48/1 (1997) 106–9; David H. Tripp, "*Zizania* (Matthew 13:25): Realistic if Also Figurative," *JTS* 50 (1999) 628.

[8] Douglas Oakman (*Jesus and the Economic Questions of His Day* [SBEC 8; Lewiston: Mellen, 1986] 114–23) explica que la cizaña puede contaminar la tierra de diferentes maneras. Si el campo no se limpia en el verano durante el barbecho después de la cosecha, la cizaña de todo tipo crece rápidamente y acaba con el agua en reserva. Si la cizaña es venenosa, su semilla tiene mal sabor para los pájaros y las ratas y así se queda en el campo y es arada con el rastrojo. Los humanos, los animales y el viento pueden cargar la semilla de la cizaña al campo.

La respuesta del amo a la segunda pregunta, en relación con lo que hay que hacer con la cizaña es sorprendente, porque el mejor método es arrancar la cizaña lo más pronto posible. Los comentaristas identifican la hierba mala como cizaña *(zizania)*, un tipo que es venenosa y común en Palestina. Se parece mucho al trigo en sus primeras etapas, aunque un granjero con experiencia puede distinguirla por la anchura de la hoja. Como el grano de la cizaña contiene un veneno fuerte, no es prudente cultivarla junto con el trigo. La mezcla arruina la calidad del grano y también presenta un peligro para la salud. Además, separarlas en el tiempo de la cosecha es muy difícil. La cizaña se parece al trigo en tamaño y apariencia, pero es diferente en el peso. El granjero podría tratar de separarlas con una escoba o con un cedazo, pero sin la tecnología moderna, estos métodos no son totalmente eficaces. Lo preferido sería arrancar la cizaña lo más pronto posible, y hacerlo repetidamente, si fuera necesario. Esto elimina el peligro al que las semillas del trigo están expuestas, porque sus raíces se pueden entrelazar con las de la cizaña, y así ya no tendrían que competir por tener espacio, alimento, humedad y luz.[9]

LA RUINA DE UN AMO EXPLOTADOR

La decisión del amo de esperar hasta la cosecha para separar la cizaña del trigo, entonces, no fue muy sensata. Esta parte del cuento deja a las personas que escuchan perplejas en cuanto a qué pensar y cómo responder. Si quienes escuchan están de parte de los esclavos, una reacción es cuestionar la sabiduría del amo. Los trabajadores que trabajan directamente en la granja se dan de cuenta de las dificultades que se les van a presentar. Viendo que el amo no está muy interesado en la situación, pueden pensar que está optimista con la cosecha. Pueden pensar que es un dueño codicioso que piensa que hasta la cizaña le va a traer ganancias porque se puede quemar como combustible.[10]

[9] Esta información viene de Oakman, *Economic Questions*, 114–23.

[10] Davies and Allison (*Matthew*, 415) dicen que los doctos no están en acuerdo si era normal juntar la cizaña para combustible (como Jeremias, *Parables*, p. 225 n. 37) o si era costumbre quemar el campo entero después que el trigo era cortado (como Gundry, *Matthew*, 265). Los textos de la antigüedad no resuelven esta situación, y ambas prácticas son conocidas de los tiempos modernos.

Desde esta perspectiva, la parábola presenta la falta de conocimiento de la agricultura y la imprudencia de un propietario codicioso. La buena noticia para los esclavos es que el sabotaje de un enemigo—quizá un rival de su misma clase social—puede limitar la explotación del amo. Los campesinos se hubiesen regocijado con el fracaso del propietario causado por uno de su misma clase. Imaginar el reino de Dios como la ruina de quienes le sacan ganancias a un sistema explotador es una buena noticia para quienes se encuentran en el lado de la desventaja de tal sistema.[11]

Desde la perspectiva de un propietario insensato, esta parábola presenta una advertencia a no subestimar el peligro de la cizaña que está presente. Si el propietario, por causa de su codicia, por falta de conocimiento o de inhabilidad de tomar en serio los buenos consejos de las personas que trabajan para él, no puede examinar la situación de una manera apropiada, de igual modo puede que él no se encuentre preparado para la llegada del reino de Dios.

CONFIAR CON PACIENCIA

El punto de la parábola depende también de como una persona se imagine el final. La parábola no nos deja saber si el plan del dueño funcionó o si la cosecha, en verdad, fue decepcionante. Si el plan del propietario funcionó, entonces surgen otras posibilidades para la interpretación. Si la decisión poco convencional del propietario acabó siendo una decisión prudente, entonces la parábola se convierte en una garantía de que las fuerzas del bien (el trigo) siempre pueden resistir las fuerzas del mal (la cizaña). A los trabajadores del campo les pide que confíen con paciencia en la persona cuyo trabajo es separar la hierba mala de la cosecha cuando llegue el momento adecuado. Va en contra del deseo de los esclavos de actuar de manera prematura y les recuerda que su deber no es juzgar.[12]

[11] Oakman, *Economic Questions*, 122–23.

[12] Ver Philippe Bacq and Odile Ribadeau Dumas, "Reading a Parable: The Good Wheat and the Tares (mt 13)," *LumVit* 39 (1984) 181-94; W. G. Doty, "An Interpretation: Parable of the Weeds and Wheat," *Int* 25 (1971) 185–93.

NEGARSE A TOMAR REPRESALIAS

John Pilch lleva esta interpretación un paso más allá y ve el cuento como un relato de la justificación de alguien que se rehúsa a desquitarse contra su enemigo. Dentro de la cultura de honor y de vergüenza del Mediterráneo en el siglo I el propietario se presenta como un hombre de buena clase social económica cuyo enemigo lo convierte en la burla del pueblo entero cuando aparece la cizaña. Los campesinos esperan que él se desquite, para que su enemigo no lleve la ventaja. Pero el propietario es listo. Él sabe que el trigo es suficientemente fuerte para resistir la cizaña. Su decisión de no vengarse contra su enemigo queda justificada cuando en el momento de la cosecha no sólo tiene trigo, sino que también tiene combustible adicional. El amo y los sirvientes rieron últimos.[13]

Hay que notar que esta interpretación da por entendido un resultado favorable en la cosecha y una presentación favorable del amo. También da por entendido que el propietario conoce al enemigo, un detalle que no está muy claro en el texto. Esta interpretación del trigo y la cizaña también toma en cuenta Mateo 5:38-48, un texto que habla en contra de exigir "ojo por ojo y diente por diente." Sin embargo, una diferencia muy importante es que en Mateo 5:38-48 la alternativa no es la falta de acción. Más bien, el texto nos presenta tres ejemplos de acciones creativas, pacíficas y directas que confrontan e inestabilizan la situación opresiva, ofreciendo la posibilidad de la conversión y la transformación.[14]

LA PRÁCTICA DE INCLUSIÓN DE JESÚS

La interpretación más probable de la parábola en relación con una situación de la vida de Jesús,[15] es que justifica la práctica

[13] John Pilch, *Cultural World. Cycle A*, 112–14.

[14] Ver Walter Wink, *Engaging the Powers. Discernment and Resistance in a World of Domination* (Minneapolis: Fortress, 1992) 175–93.

[15] Varios expertos dudan que la parábola viene de Jesús y creen que Mateo la compuso, quizá por la influencia de Marcos 4:26-29 (la parábola de la semilla que crece en secreto) que Mateo no usa. Otros encuentran que el vocabulario es característico de la fuente M y no tienen ningún problema en aceptar que sí

de la inclusión. En comparación con otros grupos de personas judías, como los fariseos, los de la comunidad de Qumran, los zelotes o hasta Juan Bautista (ver Mt 3:12), que estaban determinados a sólo aceptar a personas creyentes devotas en sus grupos, la parábola proclama la abertura de Jesús hacía todos.[16] Todas las personas están invitadas, y sólo al final de los tiempos, en la cosecha,[17] es que ocurre la separación juiciosa.

Además, esta parábola proclama que el reino de Dios no es monocromático. En su manifestación inicial en este mundo, el reino de Dios es una mezcla de "trigo" y de "cizaña." En medio del desorden de una coexistencia conflictiva es que Dios se revela, y no en una situación hipotética donde la "buena semilla" crece en un aislamiento puro. Esta parábola se basa en la noción de que el bien sólo se identifica en contraste con el mal, y que sólo crece por medio de la lucha con la oposición.

UNA EXPLICACIÓN ALEGÓRICA (VV. 36-43)

La explicación de la parábola en los versículos 36-43 lleva el significado por otro camino. En el texto, en el v. 36, hay un cambio en las personas que escuchan, de la multitud a los discípulos y a las discípulas de Jesús, cuando una vez más ellos reciben un conocimiento especial. Es evidente que la explicación alegórica es secundaria, que no viene de Jesús. Esto se sabe por las mismas razones que por Mateo 13:18-23.[18] Adopta un tono parenético, y se convierte en una exhortación a escuchar, recordando el juicio venidero.

---

viene de la vida de Jesús. Ver Davies y Allison (*Matthew* 409–11) para obtener un resumen y una evaluación de varios intentos de analizar la historia de la tradición del texto.

[16] Davies y Allison, *Matthew*, 410.

[17] Ver arriba, pp. 88–89 el uso frecuente de la cosecha como imagen para el fin de los tiempos. Ver Joel 3:13; Os 6:11; Jer 51:33; Ap 14:15-16; 4 Ezra 4:28-29; 2 Bar 70:2; Mt 13:40.

[18] Ver Jeremias, *Parables*, 81–85. Para él la interpretación alegórica en los versículos 36-43 no toma en cuenta el llamado a la paciencia; contiene expresiones, en el área de la lingüística, que Jesús no hubiera usado, como *ho kosmos*, que significa "el mundo." Además, hay 37 peculiaridades de estilo en Mateo que no se encuentran en el paralelo del *Evan. Tom.* §57.

A cada detalle se le asigna un significado simbólico: El sembrador es el Hijo de la Humanidad; el campo es el mundo; la buena semilla son los hijos y las hijas del reino; la cizaña son los hijos y las hijas del malvado; el enemigo es el diablo; la cosecha es el fin de los tiempos y los trabajadores son los ángeles. El tono es apocalíptico y el juicio futuro se describe en términos ardientes. Ya no se ve la tolerancia paciente de los versículos 24-30; el momento de la crisis no es la aparición de la "cizaña," sino su horrible destrucción final. Se presenta la conclusión en términos dualísticos: las personas malvadas son separadas definitivamente de las justas y se sellan sus destinos opuestos.

Con estos versículos interpretativos, la parábola se convierte en una advertencia para que todas las personas que escuchen se encuentren entre "los ciudadanos del reino" y no entre "los partidarios del maligno." Hay un cambio notable de Mateo 13:16, donde se les asegura a los discípulos y a las discípulas, "Dichosos ustedes *porque* ven y oyen" (se añade énfasis). Ahora, en el v. 43, la posibilidad existe que algún discípulo o alguna discípula no oiga.

La explicación alegórica indica una lucha dentro de la comunidad de Mateo por entender la coexistencia de "los ciudadanos del reino" y "los partidarios del maligno" en el mundo. Al creer que el Mesías ya había venido en Jesús, las preguntas que tenían eran: ¿Por qué todavía hay "partidarios del maligno" en el mundo? ¿Por qué no ha sido vencido ya el poder de Satanás? ¿Y por qué tienen que sufrir "los ciudadanos del reino" en las manos de "los partidarios del maligno"? Los versículos 36-43 contestan estas preguntas al señalar hacia el fin de los tiempos. En el juicio final es que todas las personas obtendrán su recompensa: se echarán a las malvadas "en el horno encendido"; y las justas "brillarán como el sol." La parábola les asegura la recompensa que las personas justas, que son perseguidas, recibirán y las anima a soportar las pruebas con paciencia y fe. Para las que no son justas, es una advertencia para que se alejen del maligno y se unan a "los ciudadanos del reino" antes de que llegue el momento final.

La parábola (vv. 24-30) pudo haber sido usada en la comunidad de Mateo para tratar con el problema de inclusión dentro de la Iglesia, ej., la admisión y la participación total de las personas gentiles u otros grupos de "personas pecadoras" identificables. Sin embargo, la explicación alegórica en los vv. 36-43 señala hacia afuera de la comunidad cristiana, hacia el "mundo" (v. 38), como el lugar del conflicto. De todos modos, la Iglesia usó esta parábola más tarde para tratar con los problemas de la "cizaña" dentro de la Iglesia. Agustín por ejemplo, la usó para su argumento contra los donatistas que no se debería echar fuera de la Iglesia a las personas herejes o a los lapsos. Hipólitos (*Haer.* 9.12.22) escribe que el Obispo Calistos dijo, "Deja que la cizaña crezca con el trigo; o, en otras palabras, deja que los pecadores permanezcan en la iglesia."

HIJO DE LA HUMANIDAD

En el v. 37 se compara al granjero que siembra la buena semilla al Hijo de la Humanidad. Esta expresión es enigmática, y en los evangelios, Jesús es el único que la dice. Ocurre en el contexto donde Jesús habla de su ministerio terrenal, de su pasión, de su regreso en el futuro y de su papel como juez en el fin de los tiempos.[19] No todos están de acuerdo en cuanto al origen de la frase *huios tou anthrōpou* ("hijo de la humanidad"). Algunas personas expertas dicen que la expresión se usó en la literatura judía apocalíptica antes de la época de las personas cristianas y luego las personas cristianas la adoptaron para referirse a Jesús. La frase se encuentra en Daniel 7:14 y en *The Similitudes of Enoch* (*1 Enoch* 37-71) para describir a un agente de salvación y de juicio en el fin de los tiempos.

Otros expertos dicen que *The Similitudes of Enoch*, que no aparecen en las primeras versiones antiguas de *Enoch*, no son de la época anterior a las personas cristianas, y por eso su uso de

[19] En referencia a su ministerio terrenal ver Mt 9:6; 11:19; 12:8, 32; 13:37; 16:13; en relación a su pasión y resurrección ver Mt 12:40; 17:9, 12, 22; 20:18, 28; 26:2, 24, 45; en referencia a su venida futura ver Mt 10:23; 13:41; 16:27, 28; 19:28; 24:27, 30, 37, 39, 44; 25:31; 26:64. Ver Reginald H. Fuller, "Son of Man," en *Harper's Bible Commentary* (ed. Paul J. Achtemeier; SanFrancisco: Harper & Row, 1985) 981; Joseph A. Fitzmyer, "The New Testament Title 'Son of Man' Philologically Considered," en *A Wandering Aramean: Collected Aramaic Essays* (Missoula, Mont.: Scholars Press, 1979) 143–60; Douglas R. A. Hare, *The Son of Man Tradition* (Minneapolis: Fortress, 1990).

huios tou anthrōpou no precede el uso cristiano del término para Jesús. Para ellos Daniel 7:14 es el único ejemplo anterior a las personas cristianas, y ahí la expresión se refiere a Israel como una identidad corporal. Para estas personas expertas, los ejemplos de Daniel y Enoch no aclaran el significado de la expresión como se le aplicaba a Jesús.

De la misma manera, tampoco están de acuerdo en cuanto al significado de la frase *huios tou anthrōpou*. Puede que sea una expresión semítica, *ben ʾādām* en hebreo, o *bar ʾěnāsh* en arameo (literalmente "hijo del hombre"), una frase que individualiza un sustantivo para significar la humanidad en general, al usar antes las palabras "hijo del," para así designar a un miembro de la especie humana. Un ejemplo de esto se ve en el Salmo 8:5, "¿qué son los humanos, para que te acuerdes de ellos, simplemente seres mortales,[20] que cuides de ellos?" Puede que Jesús haya usado esta frase para hablar de sí mismo simplemente como un ser humano. Podría ser traducido, "cierta persona," "alguien," o simplemente como "yo."

Algunas de las personas expertas que afirman que, anteriormente al cristianismo, existía un concepto de un "hijo del hombre" apocalíptico, creen que Jesús usó la frase para referirse a otra persona que vendrá en el futuro y no a sí mismo. En Marcos 8:38 y Lucas 12:8 Jesús parece hablar del "Hijo de la Humanidad" como si fuera otra persona que iba a vindicar su ministerio presente. De acuerdo a esta opinión, las personas que seguían a Jesús fueron las que le dieron el título desde una postura de fe posterior a la resurrección.

Otras persons expertas afirman que Jesús nunca usó este título y que todo lo que se refería a él como *huios tou anthrōpou* proviene de lo que las personas que lo seguían comprendieron después de la Pascua. Esta teoría propone que se lo aplicaron a Jesús en el sentido apocalíptico, en los dichos sobre su venida futura y en su papel como juez y salvador. De esto fue que se empezó a usar la expresión en relación al ministerio terrenal de Jesús y a su pasión.

[20] El hebreo *ben ʾādām* y el griego *huios anthrōpou* en el LXX están en singular, i.e., "hijo del hombre," traducido de manera que incluye los dos sexos aquí en la *NRSV*.

Sin importar de dónde es que viene el significado original de esta frase, es obvio que se usa como un título cristológico en los evangelios. Otra dificultad surge cuando se traduce del griego. No hay ninguna traducción que permita la ambigüedad del significado en la frase original, ni una que satisfactoriamente evite usar exclusivamente una terminología masculina. Algunos usan "Hijo de la Humanidad" o "El Ser Humano," pero en todo caso, no hay ninguna manera satisfactoria de capturar lo que hubiese significado originalmente.

LA MOSTAZA TRAVIESA (VV. 31-32)

Esta parábola ocurre en los tres Evangelios Sinópticos.[21] Mateo y Lucas mezclan las fuentes de Marcos y Q.[22] De Q nos vienen los detalles del arbusto que se convierte en un árbol y de los pájaros que hacen sus nidos en las ramas. En el relato de Marcos los pájaros hacen sus nidos bajo la sombra del "arbusto." Además, Mateo y Lucas escriben que el sembrar la semilla la mostaza fue una acción intencional de un hombre que la siembra en su propio campo.[23] Marcos usa la voz pasiva y el terreno en la cual se siembra el grano de mostaza es indefinido.

[21] La parábola de Marcos (4:30-32) se asigna para el Undécimo Domingo del Tiempo Ordinario y el Viernes de la tercera semana del Tiempo Ordinario en el ciclo B. La versión de Lucas (13:18-19) se usa el Martes de la trigésima semana del Tiempo Ordinario en el ciclo C.

[22] También tenemos la versión del *Evan. Tom.* §20: "Los seguidores le dijeron a Jesús: 'Cuéntanos a que se parece el reino de los cielos.' Él les dijo: 'Es como la semilla de mostaza. [Es] la más pequeña de las semillas, pero cuando cae en la tierra preparada, produce una planta y se convierte en un albergue para los pájaros del cielo'" (traducción basada en la traducción inglés de Marvin Meyer, *The Gospel of Thomas* [HarperSanFrancisco, 1992] 33). Esta versión sigue de cerca a Marcos, pero no dice que la mostaza madura es un arbusto (Mc 4:32) o un árbol (Mt 13:32; Lc 13:19). Esta versión probablemente se desarrolló más tarde, dependiente de las tradiciones de Mateo (por su uso de "el reino de los cielos") y de Marcos. Para un análisis de la tradición ver J. D. Crossan, "The Seed Parables of Jesus," *JBL* 92 (1973) 244–66; H. K. McArthur, "The Parable of the Mustard Seed," *CBQ* 33 (1971) 198–210.

[23] En Mateo, *espeiren en tǭ agrǭ autou* nos enseña su habilidad de redacción al hacer que la frase se parezca a otros versículos (vv. 3, 24, 27, 44) en el capítulo 13.

DE PEQUEÑO A GRANDE

La interpretación más común es que la parábola le da énfasis al contraste entre la semilla pequeña[24] y el árbol grande que resulta. Así también, el reino de Dios crece enormemente desde sus principios pequeños. El éxito modesto de la predicación de Jesús y de su grupo pequeño de personas que lo seguían eventualmente tendrá un impacto universal. El movimiento de Jesús crecería a ser grandioso, ofreciéndoles refugio a todas las personas. En Ezequiel 17:22-24 se usa la misma imagen para hablar de la restauración de la dinastía de David a Israel: un brote pequeño se convierte en un cedro grandísimo y le ofrece morada bajo la sombra de sus ramas a toda especie de aves (ver Ez 31:1-18; Dn 4:10-27). Los pájaros que encuentran refugio en las ramas del árbol es una metáfora para los gentiles que ahora pertenecen a Israel.[25] Con el desarrollo de la ciencia de la evolución en el siglo XIX la interpretación de la parábola del grano de mostaza como la representación del crecimiento lento, pero inevitable, de la Iglesia como el centro del reino de Dios cobró prominencia.

DE ARBUSTO A ÁRBOL

Es posible que las referencias de la Biblia Hebrea hayan influido a Mateo y a Lucas para que la planta de mostaza se convirtiera en un "árbol," algo imposible según la botánica. Pero hay otra sorpresa posible en este cuento. Las personas que ofrecen comentarios se han dado cuenta de que la mostaza no es una planta en la cual los pájaros hacen sus nidos. Aunque los arbustos de mostaza crecen de 8 a 10 pies de altura en Palestina, no son suficientemente fuertes para sostener los nidos.

[24] Aunque de acuerdo a la botánica la mostaza no es la más pequeña de las semillas, sí era famosa por su tamaño pequeño, como se nota en el dicho en Q que habla de la fe del tamaño de la semilla de mostaza en Mt 17:20 y Lc 17:6.

[25] Davies y Allison, *Matthew*, 420; Jeremias, *Parables*, 147. Pero Harrington, *Matthew*, 205, dice que este punto no se recalca en la parábola. La imagen de los pájaros que viven en las ramas de los árboles y cantan se encuentra en el Salmo 104:12, un himno de alabanza del Creador. Los Salmos 1:3; 92:13-15 también usan un árbol como símbolo del favor de Dios.

Los pájaros comen las semillas, o encuentran refugio bajo el arbusto (Mc 4:32), pero no hacen su morada en él. En vez de ser un detalle poco realista,[26] puede que sea la clave para entender el propósito de la parábola. Puede que la símil sea una parodia de la imagen que se encuentra en Ezequiel 17, 31 y en Daniel 4. En vez de pensar en el reino de Dios como un árbol majestuoso de cedro importado del Líbano, Jesús usa la imagen de una simple hierba de jardín, que crece en el patio de una persona. El reino de Dios no es como un reino dominante, sino que su poder viene de la debilidad. Su poder transformativo surge de una jornada de fe modesta de aquellas personas que escogen algo tan inesperado como el movimiento de Jesús para hacer sus nidos.[27]

ALUSIONES CONTRADICTORIAS

Sin embargo, estas explicaciones no resuelven completamente la tensión creada por las alusiones contradictorias en la parábola. Quien escucha se enfrenta a un dilema: ¿Cómo puede ser que una parábola sobre la semilla de mostaza concluya con alusiones que son más apropiadas para el cedro del Líbano?[28] Una solución puede ser que en la parábola original Jesús sólo dijo que el grano de mostaza se convirtió en un arbusto grande, no en un árbol, como se ve en Marcos 4:32. La tradición, al no apreciar la ironía de esta parábola, la adapta al relato del cedro.[29]

Sin embargo, si no vamos más allá de las tensiones del texto como las tenemos en Mateo, ¿cómo es que uno puede entender una planta de mostaza que aspira a alcanzar la grandeza de un cedro del Líbano? Cuando alguien investiga más a fondo la imagen en Daniel 4 y en Ezequiel 17 y 31, entonces se da de cuenta de que el cedro representa a un enemigo de Israel. La metáfora significa que Dios vencerá a los imperios poderosos de Babilonia y Egipto que en una época fueron fuertes como el cedro. Cuando

[26] También Davies y Allison, *Matthew*, 420. Para Jeremias (*Parables*, 147) rasgos que van más allá de los límites de la actualidad se usan para indicar realidades divinas.

[27] Robert Funk, "The Looking Glass Tree is for the Birds," *Int* 27 (1973) 3–9.

[28] B. Brandon Scott, *Hear Then the Parable* (Minneapolis: Fortress, 1989) 385.

[29] John Dominic Crossan, *The Dark Interval* (Niles: Argus, 1975) 95.

Israel es la ramita pequeña que se convierte en un cedro magnífico (Ezequiel 17), ¿puede estar exento de la crítica?

LA SIEMBRA INTENCIONAL Y LA PROPAGACIÓN INCONTROLABLE

Otra tensión en la parábola es la siembra intencional de la semilla de mostaza y el asunto de si se desea o no. En la versión de Mateo de la parábola, una persona siembra la semilla de mostaza en su campo (v. 32). El término *agros*, "campo," significa un pedazo de tierra que se emplea principalmente para la agricultura.[30] Puede que las personas judías que escuchaban la parábola de Jesús hubieran cuestionado el hecho que este granjero está sembrando la mostaza en el campo donde se hay otras cosechas. ¿Estará violando la ley que prohíbe mezclar diversos tipos de plantas?[31] Levítico 19:19 dice: "No siembres tu campo con dos clases distintas de grano" (ver también Dt 22:9-11). El propósito de separarlos tiene que ver con mantener el orden de la creación (Gn 1:11-12, 21, 24-25), porque el orden significa la santidad. La obra *Kilayim* del *Mishnah* da instrucciones aún más específicas para la siembra de la mostaza. Por ejemplo, se puede sembrar al lado de vegetales, pero no del trigo. El peligro de mezclarla o confundirla era menor con los vegetales. Además, la mostaza sólo se siembra en una o dos secciones del campo. Se limitaba estrictamente la cantidad sembrada debido a que tiene costumbre de crecer de manera salvaje y de apoderarse de otras secciones de la tierra que tenían diferentes cosechas (ver *m.Kil.* 2.9).

Desde esta perspectiva, el impacto de la parábola es que el reino de Dios se asocia con lo impuro, donde las fronteras son muy porosas y no se puede mantener la separación. Es una imagen muy adecuada para describir la asociación de Jesús con las personas que se consideraban impuras. Para la comunidad de Mateo, la manera incontrolable como la mostaza cruza los límites establecidos en el campo, mezclándose con otras cosechas,

[30] BDAG, s.v., *ἀγρός*.

[31] Scott, *Hear then the Parable*, 373–87.

podría ser comparada con la manera como las personas gentiles y judías conviven en la comunidad cristiana.

Siguiendo esta lógica, Crossan nota que siempre existe el peligro de que la mostaza destroce el jardín.[32] El punto de la parábola no es darle ánimo a la esperanza de que la semilla pequeña producirá un arbusto grande, sino más bien es "como un arbusto punzante con cualidades peligrosas de tomar el control."[33] No se puede controlar y llega a secciones de terrenos donde no es bienvenida. Además, atrae los pájaros indeseados a terrenos cultivados.[34]

La mostaza es una hierba tenaz, muy difícil de erradicar después que infesta el campo. Cuando esta parábola se cuenta junto con la del trigo y la cizaña, puede que alguien escuche el mensaje de que cualquier esfuerzo por eliminar el reino de Dios fracasará. El reino de Dios siempre tendrá éxito contra las fuerzas enemigas.

LA MUERTE Y LA VIDA NUEVA

Una interpretación diferente es que la semilla y el árbol representan un contraste entre la muerte y la vida. De la semilla que aparenta estar muerta en la tierra es que surge la vida nueva. Así, la semilla es el símbolo de la resurrección, el misterio de la vida que brota de la muerte.[35] Este significado para una metáfora de una semilla es más evidente cuando Pablo lo usa en 1 Corintios 15:35-38 y en el Evangelio de Juan 12:24 que en la parábola de la semilla de mostaza.

ESCONDER LA LEVADURA (V. 33)

Mateo, al igual que Lucas, aparea la parábola de la semilla de mostaza con la de la levadura. En el Evangelio de Marcos la parábola de la semilla de mostaza aparece con la de la semilla que crece (Mc 4:26-34). Marcos no tiene la parábola de la leva-

[32] J. D. Crossan, *The Historical Jesus* (HarperSanFrancisco, 1991) 276–80.

[33] Ibid., 279.

[34] Oakman, *Economic Questions*, 127, observa que los pájaros son el enemigo natural de todo lo sembrado.

[35] Jeremias, *Parables*, 148–49.

dura; esta tradición nos viene de la fuente Q. Es posible que las parábolas de la semilla de mostaza y de la levadura se hayan encontrado juntas en la fuente Q, pero el hecho de que tienen paralelos en el *Evangelio de Tomás* (§20 y §96) y no se encuentran juntas allí, es posible que en algún momento hayan circulado independientemente.

Como la parábola de la semilla de mostaza, con su contraste de pequeña a grande, se relaciona con la parábola de la levadura, la interpretación más común de la segunda también se concentra en la poca cantidad de levadura que alguien mezcla con la harina para producir pan. El punto sería el cambio asombroso de algo pequeño a algo que impregna una entidad grande. En esta interpretación, se considera que la levadura es la predicación de Jesús, o la palabra de Dios, que crece fenomenalmente por su eficacia a través del tiempo y de la historia.[36] En la versión que se encuentra en el *Evangelio de Tomás* §96 vemos tal contraste, entre la "poca levadura" que se usa y los "pedazos grandes de pan" que creó.[37] Sin embargo, ni el relato de la parábola de Mateo ni el de Lucas mencionan las cantidades usadas. Un conocimiento del famoso proverbio de Pablo, ". . . y no es mucha la levadura, pero podría contaminar toda la masa" (Gál 5:9; parecido a 1 Cor 5:6), también puede influir a alguien a pensar que hay un contraste de las cantidades como si fuera parte de la parábola.

CORRUPCIÓN

Muy importante para el significado de la parábola es el hecho de que en otros lugares de las Sagradas Escrituras donde aparece la levadura, la misma representa el mal o la corrupción. En el Éxodo 12:15-20, 34 el rito de la Pascua prescribe que por siete días sólo se puede comer pan sin levadura. Esto recuerda la salida precipitada de los israelitas de Egipto, sin tener tiempo para esperar a que la masa se fermentara. Comer pan sin levadura es una señal

[36] Ej., Joachim Jeremias, *Rediscovering the Parables* (New York: Charles Scribner's Sons, 1966) 116–17.

[37] *Evan. Tom.* §96 dice, "El reino del padre es como [una] mujer. Ella tomó un poco de levadura, [lo escondió] en la masa e hizo pedazos grandes de pan. El que tenga oídos que oiga" (traducción basada en la de Meyer, *Thomas*, 61).

de que uno es miembro del pueblo santo de Dios. No se pueden presentar ofrendas de masa fermentada (Lev 2:11), dando la impresión de que lo que no tiene levadura es sagrado. En Mateo 16:6 Jesús les advierte a sus discípulos y discípulas, "Tengan cuidado y desconfíen de la levadura de los fariseos y de los saduceos." En los versículos 11-12 los discípulos y discípulas comprenden que esto es una advertencia contra sus falsas enseñanzas (también Mc 8:15; Lc 12:1). Pablo usa dos veces la levadura como símbolo de corrupción. Él les advierte a las personas de Corinto, "¿No saben que un poco de levadura fermenta toda la masa? Echen, pues, fuera esa levadura vieja, para ser una masa nueva. Si Cristo se hizo nuestra víctima pascual, ustedes han de ser los panes sin levadura" (1 Cor 5:6-7). A las personas de Galacia él les cita el proverbio, "y no es mucha la levadura, pero podría contaminar toda la masa," advirtiéndoles que no se dejen engañar por las personas que predican que tienen un mensaje diferente al de él.[38]

Para algunas personas que ofrecen interpretaciones, ese uso positivo de la levadura en la parábola de Jesús constituye la sorpresa inesperada del cuento. Sin embargo, si la levadura está supuesta a significar la corrupción, el mensaje inquietante es que el reino de Dios se parece a la harina que ha sido impregnada por lo que los criterios de la sociedad considerarían "una levadura corrupta." En otras palabras, el cuento de Jesús presenta una imagen del reino de Dios que invierte las nociones previas sobre la santidad: ya no es el pan sin levadura, sino la levadura la que es el punto de partida de lo sagrado. El mensaje que se proclama es que el reino de Dios incorpora a todas las personas que se consideraban corruptas, impuras o pecadoras de acuerdo a las interpretaciones predominantes de las reglas judías de la pureza.

Entender la parábola de este modo concuerda bien con las demás enseñanzas y acciones de Jesús, en las cuales él continuamente se entrega a las personas que son pobres, rechazadas o marginadas. El desafío de la parábola para aquellas personas que se encuentran al margen es que empiecen a considerarse como "la levadura," un componente esencial de la comunidad de creyentes. Para las personas privilegiadas, es un llamado a que

[38] Para otros escritores griegos, ej., Plutarco, *Mor.* 289 E-F; 659 B, la levadura también significa la corrupción.

cambien su manera de pensar hacia las personas que consideran "corruptas" y a que las consideren como las personas que proveen el ingrediente activo para el crecimiento de la comunidad del pueblo de Dios.[39]

Para la comunidad de Mateo, que era predominantemente judía, la parábola provee una imagen apta de su experiencia de cómo las personas cristianas gentiles, quienes comenzaron como una minoría escondida en las comunidades de las personas judías cristianas, ahora estaban comenzando a impregnar toda la comunidad. Para las personas judías cristianas, esta influencia "corruptiva" hubiera tenido un efecto inquietante en su teología y praxis. Habiendo permitido que unas pocas personas gentiles se unieran a ellos, ¡ahora estaban cambiando el carácter de toda la comunidad!

ESCONDIDA

Un detalle raro de la parábola es que la levadura está escondida. La parábola dice que la mujer tomó y escondió (*enekrypsen*) la levadura en tres cantidades de harina. El verbo *enkyrptō* no se encuentra en ninguna otra receta para "mezclar" la masa.[40] Algunas personas expertas entienden que el punto principal de la parábola es que, el reino de Dios, como la levadura, trabaja silenciosamente, sin nadie darse cuenta, trayendo una transformación segura.[41] Esta interpretación se parece a la del contraste de pequeño a grande. Pero hay que explorar algo más en este detalle.

[39] Ver por ej., Robert W. Funk, "Beyond Criticism in Quest of Literacy: The Parable of the Leaven," *Int* 25 (1971) 149–70; Susan Praeder, *The Word in Women's Worlds. Four Parables* (Zacchaeus Studies: New Testament; Wilmington: Glazier, 1988) 32; Scott, *Hear then the Parable*, 329.

[40] Praeder, *Women's Worlds*, 35. Elizabeth Waller, "The Parable of the Leaven: A Sectarian Teaching and the Inclusion of Women," *USQR* 35 (1979–80) 99–109, propone que el verbo *enkryptō*, "esconder," llegó a esta parábola porque suena como el sustantivo *enkrypsias*, "bizcochos/pasteles," que se encuentra en Gén 18:6. Waller afirma que el relato de Gén 18:1-10 se encuentra en el fondo histórico de la parábola. Los dos relatos tienen que ver con una mujer que mezcla tres medidas de harina para una epifanía.

[41] Ej., C. H. Dodd, *The Parables of the* Kingdom (rev. ed.; New York: Charles Scribner's Sons, 1961) 155–56.

Otras formas del verbo *kryptō* ("esconder") ocurren otras veces en Mateo. En un ejemplo, Jesús les asegura a sus discípulos y discípulas, "No hay cosa oculta que no venga a descubrirse, ni hay secreto (*krypton*) que no llegue a saberse" (10:26). En otra parte Jesús se regocija en el Espíritu Santo y dice "Yo te alabo, Padre, Señor del Cielo y de la tierra, porque has mantenido ocultas (*ekrypsas*) estas cosas a los sabios y prudentes y las has revelado a la gente sencilla" (11:25). En los versos que explican el por qué Jesús habla en parábolas, él explica que "Así se cumplía lo que dijo el Profeta:[42] Hablaré con parábolas; daré a conocer cosas que estaban ocultas (*kekrymenna*) desde la creación del mundo" (13:35). En otra parábola Jesús compara el Reino de los cielos a un tesoro escondido (*kekrymennō*) en un campo (13:44).[43]

Estos textos hablan acerca de la paradoja de algo escondido y revelado en relación a Jesús y a su mensaje. A los discípulos y a las discípulas se les revela el conocimiento del reino de Dios, pero se sigue escondiendo de las otras personas. A éstas se les revela poco a poco a través de la predicación de Jesús y la de sus discípulos y discípulas. La parábola de la levadura se puede entender como Dios que está "escondiendo" a Jesús, bajo la forma humana, en medio del pueblo de Dios, la masa del pan. Lo más sorprendente es que Dios está escondiendo en vez de revelar directamente.

A lo mejor la parábola refleja la lucha de las primeras comunidades cristianas para explicar las paradojas que enmarcaban su fe. Ellas declararon que un criminal crucificado era el Mesías (Hechos 2:36), que la muerte era el camino hacia la vida (Hechos 17:3) y que el sufrimiento era el camino hacia la Gloria (Lc 24:26). Para las personas que rápidamente le atribuyeron todo a Dios, lo que no se puede comprender de lo que aparenta ser contradicciones podría explicarse por el hecho de que Dios esconde su significado completo hasta el momento apropiado de la revelación.

[42] Aunque algunos manuscritos añaden "Isaías el Profeta," la cita es del Salmo 78:2.

[43] Otros ejemplos se encuentran en: Mt 5:14 donde se les dice a los discípulos que ellos son una ciudad construida sobre el monte que no se puede esconder (*krybēnai*). La parábola de los talentos incluye a un sirviente/esclavo que enterró (*ekrypsen*) el dinero de su jefe (25:18, 25).

UNA IMAGEN FEMENINA DE DIOS

Otro hecho sorprendente es que la parábola presenta una imagen femenina de Dios.[44] Aunque Dios no tiene género, cuando nos imaginamos a un Dios personal, nuestra experiencia humana de que las personas son o masculinas o femeninas entra en nuestra imaginación. Todo lenguaje sobre Dios es metafórico; ninguna imagen expresa adecuadamente quién es Dios.[45] Dios es como una mujer que esconde levadura en la masa del pan, una mujer que busca su moneda perdida, un pastor que busca una oveja perdida, pero Dios no es ninguno de estos ejemplos. Pero el lenguaje y las imágenes que usamos sí son extremadamente importante porque funcionan de dos maneras: lo que decimos acerca de Dios refleja lo que creemos acerca de los seres humanos creados a imagen de Dios. Génesis 1:27 afirma que el macho y la hembra son creados a imagen de Dios. Pero, cuando se usan mayormente imágenes masculinas, ser hombre es ser como Dios. Por lo tanto, se piensa que las mujeres no son como Dios, y se consideran menos santas que los hombres.

La enseñanza y la praxis de Jesús contradicen tal manera de pensar e invitan a las personas de fe a imaginarse a Dios de tal manera que se considera que tanto las mujeres como los hombres reflejan la imagen de Dios de la misma manera. Cuando la parábola de la mujer que mezcla la masa del pan se aparea con la del hombre que siembra la semilla de mostaza en el campo, la misma demuestra que tanto la mujer como el hombre actúan en la imagen divina para realizar el reino de Dios.

[44] Las otras dos parábolas que contienen una imagen femenina para Dios son la parábola de la mujer en busca de la moneda perdida (Lc 15:8-10) y la de la viuda con el juez injusto (Lc 18:1-8). Ver Barbara E. Reid, *Parables for Preachers. Year C* (Collegeville: The Liturgical Press, 2000) 186-91; 227–36. En el *Evan. Tom.* §96 el enfoque es claramente la mujer. Waller ("Leaven," 102–3) cree que la versión de Tomás es anterior a la de Mateo o Lucas. Sus argumentos no son muy convincentes. Su deseo de hacer a la mujer la figura principal de la historia se puede lograr sin tener que acudir a una fecha anterior para el *Evan. Tom.*

[45] Ver Elizabeth Johnson, *She Who Is. The Mystery of God in Feminist Theological Discourse* (N.Y.: Crossroad, 1992); Rosemary Radford Ruether, *Sexism and God-Talk* (Boston: Beacon, 1983); Sandra Schneiders, "God is More Than Two Men and a Bird," *U.S. Catholic* (May 1990) 20–27; *Women and the Word* (N.Y.: Paulist, 1986); Sallie McFague, *Models of God* (Philadelphia: Fortress, 1987).

HORNEANDO PARA UNA EPIFANÍA

Otro elemento del cuento es la gran cantidad de harina—tres medidas—¡aproximadamente cincuenta libras! La mujer está preparando pan para una fiesta digna de la manifestación de Dios. De hecho, Sara usó la misma cantidad cuando cocinó para Abrahán y sus tres visitantes celestiales (Gn 18:6). Gedeón también usa esta cantidad cuando se preparaba para la visita de un ángel de Dios (Jue 6:19), al igual que Ana cuando estaba preparando la ofrenda para la presentación de Samuel en el Templo en Silo (1 Sm 1:24). En cada uno de estos ejemplos, la gran cantidad de pan que se hornea es una preparación para una epifanía. Así también, la parábola en Mateo 13:33 presenta el trabajo de una mujer como un vehículo para comunicar la revelación de Dios.

LA MULTITUD QUE NO ENTIENDE (VV. 34-35)

Mateo concluye este ciclo de parábolas con versículos parecidos a los de Marcos 4:33-34, explicando de nuevo (como en 13:10-17) que los discípulos y las discípulas de Jesús tienen un entendimiento privilegiado, mientras que a la multitud le habla en parábolas enigmáticas, manteniendo su mensaje escondido. Al añadir una cita del Salmo 78:2, Mateo comprueba el hecho de que esconder el mensaje de quienes no son discípulos ni discípulas de Jesús es algo que ya se había declarado anteriormente en las Sagradas Escrituras. La mayoría de las veces él cita al profeta Isaías cuando quiere el apoyo de las Sagradas Escrituras (como 13:14-15), al igual que otros autores del Nuevo Testamento (ver Mc 4:11-12; Lc 8:10; Hch 28:26-27; Rom 11:8; Juan 12:40).

POSIBILIDADES PARA LA PREDICACIÓN

Este evangelio presenta muchísimas posibilidades para la predicación. Es mejor que quien predica escoja un solo tema para desarrollarlo como la imagen principal. Si la persona que predica decide enfocarse en la primera parábola, la de la hierba mala y el trigo, sería preferible leer la forma breve de la lectura (vv. 24-30). Una de las primeras cosas que hay que determinar es lo que "la buena semilla," la "hierba mala" y el "campo" representan. ¿Es la "hierba mala" las fallas humanas, los vicios o el pecado que crecen junto con las virtudes en el jardín de una persona? ¿Representan las plantas a la gente buena y a la gente que hace el mal? ¿O representa el trigo las fuerzas impersonales que contribuyen al crecimiento y para el bien mientras que la hierba mala representa todo lo que impide el crecimiento? ¿Es el "campo" la familia, la comunidad cristiana? ¿Es el mundo entero o hasta el cosmos? Además, ¿es el patrón un personaje positivo que toma una decisión sabia? ¿O es tonto y codicioso? ¿Funciona su plan?

Después de pensar en los diferentes resultados posibles, la persona que predica tiene que considerar cuidadosamente las necesidades de su congregación. ¿Lucha la comunidad con el racismo, el sexismo o con cualquier otro tipo de discriminación en contra de las personas que son diferentes? Entonces la parábola de la cizaña puede servir como una invitación para alcanzar la inclusión que Jesús practicó hacia la gente marginada. Así también las parábolas de la mostaza y de la levadura se pueden usar para comunicar este mensaje: son dos substancias incontrolables que impregnan los límites y cambian las categorías de lo que es bueno y lo que no lo es.

¿Lucha la congregación con tendencias dualistas, juzgando al mundo en categorías obvias entre lo correcto y lo incorrecto, entre el bien y el mal, y se consideran como los justos? Entonces la parábola de la cizaña y el trigo puede invitarlos a que juzguen menos y a que no se consideren tan perfectos o justos. La parábola invita tales personas a una manera de pensar en la cual existe la ambigüedad[46] y donde el reino de Dios también se revela en medio de las situaciones conflictivas, por ejemplo, mientras "la cizaña" y "el trigo" crecen juntos, no sólo al final durante "la cosecha" cuando se separan.[47] Invita al oyente a tener compasión y paciencia que permitiría que las personas con diferentes ideologías y teologías permanezcan juntas en la misma comunidad. Se usarían otros métodos además de la excomunicación para resolver conflictos y otras soluciones además de la pena de muerte se buscarían para lidiar con los "malvados." De la misma

[46] Bacq and Dumas, "Reading a Parable," 192.

[47] Ver David Buttrick, *Speaking Parables* (Louisville: Westminster, John Knox, 2000) 93–100.

manera, para las personas que luchan con la escrupulosidad y con el perfeccionismo personal, la parábola sería una invitación para aceptar la gracia y la paciencia de Dios. La primera lectura, de Sabiduría 12:13, 16-19 también habla acerca de confiar en Dios que manifiesta su poder con misericordia hacia todos.

Si las personas de la comunidad ignoran el poder de las fuerzas corruptivas como la avaricia, el deseo de consumir, el hedonismo y el individualismo que las rodea, la parábola se podría predicar como una advertencia. Sería una exhortación a no ser como el patrón muy confiado y codicioso, cuyo plan insensato lo arruinó.

Para las personas que sacan conclusiones precipitadas o que tratan de quitarle la posición de autoridad de otra persona, la parábola les puede recordar que tengan paciencia hasta que vean todos los detalles. A quienes no están en una situación de discernir, les advierte sabiamente que no tomen decisiones rápidamente. Si el patrón representa a Dios, la parábola nos advierte que no tratemos de quitarle a Dios su papel de juez.

Si hay personas en la comunidad que se encuentran desanimadas o desesperadas por su inhabilidad de acabar con el mal a través de sus obras de justicia y predicación del evangelio, la parábola de la cizaña les puede dar ánimo ya que el "trigo" es suficientemente fuerte al final para vencer las fuerzas del adversario. El reino de Dios triunfará. O si los malvados persiguen a una comunidad de "buenas semillas," la parábola les asegura que tendrán una recompensa en el futuro.

La parábola de la semilla de mostaza también puede ser una parábola para darles ánimo a las personas que se encuentran cansadas y están tentadas de pensar que sus pocos esfuerzos en nombre del evangelio no han servido para nada. Como la semilla pequeña que se convierte en la más grande de las plantas, la fe que no se puede eliminar y las acciones de todas las personas que se consideran como "nadie" que tienen fe, tienen el potencial de transformar al mundo. De la misma manera, la parábola de la semilla de mostaza puede hacer que alguien, que está un poco renuente a poner la fe en práctica porque piensa que sus pequeños esfuerzos no aportarán nada, empiece a actuar.

Las parábolas de la mostaza y de la levadura pueden evocar el gran potencial subversivo de las semillas pequeñas y de la poca levadura. El símbolo del Mesías no es el gran cedro del Líbano, sino la hierba de jardín que no vale mucho. El reino de Dios no vendrá con los símbolos tradicionales, sino que se manifestará en el mundo a través de la fe de las personas de fe comunes y corrientes.

El hecho de la semilla que se siembra o de la levadura que se pone en la masa podría ser la imagen central. La persona que predica podría concentrarse en dar la garantía de que Dios obra, hasta cuando no se puede percibir o entender la acción divina. En su contexto original, puede que estas parábolas les hayan asegurado a las personas que seguían a Jesús que la palabra que él predicaba llegaría a ser impresionante en el crecimiento visible del cuerpo de creyentes, aun cuando los comienzos parecían ser muy modestos.[48]

De la parábola de la semilla de mostaza la persona que predica también podría concentrarse en hablar sobre el lugar del reino de Dios y de su modo de llegar. No es importado de lugares lejanos, sino que viene con cada acto pequeño de fe que las personas de fe comunes y corrientes hacen, las que actúan con el poder del Cristo crucificado y resucitado. Tales actos les presentan un desafío a los sistemas de poder opresivos del mismo modo que la mostaza se esparce descontroladamente por los campos cultivados. Estos tipos de esfuerzos también le dan refugio a los pequeños quienes, como las aves del aire, dependen de la bondad de Dios para existir (Mt 6:26). Como pasa con la semilla de mostaza, es imposible erradicar y controlar este poder subversivo de la fe radical cuando sus raíces se han establecido en cierto terreno.

Así mismo, la parábola de la levadura es un desafío a sobrepasar los límites. Es posible que la comunidad de Mateo haya entendido que la parábola se identificaba con su experiencia de incluir a las personas "corruptas," y de la misma manera el mensaje para quienes creen hoy día puede ser un desafío a deshacerse de las ideas de mantener a la comunidad como una masa aplastada, "sin levadura," de personas homogéneas, y que entusiasmada adopte una imagen del reino de Dios que incluya

[48] Herman Hendrickx, *The Parables of Jesus* (rev. ed.; San Francisco: Harper & Row, 1986) 40.

a las personas de diversas razas, orígenes étnico, sexos, edades, orientación sexual, de diferentes capacidades físicas y mentales, quienes le dan energía y transforman al grupo entero.

La parábola de la levadura le da una oportunidad poco común a la persona que predica para hablar de Dios en términos femeninos y del ministerio de las mujeres como levadura, el ingrediente esencial para la vitalidad y la acción transformativa en la vida de la iglesia y el reino de Dios. Aunque las Sagradas Escrituras nos dan muchos ejemplos, todavía es muy difícil para muchas personas cristianas de hoy aceptar la imagen femenina de Dios. Deuteronomio 32:18 e Isaías 42:14 presentan a Dios como una madre que está dando a luz. Isaías comenta que la ternura de Dios es como la de la madre que consola a su hijo (Isa 49:15; 66:13). Isaías 66:9 y el Salmo 22:10-11 presentan a Dios como una partera, sacando a Israel de la matriz. El Salmista dice que la ternura de Dios hacia los humanos como la de la mamá águila hacia sus crías (Sal 91:4). Jesús usa la misma imagen en Mateo 23:37 para expresar su cuidado por Jerusalén. También cuenta la parábola sobre una mujer que busca una moneda perdida (Lc 15:8-10) para decir cómo Dios está dispuesto a emplear todos sus esfuerzos para encontrar de nuevo a las personas que andan perdidas. Al entrar al mundo figurativo de la parábola de la mujer que está mezclando la masa, quien predica puede invitar tanto a todas las personas que creen, a los hombres y a las mujeres, a aumentar su repertorio de imágenes de Dios y a comprender mejor el misterio divino.

La imagen de la acción agitadora a la levadura puede ser una manera para articular como para algunas personas el hecho que mujeres entren en ministerios reservados tradicionalmente para hombres y el uso de imágenes femeninas para Dios arruina el pan sin levadura, la Iglesia. Otras personas regocijan con la fermentación que hace que el pan se levante y se transforme para ser un alimento que satisface a la comunidad entera de creyentes. Quien predica podría dirigir la comunidad a reflexionar sobre como la levadura, algo bueno, que le da sabor y textura al pan, terminó siendo usado exclusivamente como un símbolo para la corrupción y el mal. De igual modo, podemos preguntarnos cómo el liderazgo de mujeres en los ministerios, algo tan esencial para la vida de la Iglesia temprana, llegó a ser considerado un elemento más y más corrosivo y restringido con el pasar del tiempo. Fue la crisis de tener que huir de prisa de Egipto, sin tener tiempo de esperar por el pan con levadura (Ex 12:15-20) que le dio comienzo a la costumbre judía de comer pan sin levadura para recordar la Pascua. De igual modo, el prohibirles a las mujeres que presidieran en el partir del pan pudo haber surgido de la crisis en las primeras décadas cristianas, cuando para que las comunidades principiantes sobrevivieran en un mundo patriarcal e imperial, estos papeles fueron asumidos por hombres. ¿Qué es lo que haría falta para regresar a la situación del pan con levadura, donde la mezcla de mujeres con hombres en las mismas posiciones de ministerio es considerado "normal"?

El contexto de estas parábolas demuestra que no son cuentos afables sobre aves y plantas y pan en el horno. Más bien, presentan desafíos difíciles e invitan a la conversión. Las personas que las escuchan tienen la opción de unirse con otras personas, para quienes todo está oculto todavía (13:35) o con otras, que se convierten en personas que siguen a Jesús y a quienes se les da a conocer las cosas.

CAPÍTULO OCHO

El tesoro escondido, las perlas finas, la red que no discrimina

(Mateo 13:44-52)

Décimo Séptimo Domingo Del Tiempo Ordinario

Miércoles de la décimo séptima semana del Tiempo Ordinario (Mt 13:44-46)

Jueves de la décimo séptima semana del Tiempo Ordinario (Mt 13:47-53)

[En aquel tiempo, Jesús dijo a sus discípulos:
"El Reino de los cielos se parece a un tesoro escondido en un campo.
El que lo encuentra lo vuelve a esconder y,
lleno de alegría va y vende cuanto tiene y compra aquel campo.

El Reino de los cielos se parece también a un comerciante
en perlas finas que,
al encontrar una perla muy valiosa,
va y vende cuanto tiene y la compra.]

También se parece el Reino de los cielos
a la red que los pescadores echan en el mar
y recoge toda clase de peces.
Cuando se llena la red, los pescadores la sacan a la playa
y se sientan a escoger los pescados;
ponen los buenos en canastos y tiran los malos.
Lo mismo sucederá al final de los tiempos:
vendrán los ángeles, separarán a los malos de los buenos
y los arrojarán al horno encendido.
Allí será el llanto y la desesperación.

¿Han entendido todo esto?"
Ellos le contestaron: "Sí."
Entonces él les dijo:
"Por eso, todo escriba instruido en las cosas del Reino de los cielos es semejante al padre de familia,
que va sacando de su tesoro cosas nuevas y cosas antiguas."

EL CONTEXTO LITERARIO

Estas tres parábolas cortas y el comentario final de su explicación concluyen el discurso de parábolas que constituyen Mateo 13. Los oyentes son los discípulos y las discípulas, no la multitud, que Jesús despidió en el v. 36. La parábola del tesoro escondido (v. 44) y la de la perla valiosa (vv. 45-46) probablemente circularon juntas como un par. Ofrecen dos maneras distintas de cómo encontrar el Reino de Dios pero terminan con el mismo mensaje sobre la respuesta total que se necesita para obtenerlo. La parábola de la red (vv. 47-48) y su explicación (vv. 49-50) reflejan la de la cizaña y el trigo y su interpretación (13:24-30, 36-43), en el lenguaje y en el tema. Los últimos versículos (vv. 51-52) se refieren a todas las parábolas en Mateo 13 y a la habilidad que los discípulos y las discípulas tenían de entender.

EL TESORO ESCONDIDO (V. 44)

Mientras que la imagen de una persona que de repente se encuentra un tesoro escondido puede ser un poco extraña para quienes escuchan el evangelio hoy, la misma era bastante común en la Palestina de la antigüedad.[1] El peligro de perder la tierra, o por invasiones o deudas, era constante y muchas personas pensaban que la mejor manera de proteger sus pertenencias valiosas era enterrarlas. Alguien puede imaginar muchas razones por las cuales una persona no pudiera reclamar sus pertenencias. Puede que hayan fallecido antes de tener la oportunidad de desenterrarlas. O pueden haberse muerto antes de contarles a sus descendientes del tesoro. O se les pudo haber olvidado el lugar exacto con el pasar de los años. O puede que ahora un gobierno

[1] Ver Mt 25:25 donde se le da dinero a un sirviente y lo esconde en la tierra.

extranjero o un patrón rico controle el terreno y el dueño previo no tuvo la oportunidad de recobrarlo. Sea como sea que el tesoro llegó a donde se encuentra ahora, la parábola da a entender que el dueño actual no sabe nada del tesoro.

No se explica cómo la persona encuentra el tesoro. Pudo haber ocurrido mientras araba la tierra, aunque es más probable que lo haya encontrado mientras hacía un trabajo de rutina, como excavar un pozo tupido, reparar una pared de una terraza o excavar unos cimientos nuevos. La persona pudo haber sido un trabajador de día, un granjero que alquilaba la granja, la persona que alquilaba la granja o un contratista. En ninguno de estos casos, la persona saca el tesoro de la tierra, porque cualquier cosa que se sacara de la tierra le pertenecería al dueño del terreno siempre y cuando quien lo encuentra sea su empleado.[2] Para poder beneficiarse del tesoro, es necesario comprar el campo y todos los derechos que vienen con la compra.

EL DERECHO

Un detalle de la parábola que ha causado bastante especulación es si la persona que compra el campo tiene derecho al tesoro. Hay reglas detalladas descritas en el Mishnah y el Talmud para todo tipo de situaciones en las cuales se encuentra un tesoro y si se puede adquirir legalmente.[3] Aunque estas escrituras aparecieron varios cientos de años después del Nuevo Testamento, es posible que esas reglas u otras parecidas ya existían en la época de Jesús.

Otra pregunta es si la persona actuó de manera moral cuando compró el campo. ¿Fue honesta o no cuando no le mencionó el tesoro al dueño? En una sección del Talmud la ley especifica que una persona está obligada a encontrar el dueño del tesoro, o en el caso de un terreno recién comprado, el tesoro le pertenece al dueño anterior, no al de ahora. Solamente después que alguien ha tenido el terreno por siete años y que le ha sido

[2] J. Duncan M. Derrett, "Law in the New Testament: The Treasure in the Field (Mt. XIII, 44)," *ZNW* 54 (1963) 31–42.

[3] Ver Derrett, "Law," 31–42, quien detalla estas reglas y concluye que el personaje actuó de manera moral.

imposible encontrar al dueño anterior, es que el dueño nuevo puede reclamar el tesoro.[4] De esta perspectiva surge la pregunta de si la parábola presenta una imagen positiva que se debe imitar o una advertencia del comportamiento que hay que evitar.[5]

¿JÚBILO LEGÍTIMO O GOZO CODICIOSO?

Suponiendo que la persona es alguien empleada por el dueño del campo, su gozo en cuanto al descubrimiento inesperado es algo típico. El tesoro que encontró la libraría de la servidumbre y la llevaría a otro mundo social y económico completamente diferente al suyo. Lo que no está muy claro es si esto es algo bueno. Un examen de los ecos literarios en la parábola nos podría ayudar a determinar su significado.

Aunque en el Evangelio de Mateo no hay muchas referencias al gozo, hay otras dos parábolas que hablan sobre el gozo. En la parábola del sembrador/la semilla/la cosecha/el terreno, quien enseguida recibe con gozo la palabra es la semilla que se siembra en el terreno pedregoso, pero luego, por no tener raíces, no dura mucho (13:20-21).[6] El otro ejemplo está en la parábola de los talentos. Ahí, el compartir el gozo del patrón es la recompensa de los dos sirvientes que multiplicaron los talentos que se les confiaron (25:21, 23). En ambas parábolas, el significado del "gozo" no es muy claro. En la primera, el gozo es la respuesta correcta a la recepción de la palabra, pero le sigue la falta de raíces y se acaba. En el segundo caso, puede que la alegría sea el gozo de la codicia,[7] y por lo tanto, no una respuesta ejemplar. De la misma manera, el gozo en 13:44 se puede entender como la reacción de una persona que ve una manera de salir de la servidumbre, y la toma, a pesar del riesgo y de la falta de hones-

[4] Bernard Brandon Scott, "Lost Junk, Found Treasure," *TBT* 26 (1998) 31–34.

[5] Charles W. Hedrick (*Parables as Poetic Fictions* [Peabody: Hendrickson, 1994] 117–41) examina como la ambigüedad en el cuento crea una opción de muchos significados, ninguno de los cuales puede gastar todos los significados posibles de la parábola.

[6] Ver capítulo 6.

[7] Ver capítulo 15.

tidad que son parte de esto.[8] El plan puede ser desastroso para una persona pobre: si sale mal después de haber vendido todas sus pertenencias, se quedará sin nada.[9] O la tentación del tesoro es tal que lo corrompe y hace que opte por las acciones ilegales narcisistas que cucan, "Quien lo encuentra se queda con él, y quien lo pierde, llora." Tomando en cuenta las leyes del Talmud, la persona que lo encuentra se queda paralizada y empobrecida porque no se atreve a sacar el tesoro. Si lo saca, entonces todo el mundo sabrá que no le pertenece. Al tratar de tomar el tesoro, la persona pierde el derecho de usarlo.[10]

Así, la parábola está de acuerdo con la advertencia de Jesús en el sermón del monte en contra de tratar de guardar los tesoros para sí en la tierra, "donde la polilla y el gusano los echan a perder y donde los ladrones rompen el muro y roban." Más bien, Jesús les aconseja, "Acumulen tesoros en el Cielo, donde no la polilla ni el gusano los echan a perder, ni hay ladrones para romper el muro y robar. Pues donde están tus riquezas, ahí también estará tu corazón" (6:19-21). Estas palabras se repiten en el episodio en que Jesús invita al joven rico a que venda todas sus pertenencias (19:21). Él se va triste y no sigue a Jesús.

Por otro lado, la parábola se puede entender como un ejemplo positivo de la respuesta total que se requiere de los discípulos y las discípulas que lo abandonan todo para seguir a Jesús. Aquí también se ven ecos del ciclo anterior de parábolas, donde se usa la raíz de la misma palabra para expresar lo escondido. El tesoro está escondido (*kekrymmenō*) en el campo y lo esconde (*enekrypsen*) de nuevo la persona que lo encontró (13:44), recordando la levadura que se escondió (*enekrypsen*) entre tres medidas de harina (13:33).[11] Y Jesús había declarado que al hablar en parábolas él está anunciando lo que ha estado escondido (*kekrymmena*) desde el principio del mundo (13:35). En este contexto, el tesoro escondido es algo que se debe buscar.

[8] J. D. Crossan (*Finding is the First Act. Trove Folktales and Jesus' Treasure Parable* [Philadelphia: Fortress, 1979] concluye que la compra es injusta.

[9] John J. Pilch, *The Cultural World of Jesus. Sunday by Sunday. Cycle A* (Collegeville: The Liturgical Press, 1995) 115.

[10] Scott, "Lost Junk," 32–33.

[11] Ver abajo, capítulo 7.

También se encuentran ecos de la respuesta que los primeros discípulos dieron cuando Jesús los invitó a seguirlo. Simón Pedro, Andrés, Santiago y Juan dejan sus redes, sus barcas, a su padre y su buen negocio para seguir a Jesús (4:18-22). El cobrador de impuestos, Mateo, abandona su puesto para seguir a Jesús (9:9). Cuando Pedro luego le pregunta a Jesús por las personas que lo abandonan todo para seguirlo, Jesús le asegura que se sentarán en doce tronos para juzgar a las doce tribus de Israel y que toda persona que abandona su casa o familia o tierra por Jesús recibirá cien veces más y heredará la vida eterna (19:27-29). En este contexto, la venta de todo lo que tenía es la respuesta total que se desea de parte de un discípulo o de una discípula que descubre el reino de Dios que Jesús proclama.[12] El énfasis no se le da a lo que ha abandonado, sino a la gran ganancia y al gozo que vienen de un compromiso total de la persona y de sus recursos al reino de Dios.[13]

PERLAS FINAS (VV. 45-46)

La parábola le hace eco a la del tesoro descubierto, pero esta imagen es de una persona que busca el objeto de gran valor a propósito, en vez de encontrarlo por accidente. Otra diferencia es que puede que el comerciante ya sea rico, en contraste con la persona que encontró el tesoro escondido, quien probablemente era un campesino pobre.

En esta parábola se encuentran las mismas ambigüedades de la parábola anterior. Al pensar en un comprador de perlas puede que pensemos en alguien ostentoso y corrupto. La mayoría de las referencias relacionadas con los comerciantes en las Sagradas Escrituras son negativas.[14] Sirácides menciona que "El comerciante difícilmente escapará de las faltas; el que tiene tienda no quedará sin pecar" (Sir 26:29). Isaías profetiza que Dios le quitará el prestigio a los comerciantes, "eran príncipes y cuyos

[12] Donald Senior, *Matthew* (ANTC; Nashville: Abingdon, 1998) 156.

[13] Daniel J. Harrington, *Matthew* (SacPag1; Collegeville: The Liturgical Press, 1991) 207.

[14] Warren Carter, *Matthew and the Margins. A Sociopolitical and Religious Reading* (The Bible and Liberation Series; Maryknoll: Orbis, 2000) 296.

negociantes nobles del país" (Isa 23:8). Ezequiel 27 denuncia a los comerciantes de Tiro. En 1 Timoteo 2:9 el pastor les aconseja a las mujeres que se adornen con buenas obras y no con oro, joyas o vestidos lujosos. En el libro del Apocalipsis la prostituta de Babilonia está vestida con ropas de púrpura, adornada con oro, piedras preciosas y perlas (17:4; 18:16). En el Apocalipsis 18:15 los comerciantes que trabajan con tal mercancía, "se enriquecen con sus negocios, temerosos ante su castigo." Así, el comerciante de perlas podría representar la adquisividad codiciosa. El podría ser un negociante cruel que usa tácticas abusivas para asegurar su propio mejoramiento social y económico. Las personas que bucean y trabajan mucho para encontrar las perlas no le tenían ninguna simpatía. La ocupación del comerciante está llena de tentaciones. Su búsqueda puede acabar en el mal camino o la corrupción, como Herodes, que buscaba (*zētein*) destruir al niño Jesús (2:13), o como las generaciones malvadas e infieles que buscan una señal (12:39; 16:4), o los jefes de los sacerdotes y los fariseos que buscan cómo matar a Jesús (21:46; 26:59). Puede que el punto de la parábola sea para decir que hasta una persona como éstas puede encontrar el reino de Dios, y ser conmovido a vender todas sus pertenencias, para dedicarse a la única perla que vale la pena buscar.

El comerciante también puede representar la imagen de una persona rica y justa que verdaderamente busca a Dios. Él es la encarnación de los mensajes del sermón del monte que resaltan la importancia de la búsqueda del reino de Dios (6:32-33) y que les asegura a los discípulos y a las discípulas que cuando busquen, encontrarán (7:7-38). Tal búsqueda culmina en el evangelio cuando las mujeres de Galilea buscan al Jesús crucificado en la tumba vacía (28:5); en vez, ellas lo encuentran vivo y Jesús entonces les da la misión de decirles a los demás donde lo deben buscar (28:9-10).

Las dos parábolas resaltan la respuesta de un corazón comprometido que se requiere cuando alguien encuentra el reino de Dios, ya sea buscándolo de manera activa, o por accidente. Si la persona que encuentra el tesoro y el comerciante no son a primera vista personajes totalmente honrados, la siguiente parábola trata de la manera como Jesús ha atraído un grupo de personas tan diferentes.

ATRAPANDO TODA CLASE DE PECES

La tercera parábola en este trío y su explicación es muy parecida a la parábola de la cizaña y del trigo y a su explicación (vv. 13:24-30, 36-43). Los ecos incluyen el escoger (vv. 40-41, 47), los buenos (vv. 37, 48), el final de los tiempos (vv. 40, 49), los ángeles separando (vv. 41, 49), los buenos/justos (vv. 43, 49), arrojar lo rechazado en el horno ardiente (vv. 42, 50), el llanto y la desesperación (vv. 42, 50).[15] Es muy probable que Mateo haya compuesto los versículos finales de interpretación (49-50) siguiendo el modelo de 13:36-43.[16]

La parábola desarrolla la imagen que se introdujo en el llamado de los primeros discípulos cuando Jesús les dijo a Pedro y Andrés que de aquel día en adelante serían pescadores de seres humanos (4:19).[17] Se pescaba con sedales y anzuelos (17:27), pero los pescadores profesionales usaban una red circular (*amphiblēstron*) que tenía pesas por el borde, o una red barredera (*sagēnē*) con pesas por un lado y flotadores por el otro. La primera red se usaba para pescar en lo profundo (4:18); la segunda red se usaba para pescar en la parte llana o para pescar desde la costa. La segunda es la que Mateo 13:47 tiene en mente.[18] No se discrimina durante la pesca; lo atrapado se separa después que se lleva a la costa.

Como en la cosecha de la cizaña y del trigo, lo que es bueno se queda y lo que es malo (*sapra*) se bota y se quema, no se echa otra vez al mar. La palabra *sapra* ("malo") se usa en otras partes para referirse a lo que se descompone o está podrido (Mt 7:17; 12:33). Es posible que esta palabra evoque una tardanza en la separación (similar a la parábola de la cizaña y del trigo) y por eso algunos pescados se pudren con el pasar del tiempo. Pero

[15] Jan Lambrecht, *Out of the Treasure. The Parables in the Gospel of Matthew.* (Louvain Theological and Pastoral Monographs 10; Grand Rapids: Eerdmans, 1991) 172.

[16] Harrington, *Matthew*, 207. Fíjense que el propósito del horno encendido es algo más lógico para quemar la cizaña que para deshacerse de pescados podridos.

[17] Warren Carter and John Paul Heil, *Matthew's Parables* (CBQMS 30; Washington, D.C.: CBA, 1998) 90.

[18] John Pilch, *The Cultural Dictionary of the Bible* (Collegeville: The Liturgical Press, 1999) 188.

también es posible que Mateo esté pensando en atrapar peces puros e impuros (ver Lv 11:10-12) como una metáfora para su comunidad que tiene una mezcla de personas judías y gentiles. Pero la dinámica de la narración indica que es una imagen de convivencia de toda clase de personas—las buenas, las honradas y las pecadoras—que se sienten atraídas a Jesús y a su movimiento.[19] Hasta el fin de los tiempos el bien y el mal en la gente y en las instituciones conviven, hasta en la comunidad cristiana.

En la explicación (vv. 49-50), la separación de los peces buenos y malos se compara con la separación de los justos y los malvados en el fin de los tiempos. Hay un momento escatológico cuando ya no podrá haber ambigüedad ni mezcla de los dos. Esta parábola señala la severa realidad delineada en las parábolas de Mateo 25 donde una persona o es escogida o no lo es. Nadie se queda en el medio. Una expresión favorita de Mateo, "el llanto y la desesperación," captura el dolor a causa de ser excluido.[20]

EL ENTENDIMIENTO (VV. 51-52)

Los versículos finales proveen el resumen de todo el discurso del capítulo 13. "Todas estas cosas" (v. 51) se refiere a todas las parábolas del capítulo y a todo lo que revelan del reino de Dios. Los discípulos y las discípulas en el Evangelio de Mateo tienen cierto nivel privilegiado de conocimiento (13:11-12, 16-17), pero como los episodios que le siguen revelan, lo que comprenden de Jesús y de sus palabras no ha llegado a su totalidad. Hay una cierta ironía en la respuesta afirmativa que dan.[21]

A menudo se ha pensado que el último dicho, sobre los escribas que han sido instruidos (*mathēteutheis*), se refiere al evangelista que habla de sí mismo,[22] pero en verdad se refiere a todos los discípulos y las discípulas que han sido educados.

[19] John P. Meier, *Matthew* (NTM 3; Wilmington: Glazier, 1980) 153.

[20] Mt 8:12; 13:42; 22:13; 24:51; 25:30.

[21] Aquí el evangelio hace la conexión con la primera lectura, donde Salomón reza por alcanzar un corazón sabio para poder distinguir entre el bien y el mal.

[22] Harrington (*Matthew*, 208) observa que hasta el verbo *mathēteutheis* suena como "Mateo."

En otras partes de Mateo los escribas no se presentan como personajes buenos.[23] En contraste con los escribas judíos que son miembros del grupo de personas religiosas privilegiadas y los adversarios de Jesús, sus discípulos y discípulas (*mathētai*), que son instruidos en su interpretación de la Ley, saben cómo preservar lo esencial de lo viejo para alcanzar una realidad nueva (ver también 5:17; 9:17).

POSIBILIDADES PARA LA PREDICACIÓN

Las primeras dos parábolas ofrecen distintas maneras de encontrar lo único en el reino de Dios digno de la dedicación completa y de la respuesta total que se espera. La persona que predica podría presentar imágenes contemporáneas en las cuales esto ocurre hoy día. Algunas personas buscan a Dios a través de la oración, del estudio, de las lecturas, de las preguntas, de las conversaciones, de su ministerio. Otras sólo están tratando de lidiar con las exigencias cotidianas de la vida, sin esperar que ocurra algo fuera de lo común, cuando de la nada Dios las conmueve de una manera inesperada, ya sea a través de un evento maravilloso como un nacimiento o una tragedia inesperada. Una visita de sorpresa o un comentario que un/a compañero/a de trabajo hace puede sorprendernos con una revelación de la gracia y la bondad de Dios de tal manera que transforma nuestra vida entera.[24] Quien predica podría invitar a la congregación a que esté lista para recibir el momento del descubrimiento. La persona que predica puede ofrecer maneras concretas por las cuales las personas que buscan activamente el reino de Dios logren expresarlo al participar en oportunidades de educación o de servicio a los demás.

Un peligro que quien predica debería evitar es hablar del reino como si fuese algo que se puede comprar o poseer. El elemento de sorpresa que aparece en la primera parábola ayuda a resaltar que la manera como participamos en el reino de Dios es

[23] Carter, *Matthew and the Margins*, 297. Ver 2:4; 5:17; 7:29; 8:19; 9:3; 12:38.

[24] Thomas G. Long, *Matthew* (WBC; Louisville: Westminster John Knox, 1997) 156–57.

antes que nada, un regalo, no algo que se puede ganar.[25] Aceptar el regalo quiere decir que damos todo lo que tenemos en cambio. Es lo contrario de lo que ocurre cuando salimos en busca de las ventas especiales en las tiendas: este gran descubrimiento nos cuesta todo lo que tenemos—¡y lo vale! El gozo es el resultado, no de haber conseguido algo por nada, sino más bien de libertad que resulta al encontrarnos a nosotros mismos en Cristo y en su reino.

La persona que predica podría hablar sobre como la parábola de la red es una invitación a renunciar a nuestra crítica de los demás en la encarnación del reino de Dios hoy día. Quienes se encuentran trabajando en la evangelización podrían reconocer que este mensaje es muy oportuno. Hasta un comerciante astuto o un buscador de tesoros maquinador podría ser una buena "pesca." La parábola puede ofrecer una imagen de la paciencia que se requiere de los discípulos y las discípulas que se encuentran en el medio de las cosas imperfectas del momento. Hay suficiente espacio dentro de la comunidad cristiana tanto para las personas que toman muy en serio su búsqueda de Dios como para las que simplemente están buscando una iglesia bonita para casarse.[26] ¿Quién sabe si algún día estas últimas también se sentirán atraídas hasta el punto de "venderlo todo" al ver a las personas de la comunidad que ya lo han hecho?

Sin embargo, se ve algo de juicio al final de esta parábola, algo importante que no se puede ignorar. Llega el punto en el cual la tolerancia de la mezcla de lo bueno y lo malo llega a su fin. Al final de los tiempos ocurrirá la separación, y como otras parábolas recalcan, el discípulo o la discípula deseará estar entre lo "bueno." Un peligro que la persona que predica querrá evitar es presentar el mundo o a las personas en un contraste dualista entre el bien y el mal. Tales maneras de pensar pueden cerrar las fuentes de compasión, poniéndolos a "ellos" en contra de "nosotros" en maneras que nos ciegan a la mezcla de lo bueno y lo malo en las personas y en las estructuras. Además, la promesa

[25] Otro error sería conectar la segunda lectura (Rom 8:28-30) con el evangelio de tal manera que comunicaría el mensaje de que encontrar de repente el tesoro es la manera como Dios favorece a los que aman a Dios.

[26] Long, *Matthew*, 158.

del gozo y de la satisfacción total puede funcionar mucho mejor que la amenaza del horno ardiente para dirigir el corazón de las personas que escuchan hacia Dios.

Por último, quien predica puede usar el dicho al final del evangelio como su punto de partida. La tarea de todas las personas cristianas a través de los siglos siempre es la de interpretar las cosas "antiguas" de la tradición para las nuevas circunstancias, lugares y épocas. Así como Mateo ayudó a su comunidad a entender que eran fieles a sus tradiciones y al Dios de sus antepasados en la manera como seguían a Jesús, las personas que predican hoy día ayudan a sus comunidades a interpretar la Buena Nueva de una manera nueva y fiel en esta época.

CAPÍTULO NUEVE

El perdón cancelado

(Mateo 18:21-35)

Vigésimo Cuarto Domingo del Tiempo Ordinario

Martes de la tercera semana de la Pascua

Jueves de la décimo novena semana del Tiempo Ordinario
(Mateo 18:21–19:1)

En aquel tiempo, Pedro se acercó a Jesús y le preguntó:
"Si mi hermano me ofende, ¿cuántas veces tengo que perdonarlo?
¿Hasta siete veces?"
Jesús le contestó: "No sólo hasta siete, sino hasta setenta veces siete."

Entonces Jesús les dijo: "El Reino de los cielos es semejante a un rey
que quiso ajustar cuentas con sus servidores.
El primero que le presentaron le debía muchos millones.
Como no tenía con qué pagar,
el señor mandó que lo vendieran a él,
a su mujer, a sus hijos y todas sus posesiones, para saldar la deuda.
El servidor, arrojándose a sus pies, le suplicaba, diciendo:
'Ten paciencia conmigo y te lo pagaré todo.'
El rey tuvo lástima de aquel servidor, lo soltó
y hasta le perdonó la deuda.

Pero, apenas había salido aquel servidor, se encontró con uno de sus compañeros,
que le debía poco dinero.
Entonces lo agarró por el cuello y casi lo estrangulaba mientras le decía:
'Págame lo que me debes.'
El compañero se le arrodilló y le rogaba:
'Ten paciencia conmigo y te lo pagaré todo.'

Pero el otro no quiso escucharlo,
sino que fue y lo metió en la cárcel
hasta que le pagara la deuda.

Al ver lo ocurrido,
sus compañeros se llenaron de indignación
y fueron a contar al rey lo sucedido.
Entonces el señor lo llamó y le dijo: 'Siervo malvado.
Te perdoné toda aquella deuda porque me lo suplicaste.
¿No debías tú también haber tenido compasión de tu compañero,
como yo tuve compasión de ti?'
Y el señor, encolerizado, lo entregó a los verdugos
para que no lo soltaran hasta que pagara lo que debía.

Pues lo mismo hará mi Padre celestial con ustedes,
si cada cual no perdona de corazón a su hermano."

EL CONTEXTO LITERARIO

Esta parábola dramática es la conclusión y culminación del discurso sobre la vida de la Iglesia que constituye el capítulo 18. Antes de la parábola hay un resumen de los pasos que hay que tomar cuando surge la situación en la cual alguien que pertenece a la comunidad peca contra otra persona (vv. 15-20).[1] Allí se recalca lo mucho que hay que trabajar y persistir para poder lograr la reconciliación. El primer paso en el proceso es que la persona ofendida tiene que confrontar a la otra cara a cara (v. 15). Antes que nada, tiene que estar lista para perdonar y tiene que querer acercarse a quien peca con esa actitud. Esto requiere que la persona ofendida abandone su papel de víctima y la satisfacción de contarles a todas las demás personas las fallas de la otra persona. A veces la primera confrontación produce el arrepentimiento necesario que resulta en la reconciliación. Pero si no ocurre así, el segundo paso es pedir la ayuda de una o dos personas más (v. 16). El propósito no es ponerse en contra de quien peca, sino más bien, con la ayuda de una persona objetiva o alguien que facilite

[1] Ver William G. Thompson, *Matthew's Advice to a Divided Community, Mt 17, 22-18,* 35 (Rome: Biblical Institute, 1970); Dennis C. Duling, "Matthew 18:15-17: Conflict, Confrontation, and Conflict Resolution in a 'Fictive Kin' Association," *BTB* 29 (1999) 4–22.

porque no es parte del conflicto, poder establecer la verdad, y así poder lograr el perdón y la reconciliación.

Si esto no da resultado, entonces el asunto se le presenta a toda la comunidad (*ekklēsia*).[2] Si todavía no se tiene éxito, entonces hay que tratar a la persona como a un pagano o a un publicano (v. 17). A primera vista parece que este último versículo está diciendo que se expulse a la persona. Pero al ver como Jesús trataba a los paganos y a los publicanos,[3] más bien puede que comunique una buena disposición a sentarse a la misma mesa y partir el pan juntos, mientras trabajan para alcanzar la unión con Dios y los unos con los otros.[4] Otros episodios en el evangelio señalan esta conclusión. Cuando Jesús llamó a Mateo, un publicano, a ser su discípulo (9:9), él entonces fue a cenar a su casa junto con otros publicanos y pecadores. Cuando los fariseos cuestionan a los discípulos, Jesús les dice, "Los sanos no necesitan médico, sino los enfermos. Aprendan lo que significa esta palabra de Dios: Yo no les pido ofrendas, sino que tengan compasión (*eleos*). Pues no vine a llamar a hombres perfectos sino a pecadores" (9:12-13). Al recordar la compasión de Jesús hacia los publicanos en 18:17, Mateo nos prepara para la parábola en 18:23-25, donde el rey exige que el esclavo le explique por qué no tuvo compasión (*eleēsai*, v. 33).

Después de este programa de tres pasos para obtener la reconciliación (vv. 15-17) vemos dichos que resaltan los resultados duraderos de la reconciliación y el papel que la comunidad juega al arbitrar, orar y perdonar. Toda la Iglesia participa en la oración (vv. 19-20) y en el atar y desatar (v. 18).[5] El dicho del versículo

[2] Entre los evangelistas, Mateo es el único que usa la palabra *ekklēsia*, "iglesia" (Mateo 16:18; 18:18 [2x]).

[3] A pesar de que Mateo dice que Jesús ha venido a salvar sólo a las ovejas perdidas de Israel (10:5-6; 15:24), hay veces que Jesús cura a los paganos (8:5-13; 15:21-28) y Jesús también dice cosas que indican que tiene una misión dirigida hacia los paganos (12:18, 21; 28:19). Jesús le pide a un publicano que sea su discípulo y come con él junto con otros publicanos (9:9-13), y así se le conoce como un amigo de ellos (11:19).

[4] Es notable que, Mateo 18:15-20 no indica de que tipo de pecado se trata. Tal estrategia no sería tolerada para ciertas ofensas.

[5] Los verbos *dēsēte* ("ustedes aten") y *lysēte* ("ustedes desaten") en el versículo 18 se encuentran en la segunda persona plural.

18 que dice que se ata y se desata en la tierra también se ata y se desata en el cielo nos dirige hacia el versículo que concluye la parábola, que habla de como el perdonar a un hermano o a una hermana trae consecuencias relacionadas con el perdón del Padre[6] celestial (v. 35).

PERDONAR SIN LÍMITE

Inmediatamente antes de la parábola, Pedro hace una pregunta: ¿cuántas veces tiene que perdonar un discípulo?[7] ¿Se debe seguir el proceso descrito en los versículos 15-20 para cada ofensa? Pedro propone "siete veces" (v. 21). En la Biblia el número siete es simbólico de un número completo que indica la plenitud. La respuesta de Jesús, "No digas siete veces, sino hasta setenta y siete veces" (v. 22), aumenta los límites del perdón de una manera que no tiene límites. Puede que haya querido hacer un contraste con Lamec que juró vengarse "setenta y siete veces" (Gn 4:24). La persona que perdona renuncia la venganza para acabar con el ciclo de la violencia e iniciar una nueva orientación en la relación, hacia la reconciliación. Tanto las personas que ocupan posiciones de liderazgo como toda la comunidad tienen que perdonar una y otra vez para poder lograr la transformación del corazón (v. 35).[8]

[6] Ver arriba, pp. 57–62 sobre el Padre celestial.

[7] Mateo 18:21-22 es paralelo a Lucas 17:4 pero el contexto es diferente. La parábola de Mateo 18:23-35 solamente ocurre en Mateo.

[8] John Pilch ("Forgiveness," en *Cultural Dictionary of the Bible* [Collegeville: The Liturgical Press, 1999] 62–63) considera que el propósito de los vv. 15-20 es diferente al de los vv. 21-35. La primera situación trata de una ofensa entre personas del mismo rango y se permiten las dinámicas del desafío y de la respuesta. O sea, que la persona insultada por otra del mismo rango debe responder de la misma manera o perderá su honor. Sin embargo, la parábola y la conversación con Pedro describen la dinámica entre una persona de un rango superior y otra de uno inferior. La persona del rango inferior no puede desafiar a la persona del rango superior, y por lo tanto el superior puede ignorar la deuda y todavía mantener su honor por su benevolencia. Sin embargo, yo cuestiono si uno está supuesto a ver a Pedro como el superior de los otros discípulos, tomando en cuenta los dichos como el de Mateo 20:26-27, donde Jesús afirma que quien quiera ser el primero entre los discípulos tendrá que ser el esclavo.

EL REY CALCULADOR (VV. 23-27)

La parábola consiste de tres actos. La primera escena nos lleva a un mundo de ricos e intrigas de la corte.[9] Un rey, recordando a lo mejor a Herodes, se encuentra en la cima del sistema social, económico y religioso. La parábola se enfoca en cómo él ejerce su control sobre sus cuentas financieras, al traer ante él a uno de sus esclavos (*doulos*). El esclavo es un burócrata de alto nivel, no alguien de la clase pobre. Lo más probable es que es responsable de exigirles los impuestos a los otros miembros del reino, y ha logrado alcanzar una posición alta en la corte usando tácticas bien calculadoras y astutas. Ha creado una red de relaciones y usado el sistema para su ventaja y la del rey. Se le llama "esclavo" en la parábola para demostrar su subordinación al rey. Sirve para darle énfasis al hecho de que no importa cuán bueno sea en su trabajo, siempre lo hace para el rey. Y si no lo hace bien, siempre hay otros sirvientes ansiosos por tomar su lugar.[10]

Un momento de crisis ocurre de repente cuando el rey decide pedir que se le pague su "préstamo" (*daneion*), o sea, la cantidad de dinero que este empleado le debe de los impuestos que cobra. El hecho de que el servidor está trabajando entre los acaudalados es evidente por la cantidad enorme que menciona, "diez millones" (v. 24). Literalmente, es *myriōn talantōn*, diez mil talentos.[11] Esto equivale a una cantidad entre 6,000 y 10,000 denarios cuando un denario era el pago por un día de trabajo (20:2).[12] La cantidad es astronómica. Es la misma cantidad que

[9] La siguiente interpretación utiliza la de William Herzog (*Parables as Subversive Speech* [Louisville: Westminster John Knox, 1999] 131–49) y la de Warren Carter (*Matthew and the Margins*, 370–75).

[10] Jennifer Glancy, "Slaves and Slavery in the Matthean Parables," *JBL* 119 (2000) 67-90 demuestra que los encargados de los fondos del dueño tenían la oportunidad de aumentar sus propias fortunas, lo cual hacían muy frecuentemente para comprar su libertad o la de algún familiar. Sin embargo, el propósito de un esclavo era el de mejorar los intereses de su dueño.

[11] Herzog, *Subversive Speech*, 144, discute, basándose en la verisimilitud que el contraste original en la parábola de Jesús era entre 100 talentos y 100 denarios. Mateo ha aumentado la primera cantidad.

[12] Pilch (*Cultural World*, 137) observa que la cantidad de diez mil talentos requeriría 164,000 años de trabajo, trabajando siete días a la semana para saldar la deuda. Pero ese cálculo se basa en un trabajador del día, que nunca hubiera

Josephus dice que Roma sacó de Judea en el año 60 a.C. (Jos. *Ant.* 14.78). Sin importar cómo el empleado ha gastado o vuelto a invertir el dinero, él se ha pasado del límite y no puede recuperar todo lo que le debe al rey.

El dueño, sólo por querer mostrar su poder, amenaza con usarlo como un ejemplo para los demás: quitarle su puesto, venderlo a la esclavitud[13] junto con su familia y toda su propiedad. El propósito no es que el sirviente trabaje para pagar lo que debe, porque no sólo es imposible pagar tal cantidad, sino también es imposible pagar la deuda mientras se encuentra encarcelado. Para cobrar todo lo que se le debe, el sirviente tiene que tener la libertad para manipular su red de clientes. Más bien, el propósito de ajustar las cuentas es para que el rey pueda reafirmar su poder. Es para recordarles a los subordinados que en cualquier momento y sin aviso el rey puede quitarle su posición alta de burócrata y someterlo a la esclavitud.

La respuesta del sirviente es exactamente lo que se requiere. Se echó al suelo y adoró al rey (v. 26), rogándole que tenga paciencia y asegurándole su lealtad y que le pagará todo. El verbo *proskyneō* ("alabar," "dar alabanza") indica la costumbre de arrodillarse y besar los pies, el dobladillo o el suelo.[14] En otras partes del evangelio, esto se le hace a Jesús. Los Reyes Magos adoran al rey recién nacido (2:2, 11; en contraste al rey Herodes que proclama la falsa intención de hacerlo 2:8). Las personas que se acercan a Jesús para pedirle un favor se arrodillan ante él: un hombre leproso (8:2); un oficial cuya hija acaba de morir (9:18); una mujer cananea (15:25); y la madre de Santiago y Juan (20:20). Los discípulos adoran a Jesús después que rescata a Pedro que se

tenido esa deuda. El esclavo que se menciona es un burócrata que controla grandes cantidades de dinero.

[13] Algunas personas usan este detalle para indicar que Mateo se imagina a un rey pagano, ya que la ley de los judíos no permitía la venta de otro judío a la esclavitud o su tortura. Pero como indica Herzog (*Subversive*, 130, 138–39), este punto se puede discutir, porque sean legales o no, el rey se encuentra fuera de la ley y puede hacer lo que le de la gana. Él no es un monarca constitucional, quien se somete a la ley, sino uno que ejerce su control autoritario de cómo quiera. Glancy ("Slaves and Slavery," 86) indica que el rey no está vendiendo a un hombre libre para que sea esclavo; él ya es un esclavo, y el rey piensa venderlo a otro dueño.

[14] BDAG, s.v., προσκυνέω.

ahogaba en el mar (14:33); y después de la resurrección (28:9, 17). El diablo trata de tentar a Jesús para que se arrodille y lo adore, a lo que Jesús contesta, "Aléjate, de mí, Satanás, porque dice la Escritura: Adorarás al Señor tu Dios, a él solo servirás" (4:10).

El rey se conmueve y cambia sus tácticas. Pero, como se ve al final de la parábola, no fue por compasión.[15] El rey ha ganado en cuanto al juego del honor y de la vergüenza. Él le ha dejado saber quién es el que manda y logró que se arrodillara y reconociera quién es el que tiene el poder. Ha puesto al burócrata en su lugar. Puede que el sirviente se haya salido de "su lugar," pero ha comprobado su lealtad y su valor. Él conoce el sistema y ha demostrado su habilidad. El rey decide mantenerlo bajo su servicio. No le pide que pague el dinero que debe, sino que le permite que regrese a su trabajo y continúe sus negocios para la ventaja del rey. El resultado para el monarca es que sus otros funcionarios hablarán mucho sobre la confrontación y les recordará la vulnerabilidad de su posición. Además, él recibirá adulación por su generosidad y benevolencia.

LA VENGANZA MAL MANEJADA (VV. 28-30)

La escena cambia y el siguiente acto comienza con una repetición muy parecida a la anterior. Esta vez el esclavo perdonado se encuentra en una posición superior. No se da su motivo por el cual inicia su ajuste de cuentas. Puede que su propósito sea demostrarle al rey que sí es útil y eficaz. O, puede que al haber sido avergonzado ante el rey, él necesita demostrarles a sus clientes su propio poder.[16] Él busca a uno de sus subordinados,[17] y con violencia física exige que se le pague lo que se le debe.[18] El

[15] En otras partes del evangelio, el verbo *splagchnizomai* ("tener lástima") se usa en relación a Jesús para describir su compasión por la multitud a la que él atendía (9:36) al curarlos y darles comida (14:14; 15:32; 20:34).

[16] Carter, *Matthew and the Margins*, 373.

[17] La palabra griega *syndoulos* significa "un compañero esclavo." Ambos son esclavos en relación al rey, pero como vemos de los siguientes versículos, el compañero esclavo se encuentra subordinado al primero.

[18] Glancy ("Slaves and Slavery," 67–90) demuestra que el énfasis de la vulnerabilidad de los esclavos a la violencia, la cual ocurre mucho en las parábolas de Mateo, es la verdadera experiencia que había del mundo greco-romano.

sirviente sólo le debe cien denarios (*hekaton dēnaria*, traducido como "cien monedas" en la *BL*). El punto no es que es una deuda que sí se puede pagar comparada con la cantidad enorme del primer acto. En el mundo de este esclavo de un nivel medio, la deuda podía haber sido de diez mil talentos.[19] Al igual que el primer empleado, él tampoco puede pagar la deuda.

El sirviente da la misma respuesta que su superior le dio al rey anteriormente. Se arrodilla con reverencia, le pide que tenga paciencia y le asegura a su jefe que es honrado y que le pagará. Justamente en este momento es cuando el primer esclavo comete un error fatal. En vez de imitar a su dueño y perdonar la deuda, le niega el perdón y lo echa en la cárcel. Él podría pagar desde la cárcel si encontrara a otro patrón. Pero, ¿quién va a querer emplearlo si no se puede confiar en él? Su liberación ocurrirá debido a la solidaridad que sus compañeros sirvientes expresaron.

EL DESENLACE SORPRENDENTE (VV. 31-34)

En el último acto de la obra, otros esclavos de la misma posición social y económica se sienten mal por lo que ha pasado y deciden contárselo al rey. Para poder hablar con el rey, probablemente se consiguieron a un patrón nuevo. Dada la situación precaria de su patrón avergonzado y lo abusador que fue con uno de ellos, lo más probable es que le hayan dado su lealtad a otra persona.

Cuando el rey llama a su sirviente por segunda vez, lo acusa de ser malvado y le explica lo que espera de él: él debió de haber seguido los pasos del rey. Si le es fiel al rey y entiende el mensaje del monarca, entonces él debió haber hecho lo mismo que el rey hizo. Si el esclavo quiere asegurar la lealtad, el respeto y el reconocimiento de su poder, el rey ya le había enseñado cómo se hacía. En vez, él ha avergonzado al rey al no imitarlo. Su modo de actuar le hace pensar a los demás que la manera como el rey

[19] Herzog (*Subversive Speech*, 143) dice que cien denarios representaba la mitad del sueldo anual de un legionario romano y más de lo que un trabajador de campo se gana en un año. Había muy pocos campesinos que hubiesen visto tal cantidad en un momento dado en toda su vida.

ejerce su poder no es eficaz. Si el esclavo piensa que con el abuso físico, la degradación y la encarcelación brutal es que se resuelven los problemas, el rey le va a demostrar eso mismo.[20]

LA MORALEJA (V. 35)

Es probable que el evangelista le añadió este versículo final a la parábola.[21] Es típico de Mateo mencionar algo sobre el juicio final.[22] Es una conclusión alegórica que conecta el sistema ateo de quienes tienen el poder con la respuesta divina anticipada hacia quienes no perdonan. La parábola comienza como una respuesta para la pregunta que Pedro hace, pero termina siendo dirigida hacia todos los discípulos y las discípulas.[23] La parábola ha creado una situación en la cual el rey no es como Dios, pero la dinámica del relato es parecida a lo que les ocurre a los discípulos y a las discípulas que no aprenden a imitar a Dios como Jesús nos enseña. Así como quienes están bajo el control del rey tienen que aprender cómo el rey se comporta y luego imitarlo, así también pasa con los discípulos y las discípulas de Jesús.

Los discípulos y las discípulas de Jesús, como el primer esclavo, se lo deben todo a Dios quien se los ha dado bondadosamente. La deuda nunca se podrá pagar, y Jesús la ha cancelado. La única respuesta a tal compasión es permitir que la misma transforme el corazón y así poder tratar a los demás con la misma compasión. A diferencia del rey en la parábola, Dios no actúa así para engrandecerse, sino para el bienestar de toda la creación. Vemos un tipo de poder distinto que obra en Jesús y en sus discípulos y sus discípulas: en vez de ganarse el honor a través

[20] Ver, Carter, *Matthew and the Margins*, 374. Herzog (*Subversive*, 146–47), siguiendo los pasos de J.D.M. Derrrett (*Law in the New Testament* [London: Darton, Longman & Todd, 1970] 42), propone que el enojo del rey ocurre porque el esclavo malentendió su perdón como un acto de caridad, cuando el propósito que tenía el rey era que fuera la primera dentro de una serie de acciones para "lubricar" todas las ruedas para el bienestar del reino. Después, el esclavo hace quedar mal al rey, y por eso el monarca se venga de él y ajusta sus cuentas como siempre lo había hecho.

[21] Ver Lambrecht, *Out of the Treasure*, 53–68, para un análisis detallado sobre la historia de la tradición de la parábola.

[22] Ver 8:12; 13:42, 50; 22:13; 24:51; 25:30.

[23] El pronombre"ustedes" (*hymin*) en el v. 35 está en el plural.

de la venganza por lo malo que se ha experimentado, Jesús les enseña como demostrar el poder a través de la vulnerabilidad. El poder se manifiesta al renunciar a la venganza y dedicarse al trabajo difícil de la reconciliación. Esto depende de un cambio de corazón que impulsa a la persona empezar con el perdón cuando se ha experimentado un mal. Si los discípulos y las discípulas no aprenden a imitar estos métodos de Dios cuando se tratan entre sí, entonces pueden esperar que Dios los trate de la misma manera como lo hicieron en la vida. Mateo siempre insiste en las demandas de la vida moral del discipulado. Dios nos ha perdonado gratuitamente, pero el costo personal es hacer nosotros lo mismo.

POSIBILIDADES PARA LA PREDICACIÓN

La persona que predica puede meterse en apuros si trata de interpretar las imágenes en la parábola como unas ecuaciones en las que Dios es el rey y los esclavos son los seres humanos. Entonces quien predica tendría que contestar preguntas como: ¿Cómo puede Dios retirar la bondad? ¿Cómo puede ser Dios tan frío? ¿Puede la conducta humana determinar la conducta de Dios? Además, la analogía de un rey con sus esclavos no es muy buena para tratar de hablar del poder de Dios y de su misericordia infinita como se revela en Jesús.[24] El modelo basado en el poder del imperio no tiene casi nada que ver con la manera como Jesús expresaba el anhelo divino de reunir todo en una relación reconciliada. Además, la noción de caer a los pies del monarca para rogarle que sea bondadoso puede muy fácilmente dar la idea que a Dios le agrada que le rueguen desesperadamente.

La persona que predica podría recordarles a las personas que la oración que rezamos más frecuentemente contiene el mismo mensaje que esta parábola. Cuando, al final del Padre Nuestro, rezamos, "perdona nuestras ofensas[25] como nosotros también perdonamos a los que nos ofenden," le estamos pi-

[24] Ver arriba, pp. 43–44 acerca del "reino de los cielos" y la metáfora de Dios como rey.

[25] En el Padre Nuestro que se encuentra en Mateo la palabra "ofensas" *opheilēma* (6:12) se usa en vez de "pecados," *hamartia* (Lucas 11:4).

diendo a Dios que permita que la experiencia del perdón transforme nuestros corazones para que de igual modo perdonemos a las demás personas.[26] Solamente la persona necia rezaría del modo contrario, pidiéndole a Dios que nos perdone solamente con la misma medida pequeña que nosotros somos capaces de perdonar a los demás. Lo que los versículos 18:35 y 6:14-15 expresan es que el punto hasta el cual los discípulos y las discípulas lleguen a perdonar en esta vida tiene consecuencias para la vida eterna.[27]

Además, no es suficiente que el perdón se dé de palabras: el cambió de corazón es necesario (v. 35). Para la gente de la antigüedad, el corazón era el centro no sólo de las emociones y de las pasiones, sino también la fuente del pensamiento y del entendimiento. Del corazón surge también la voluntad y la conciencia. Es la fuente de toda obediencia y devoción. Es el lugar donde una persona encuentra a Dios y es transformada. En breve, representa la totalidad del ser humano.[28]

La persona que predica también podría señalarle a la congregación cuán fácil es volver a adoptar la actitud de tomar cuentas estrictamente y de castigar a quienes no cumplen enseguida con sus obligaciones aun cuando uno mismo ha recibido misericordia espléndidamente. Alguien les podría preguntar a quienes escuchan, ¿aplaudieron cuando el sirviente que no perdonó recibió lo que se merecía? O, ¿se les partió el corazón con compasión por él, porque falló y no entendió? ¿Le darían setenta y siete oportunidades para aprender a que la misericordia de Dios lo transforme? Quien predica podría invitar a la congregación a reflexionar si hay alguien en sus vidas a quien ya no tratan porque las heridas parecen ser tan viejas o tan profundas que ya no se pueden curar. El evangelio este domingo podría ser una invitación para presentar nuestros corazones heridos ante Jesús y rezar para que la misericordia de Dios nos cure las heridas y

[26] En Dt 15:1-2 la cancelación de las deudas en el año sabático se justifica usando el mismo principio: uno debe dirigirse al prójimo de este modo porque Dios ha hecho lo mismo con Israel.

[27] De la misma manera, Mateo 5:7, "Felices los compasivos, porque obtendrán misericordia."

[28] Ver Mateo 5:8, 28; 6:21; 9:36; 11:29; 12:34; 13:15, 19; 14:14; 15:18, 19, 32; 22:37.

nos conmueva para acercarnos con perdón a quien nos ofendió y comenzar el proceso de la reconciliación. La persona que predica podría también animar a las personas a rezar para tener la fuerza para perseverar un número infinito de veces para permitir que el modelo de la misericordia divina forme nuestros corazones.

Es interesante que Mateo haya escogido el tema de cuentas financieras y el proceso de cancelar las deudas como una metáfora del pecado. Quien predica podría tomar este ejemplo para hablar sobre el perdón no sólo en términos interpersonales, sino en el área de las finanzas a nivel mundial. ¿Cómo puede ayudarnos esta parábola a saber cómo responder frente a las deudas astronómicas que los países en desarrollo les deben a los países ricos? O, a nivel local, ¿qué deudas pendientes, metafóricas o actuales, se podrían cancelar en el espíritu del año de jubileo? ¿Cómo pueden los discípulos y las discípulas empezar a cancelar deudas que tendrían un gran efecto cuando las personas perdonadas imitan la misericordia que recibieron?

Un punto en particular que quien predica tiene que comunicarles a las personas claramente es que la parábola no dice que las víctimas tienen que perdonar sin límite a quienes abusan de ellas sin arrepentirse. A menudo se ha malinterpretado esta parábola para aconsejar que las víctimas de la violencia doméstica deben perdonar una y otra vez, por ejemplo, para seguir el camino de la Cruz de Jesús. Quienes predican tienen que señalar que en contraste al versículo 18:22, la parábola demuestra que sí *hay* límites en el perdón. La persona que ha sido perdonada y que no responde del mismo modo, no puede recibir el perdón indefinidamente. La parábola presenta la tensión entre la gracia sin fin y las demandas del perdón. También es importante tomar en cuenta que en el contexto de Mateo 18, donde el perdón es una responsabilidad comunitaria, no individual, decir la verdad, aceptar la responsabilidad y el arrepentimiento, también juegan un papel importante en el proceso de la reconciliación.[29]

Finalmente, una enseñanza menos directa de la parábola es que cuando las personas que escuchan actúan como los sirvien-

[29] Ver Susan E. Hylen, "Forgiveness and Life in Community," *Int* 54 (2000) 146–57, quien habla desde su experiencia de trabajar con víctimas de la violencia doméstica.

tes en la última parte de la parábola, pueden acabar cometiendo el mismo pecado que el sirviente que no perdonó—los dos pecados son idénticos.[30] La persona que predica podría reflexionar sobre cómo "la narración conduce a una experiencia parabólica del mal, no el mal intencional, sino el mal implícito, inesperado y universal. La habilidad de reconocer que participamos en el mal es parte de la experiencia del reino."[31] Desde este punto de vista, la parábola requiere que la comunidad no solamente reconozca el pecado en otras personas y que las ayude a arrepentirse, sino que también pida lo mismo de nosotros y que busquemos el perdón y la reconciliación.[32]

[30] Ibid., 157.

[31] B. B. Scott, "The King's Accounting: Matthew 18:23-24," *JBL* 104 (1985) 442.

[32] Hylen, "Forgiveness," 157. Ver también David Buttrick, *Speaking Parables* (Louisville: Westminster John Knox, 2000) 107–13.

CAPÍTULO DIEZ

Los trabajadores y el sueldo

(Mateo 20:1-16a)

Vigésimo Quinto Domingo del Tiempo Ordinario

Miércoles de la vigésimo semana del Tiempo Ordinario

En aquel tiempo, Jesús dijo a sus discípulos esta parábola:
"El Reino de los cielos es semejante a un propietario que,
al amanecer, salió a contratar trabajadores para su viña.
Después de quedar con ellos en pagarle un denario por día,
los mandó a su viña.
Salió otra vez a media mañana,
vio a unos que estaban ocioso en la plaza y les dijo:
'Vayan también ustedes a mi viña
y les pagaré lo que sea justo.'
Salió de nuevo a medio día
y a media tarde e hizo lo mismo.

Por último, salió también al caer la tarde
Y encontró todavía otros que estaban en la plaza y les dijo:
'¿Por qué han estado aquí todo el día sin trabajar?'
Ellos le respondieron: 'Porque nadie nos ha contratado.'
Él les dijo: 'Vayan también ustedes a mi viña.'

Al atardecer, el dueño de la viña le dijo a su administrador:
'Llama a los trabajadores y págales su jornal,
comenzando por los últimos hasta que llegues a los primeros.'
Se acercaron, pues, los que habían llegado al caer la tarde
y recibieron un denario cada uno.

Cuando les llegó su turno a los primeros, creyeron que recibirían más;
pero también ellos recibieron un denario cada uno.

Al recibirlo, comenzaron a reclamarle al propietario, diciéndole:
'Esos que llegaron al último sólo trabajaron una hora,
y sin embargo, les pagas lo mismo que a nosotros,
que soportamos el peso del día y del calor.'

Pero él respondió a uno de ellos:
'Amigo, yo no te hago ninguna injusticia.
¿Acaso no quedamos en que te pagaría un denario?
Toma, pues, lo tuyo y vete.
Yo quiero darle al que llegó al ultimo lo mismo que a ti.
¿Qué no puedo hacer con lo mío lo que yo quiero?
¿O vas a tenerme rencor porque yo soy bueno?

De igual manera, los últimos serán los primeros, y los primeros, los últimos."

EL CONTEXTO LITERARIO

Jesús contó esta parábola mientras se hacía camino a Jerusalén. En el capítulo anterior Jesús responde a la pregunta que las personas fariseas le hicieron sobre el divorcio (19:1-12), y luego le da la bienvenida a los niños (19:13-15). Él invita a un joven rico a que lo sigua, pero éste se fue triste (19:16-22). Jesús aprovecha la ocasión para contarles a sus discípulas y discípulos cuán difícil es entrar en el Reino de los Cielos para alguien que es rico (19:23-24). Pedro, siempre el que lleva la voz cantante en el Evangelio de Mateo, le pregunta a Jesús qué recibirán quienes lo han abandonado todo para seguirlo (19:27). Jesús les asegura que jugarán un papel en el juicio de las doce tribus de Israel, al igual que una recompensa de cien veces más y la vida eterna (19:28-29). A la parábola le sigue el tercer anuncio de la Pasión de Jesús (20:17-19) y el favor que la madre de Santiago y Juan le pide para que se sienten a la derecha e izquierda de Jesús en su reino (20:20-28). El capítulo concluye con la curación de dos hombres ciegos (20:29-34) cuando Jesús estaba por entrar a Jerusalén (21:1).

La parábola de los trabajadores en la viña ocurre solamente en Mateo. En su contexto literario, la respuesta que Jesús le da a Pedro continúa sobre lo que los discípulos y las discípulas recibirán por todo lo que han abandonado.[1] A fin de cuentas, el

[1] No es evidente en la traducción del Leccionario que la parábola comienza con la conjunción *gar*, "para," la cual la une con la sección anterior. Ver Michael

pago de los trabajadores de la viña parece referirse al modo como Dios les paga a quienes han trabajado para el Reino de Dios.[2] La conexión entre la parábola y la sección anterior se encuentra en el versículo final (20:16), el cual repite palabra por palabra 19:30. Aunque no es el punto central de la parábola,[3] sí alerta a quienes escuchan a un final inesperado.[4] En relación a la petición de Santiago y Juan que le sigue a la parábola (20:20-28), esta parábola indica que todos los discípulos y las discípulas recibirán la misma recompensa; nadie será tratado mejor que nadie.

EL CONTRATO

La parábola se desarrolla en dos actos (vv. 1-7, 8-15). El primer acto trata sobre el contrato de los trabajadores, mientras el segundo es sobre la paga y el conflicto que surge. El primer acto nos presenta las cinco veces que el dueño sale a contratar a trabajadores. El dueño sale de madrugada (v. 1), a la tercera hora (cerca de las nueve, v. 3), a la sexta hora (al mediodía, v. 5), a la novena hora (como a las tres, v. 5) y finalmente a la undécima hora (a eso de las cinco, v. 6). Por qué se contratan a personas tantas veces, es posible que haya sido porque era el tiempo de recoger la cosecha y por eso es urgente que se recoja antes de que se dañen las uvas. Posiblemente no calculó bien cuántos trabajadores le hacían falta al principio del día, y por eso continúa contratando a más trabajadores para completar el trabajo.

L. Barré, "The Workers in the Vineyard," *TBT* 24 (1986) 173–80 para ver un análisis más detallado de los lazos literarios entre la parábola y 19:16-30 al igual que 6:19-34.

[2] Sobre el "Reino de los Cielos," ver arriba pp. 43–44.

[3] El dicho de los últimos que serán los primeros y los primeros los últimos era un proverbio independiente que ocurre en otros contextos dentro de los Evangelios Sinópticos: Marcos 10:31; Lucas 13:30.

[4] Entre los eruditos del Nuevo Testamento, se piensa que Mateo creó este versículo. Ver, J. Lambrecht, *Out of the Treasure. The Parables in the Gospel of Matthew* (Louvain Theological and Pastoral Monographs 10. Grand Rapids: Eerdmans, 1991) 71. J. D. Crossan (*In Parables* [New York: Harper & Row, 1973] 113–14) considera que la parábola, como la contó Jesús, terminó en el versículo 13. B. B. Scott (*Hear Then the Parable* [Minneapolis: Fortress, 1989] 185–86) y Dan O. Via ("Parable and Example Story: A literary Structuralist Approach," *Semeia* 1 [1974] 125) creen que el v. 14a fue la conclusión original.

Un detalle que no ocurriría en la vida real es que el propietario nunca iría a la plaza a buscar trabajadores; este era el trabajo de un asistente (que aparece en el v. 8). Esta participación del dueño desde el principio del relato, literalmente prepara la escena para el papel que jugará en la confrontación final.[5]

Obviamente, el dueño de la viña es un hombre rico. Él tiene como empleados a un supervisor (*epitropos*, v. 8), y probablemente muchos otros sirvientes, al igual que el dinero para contratar a muchos trabajadores temporeros. Es posible que la viña sea solamente uno de los muchos terrenos que tiene. Las viñas les pertenecían a los ricos ya que requerían una inversión grande para empezar. Generalmente pasaban cuatro años de mucho cuidado antes de que una viña diera fruto. Pero al final valía la pena ya que las uvas podrían usarse para convertirlas en vino, un producto que producía muchas más ganancias que los granos que los campesinos granjeros cultivaban.[6]

Los trabajadores temporeros están al lado opuesto de la economía. Ellos se congregaban en la plaza (*agora*, v. 3) cada día, con la esperanza de ser empleados. Cuando no conseguían trabajo, les tocaba pedirles limosna a los que pasaban por la plaza. Ellos se encontraban en una posición muy vulnerable ya que su trabajo era de vez en cuando y no tenían una relación bien establecida con ningún patrón ni jefe. Hasta los esclavos se encontraban en una posición mejor que ellos porque al dueño le conviene cuidarlos y alimentarlos para poder sacar ganancias. Cuando había muchos desempleados en la plaza, ellos tenían muy poca oportunidad de negociar. Los últimos cuatro grupos que fueron enviados a trabajar a la viña (vv. 3-7) estaban a la merced de lo que el propietario considerara una paga justa (*dikaios*) (v. 4). La vida de estos trabajadores estaba llena de incertidumbres. La malnutrición, el hambre, la enfermedad, la separación de la familia, la dependencia de otros y el pedir limosnas constituían las preocupaciones de los trabajadores. Puede que algunos vean en la cara del propietario a una persona que les había quitado su pequeña granja, un propietario rico

[5] Warren Carter, *Matthew and the Margins* (Maryknoll: Orbis, 2000) 396.

[6] William R. Herzog II, *Parables as Subversive Speech* (Louisville: Westminster John Knox, 1994) 85; Carter, *Matthew and the Margins*, 395.

tratando de cobrar sus deudas.[7] Por formar parte de una clase de personas que no eran imprescindibles, era posible que la muerte les llegaría en cuestión de unos cuantos años.[8]

Que ellos están en la plaza todo el día sin hacer nada (v. 6) no es nada extraño. Ellos no están allí porque no desean trabajar, sino porque nadie los ha empleado (v. 7). Ellos son los que la gente ignora y les pasa por el lado para buscar a los más fuertes—a los que aparentan poder producir más trabajo en el menor tiempo posible. Los que siguen en la plaza son los mayores, los enfermos, los que tienen impedimentos físicos. Con el primer grupo de trabajadores el dueño negocia y quedan con el acuerdo de un denario (v. 2).[9] El dueño les promete a los del segundo grupo darles "lo que corresponda" (*dikaios*, v. 4), y hace lo mismo con los demás (v. 5).

EL DÍA DEL PAGO

Al final del día el asistente comienza a darle un denario a cada uno de los obreros, comenzando con los últimos que fueron

[7] Herzog, *Subversive Speech*, 88–89; Carter, *Matthew and the Margins*, 396.

[8] Herzog, *Subversive Speech*, 90.

[9] Es difícil saber con precisión cuál era el valor de un denario. Generalmente se cree que representaba la cantidad necesaria para mantener a un obrero y a su familia a un nivel de campesino. (Scott, *Hear Then*, 291. F. Heichelheim ("Syria," in *An Economic Survey of Ancient Rome* [ed. Tenney Frank, 4:121–258; Baltimore: Johns Hopkins Press, 1938] 79–80) calcula que un adulto en Palestina del siglo II d.C. necesitaba medio denario al día para la comida sin contar otras necesidades. Douglas Oakman ("The Buying Power of Two Denarii," *Forum* 3 [1987] 33–38) como estimado propone que un denario podía proveer comida de 3–6 días para una familia. Herzog (*Subversive Speech*, 90) encuentra tal cantidad excesiva, ya que considera el denario de plata hecho por Roma sin tomar en cuenta las diferencias que hay de lugar a lugar. Pero estudios recientes sugieren que un denario al día no hubiese sido suficiente para sostener a un trabajador temporero ya que no trabaja todos los días. Tampoco es razonable imaginar que tal paga podría mantener a la familia. Otras referencias en el Nuevo Testamento sobre lo que el denario podría comprar o no comprar son: en el Evangelio de Marcos cuando los discípulos hacen un estimado de que tomaría doscientos denarios alimentar a cinco mil personas (6:37). En la versión de Juan, Felipe piensa que tal cantidad no sería suficiente (Juan 6:7). Cuando el samaritano que viajaba confía el herido a la posada, él dio dos denarios con la promesa de que daría más si hiciera falta (10:35).

contratados. No se trata de que el último sea primero ni el primero el último, sino, de que a los últimos contratados se les tiene que pagar en presencia de los que fueron contratados primero o no hay una parábola. El nivel de anticipación aumenta mientras las personas que leen se imaginan que a los primeros que fueron contratados se les va a pagar más que a los últimos.

Los que fueron contratados primero comienzan a quejarse[10] contra el propietario, porque él ha hecho a los que trabajaron una hora "iguales" que a los que trabajaron el día entero bajo el sol caliente (v. 12). Las personas que leen, preocupadas por la justicia, exigen que se le pague a la gente de acuerdo con lo que se merece y fácilmente pueden entender la reacción de los trabajadores que fueron contratados primero. En vez de pagar a unos más que a otros de acuerdo con su trabajo, el propietario les da la misma paga a todos, borrando las distinciones económicas.

El propietario le responde a uno de los que se queja,[11] "Amigo, no he hecho nada injusto" (v. 13). No existe ninguna amistad entre el dueño y los obreros. Ellos pertenecen a dos mundos completamente diferentes. Las amistades se crean sólo entre personas del mismo nivel. La ironía es que si el propietario de la viña en verdad fuera amigo de los trabajadores, él se hubiese visto obligado a seguir el mandato que Jesús le dio al joven rico en el capítulo anterior, "anda a vender todo lo que posees y dáselo a los pobres. Así tendrás un tesoro en el Cielo, y luego vuelves y me sigues" (19:21).[12]

Al final de su discurso, el propietario de la viña se dirige a los trabajadores con cuatro acusaciones, ninguna de las cuales los trabajadores pueden negar. Él no les hizo trampa. Les pagó la cantidad que habían acordado. La injusticia sólo se reconoce en relación a lo que les pagó a los otros trabajadores. Si el dueño rico les quiere dar a los últimos que contrató lo mismo que a los

[10] El verbo *gonguzō* (v. 11) recuerda las quejas de los israelitas en el desierto (Exodo 17:3; Núm 11:1; 14:27, 29).

[11] Herzog (*Subversive Speech*, 93) reconoce la táctica como la de dividir y conquistar en la cual el propietario ha humillado, aislado y definitivamente rechazado al individuo de tal modo que no conseguirá trabajo de nuevo en el área.

[12] Las otras veces en el evangelio en las cuales a una persona se le llama *hetaire*, "amigo," es para señalar sus malas acciones: el invitado que no está bien vestido para la boda (22:12) y Judas en el momento de la traición (26:50).

primeros, él tiene el poder para hacerlo. No hay duda de que el hombre rico puede hacer lo que le da la gana con su propio dinero.

La última pregunta que el dueño hace casi siempre se traduce mal. Literalmente, él pregunta, "¿es tu ojo malo (*ponēros*) porque yo soy bueno (*agathos*)?" Algunas veces se traduce *agathos* como "generoso." El significado de *agathos* es "bueno," una palabra que Mateo utiliza mucho junto con *ponēros*, "malo."[13] Además, no hay nada de "generosidad" en dar una paga que casi no cubre las necesidades de un trabajador. A Mateo le encanta crear contrastes entre el bien y el mal. En algunos casos él personifica el mal y escribe sobre el papel de *ho ponēros*, "el malvado," como el que causa la equivocación (5:37), tienta a las personas (6:13) y roba la palabra que se siembra en sus corazones (13:38). Mateo sólo escribe una vez sobre *ho agathos*, "el Bueno" (19:17). Ocurre cuando Jesús le habla al joven rico de lo que tiene que hacer para conseguir la vida eterna (19:16). La respuesta de Jesús, ¿Por qué me preguntas sobre lo que es bueno? Uno solo es el Bueno" (19:17), indica claramente que se refiere a Dios cuando dice "Uno solo es el Bueno." En dos ocasiones, "su Padre que está en los cielos," se asocia con dar lo bueno: el sol brilla sobre los malos y los buenos (5:45) y le da cosas buenas a los que las piden (7:11).

Aunque en muchos casos el propietario de la viña no es como Dios,[14] cuando se toman en cuenta las referencias que se discutieron arriba, hay ciertas semejanzas en el último versículo

[13] Contrastes entre *ponēros* y *agathos* se encuentran en Mateo 5:45; 7:11, 17-18; 12:34-35; 22:10.

[14] Herzog (*Subversive Speech*, 94) considera que el propietario es un blasfemador que se asigna a si mismo los derechos que le pertenecen a Dios, quien luego le hecha la culpa a la víctima y lo trata con arrogancia. El propósito de la parábola, él cree, es exponer la realidad opresiva que anima a las víctimas a trabajar juntas para cambiar la situación en la que se encuentran (95–96). Carter (*Matthew and the Margins*, 398) también considera que el propietario usó tácticas abusivas, pero que de todos modos hace algo bueno. Para él, el propietario es una caricatura que, irónicamente, es quien puede salir perdiendo o ganando al aplicar su regla de tratar a todos de la misma manera según lo ha demostrado. Aunque el tratamiento de Herzog y Carter del propietario es apropiado a la vida real, yo lo veo como una metáfora de Dios. Como todas las metáforas, siempre hay una cierta cualidad de "sí" y "no" en la comparación.

entre el propietario de la viña y Dios. Dios es libre para repartir su bondad o recompensa cómo quiera. Si Dios quiere tratar a todas las personas del mismo modo, (5:45) Dios lo puede hacer. El problema no es que Dios sea bueno. Lo difícil viene cuando la distribución igualitaria de Dios se considera injusta. Igual que el propietario de la viña que declara que él le dará a los trabajadores "lo que corresponda" (*ho dikaios*, v. 4),[15] de la misma manera Dios, quien es bueno, da lo que es justo. Sin embargo, la justicia (*dikaiosynē*), no es que cada cual reciba lo que se merece,[16] o que cada cual reciba lo que se ganó. La parábola representa la justicia divina como algo obvio porque cada persona, sin importar su capacidad de trabajar o producir, tiene lo necesario para sobrevivir al final del día. La parábola no sólo invierte las nociones que tenemos sobre lo justo (*dikaios*), sino que también Jesús, a quien se le considera *dikaios* (justo, "santo"), también hace lo mismo cuando se encontró ante Pilato 27:19, quien cumple todo lo justo (lo que hay que hacer; *dikaiosynē*, 3:15), quien les enseña a los discípulos y a las discípulas que su perfección tiene que ir más allá que la de los escribas y los fariseos para poder entrar al reino de Dios (5:20) y quien vindica (*diakioō*) la Sabiduría con sus obras (11:19).[17]

Acusar a alguien de tener un ojo malvado (*ophthalmos ponēros*, v. 15) es algo muy serio.[18] En las culturas de antes al igual

[15] El adjetivo *dikaios* ("justo") y las palabras relacionadas son favoritas de Mateo. Solamente ocurre dos veces en el Evangelio de Marcos; once veces en el de Lucas; tres veces en el de Juan y dieciséis veces en Mateo: 1:19; 5:45; 9:13; 10:41; 13:17, 54, 59; 20:4; 23:28, 29, 35; 25:37, 46; 27:4, 19, 24. Sobre el uso del verbo *dikaioō* ver el capítulo 17 sobre Mateo 11:16-19.

[16] La palabra *dikaiosynē* se asocia la mayoría de las veces con Pablo, pero también ocurre 7 veces en Mateo: 3:15; 5:6, 10, 20; 6:1, 33; 21:32 (comparado con Lucas donde ocurre una vez, dos veces en Juan, y ninguna en Marcos). La famosa descripción de Pablo en Rom 3:21-26 dice que la justificación (*dikaiosynē*) es algo que ningún ser humano puede alcanzar; es un regalo gratuito de Dios, completado por Cristo y apropiado por el creyente a través de la fe y no a través de las obras de la Ley.

[17] Sobre lo último, ver abajo, cap. 17.

[18] Para obtener más información ver John H. Elliott, "Matthew 20:1-15: A Parable of Invidious Camparison and Evil Eye Accustion," *BTB* 22(1992), 52–65; Bruce J. Malina and Richard L. Rohrbaugh, *Social Science Commentary on the Synoptic Gospels* (Minneapolis: Fortress, 1992) 125.

que en algunas de hoy, se cree que ciertas personas, animales, demonios o dioses tienen el poder de hacer daño sólo con una mirada. Los amuletos protectores y otras cosas se usaban frecuentemente para distraer este tipo de mirada. Muchas de las referencias bíblicas al ojo malvado tienen que ver con la envidia y la codicia (ej., Dt 15:9; Sab 4:12; Sir 14:8). En el mundo de Palestina del siglo I, en el cual se pensaba que los bienes materiales estaban limitados, cualquier ganancia de una persona significaba una pérdida para otra persona. Así que, el tener el ojo malvado de la envidia o la codicia era una de las fallas más destructivas tanto para la persona, como para la comunidad. Ben Sirácides, por ejemplo, advierte que "El hombre de mirada codiciosa es un malvado, que aparta los ojos y desprecia las personas. El ambicioso no está contento con lo que tiene, la injusticia mala seca el corazón" (Sir 14:8-9). El propietario de la viña en la parábola acusa en público a los que se quejan de tener el ojo malvado de la envidia. En el Sermón del monte Jesús advirtió, "Tu ojo es tu lámpara. Si tu ojo es limpio, toda tu persona aprovecha la luz. Pero, si es borroso, toda tu persona estará en la confusión. Si lo que había de luz en ti se volvió confusión, ¡cómo serán tus tinieblas!" (6:22-23) Jesús advierte dos veces, "si tu ojo derecho es ocasión de pecado para ti, sácatelo y tíralo lejos; porque es más provechoso para ti perder una parte de tu cuerpo y que no seas arrojado entero al infierno" (5:29; 18:9).

La parábola termina con esta pregunta para quienes escuchan: ¿tienes el ojo malvado de la envidia por la bondad de Dios que considera que todos somos iguales?

POSIBILIDADES PARA LA PREDICACIÓN

Si al final de la parábola, el propietario representa a Dios, la persona que predica puede comentar acerca de la bondad y la justicia divina y cómo nosotros respondemos cuando se trata a todas las personas de la misma manera y reciben recompensas que no se merecen. Quien predica podría comenzar hablando de las experiencias que las personas han tenido al recibir la gracia o un favor que no se merecían, y después comentar sobre el hecho de que todo regalo que viene de Dios es completamente gratuito. Él o ella podría explorar cómo Dios ama a todas las personas de la misma manera, les ofrece la misma invitación[19] (aunque en diferentes momentos y con diferentes requisitos) y desea lo bueno para todas. Cuando las personas cristianas viven conscientes con gratitud en el centro de su vida de fe, el deseo por el bienestar de cada hermano y hermana brota del corazón, y no del ojo malvado de la envidia.

Entonces, la justicia del evangelio no se experimenta como la recompensa proporcional por lo que todas las personas se merecen, sino más bien como las buenas relaciones entre todas. El nivelar las relaciones entre los seres humanos es parte de la justicia bíblica que se manifiesta en la armonía que existe entre toda la creación y su Creador. Esto no quiere decir que no hay distinción entre las personas de fe o que no hay diferencias entre los ministerios, sino que no hay distinciones cuando se trata del amor de Dios o de la bondad que Dios le da a sus criaturas. Además, si uno lee "el anochecer" (v. 8) de una manera escatológica, sólo hay un "pago" al final: o la persona recibe la recompensa total o no recibe nada.[20] La salvación a medias no existe.

Puede que para la comunidad de Mateo, la parábola haya desafiado la noción de que las personas judías cristianas eran mejores que aquellas que eran gentiles y que pertenecían a la comunidad. La imagen de la viña evoca la imagen de la viña de Dios, que ocurre una y otra vez en las Escrituras Hebreas.[21] Puede que la parábola haya desafiado a las personas cristianas judías que tenían una tradición consagrada de las promesas de Dios, a renunciar a sus sentimientos de ser las personas escogidas o primerizas y a aceptar que las personas nuevas que se han unido a la comunidad son sus semejantes ante los ojos de Dios y en la comunidad cristiana. En un contexto contemporáneo puede haber una dinámica similar en cuanto a las personas inmigrantes nuevas de grupos étnicos que llegan a una parroquia, o a la actitud que algunas personas tienen hacia quienes recientemente

[19] Scott, *Hear Then*, 297–98. Ver también David Buttrick, *Speaking Parables* (Louisville: Westminster John Knox, 2000) 113–19.

[20] Mateo frecuentemente presenta escenas en las parábolas donde las personas incluidas y las excluidas al fin de los tiempos se encuentran en lados completamente opuestos (ej. 13:30, 49-50; 25:1-13, 31-46).

[21] Isa 5:1-7; Jer 12:10; Ezeq 19:10-14; Ose 10:1.

han adoptado la fe en contraste con las que llevan toda su vida dedicadas a la iglesia. La personas que predica podría preguntar: ¿Cómo es que la parábola desenmascara actitudes de privilegio y derechos y desafía a los cristianos y a las cristianas a considerar a todas las demás como sus semejantes?

Quien predica podría considerar lo que son las manifestaciones contemporáneas de la codicia que destruyen tanto a la persona como a la comunidad. ¿Cómo es que la competencia y los deseos de adquirir más y más cosas aumentan las inigualdades entre nosotros? ¿Cómo pueden responder los cristianos y las cristianas a la gran cantidad de anuncios que nos atacan en la radio, la televisión, Internet, los periódicos y los catálogos para ordenar por correo? ¿De qué modo podemos combatir la envidia y la avaricia? ¿Qué es lo que yo creo que me merezco? ¿Qué es lo que yo creo que me he ganado? ¿Cómo puede el evangelio ayudar al discípulo y a la discípula a contestar estas preguntas difíciles?

El contexto literario de la parábola la relaciona con la escena en que Pedro quiere saber qué recibirán los discípulos y las discípulas que lo abandonaron todo (19:27-29). Como respuesta, la parábola asegura que Dios se encargará de cuidar a los discípulos y a las discípulas: tendrán lo que les hace falta día a día. Si se duda en cuanto a venderlo todo y darle el dinero a los pobres para poder seguir a Jesús (19:21), la parábola alienta a las personas de fe para que sepan que sí vale la pena depender de la bondad de Dios.

Puede que el punto original de la parábola no haya sido acerca de las prácticas justas en el mundo del trabajo y los sueldos justos, pero sí podría ser oportuno que la persona que predica hable de las maneras concretas como se puede ver el amor igualador de Dios. ¿Podría ser éste un momento para que la parroquia o las personas que trabajan en negocios que son parte de la comunidad exploren el uso de "un sueldo justo" para quienes emplean? ¿Cómo puede la parábola afectar la manera como les asignamos un valor a las personas solamente basados en su habilidad y lo que ganan? ¿Qué consecuencias tendría tal visión en nuestras relaciones con todas las otras personas? ¿Qué pensamos nosotros de las personas desempleadas? ¿Y qué de las personas que trabajan que aceptan que se les pague casi nada en vez de negociar para poder compartir las ganancias?

CAPÍTULO ONCE

Las palabras y las acciones

(Mateo 21:28-32)

Vigésimo Sexto Domingo del Tiempo Ordinario

Martes de la tercera semana de Adviento

En aquel tiempo, Jesús dijo a los sumos sacerdotes y a los ancianos del pueblo:
"¿Qué opinan de esto?
Un hombre que tenía dos hijos
fue a ver al primero y le ordenó:
'Hijo, ve a trabajar hoy en la viña.'
Él le contestó: 'Ya voy señor,' pero no fue.
El padre se dirigió al segundo y le dijo lo mismo.
Este le respondió: 'No quiero ir,' pero se arrepintió y fue.
¿Cuál de los dos hizo la voluntad del padre?"
Ellos le respondieron: "El segundo."
Entonces Jesús les dijo:
"Yo les aseguro que los publicanos y las prostitutas
se les han adelantado en el camino del Reino de Dios.
Porque vino a ustedes Juan,
predicó el camino de la justicia y no le creyeron;
en cambio, los publicanos y las prostitutas, sí le creyeron;
ustedes, ni siquiera después de haber visto,
se han arrepentido ni han creído en él."

EL CONTEXTO LITERARIO

Ésta es la primera de tres parábolas dirigidas a los líderes religiosos de Israel. Estas parábolas ocurren después de que los sumos sacerdotes y las autoridades judías cuestionan la autoridad de Jesús (21:23-27) en Jerusalén. En aquella escena las personas que se oponen a Jesús le hacen una pregunta sobre la fuente de su autoridad (v. 23), a la cual él responde con una pregunta del origen del bautismo de Juan y una promesa de responder si le contestan su pregunta primero (vv. 24-25). Después de discutir entre sí, estas personas dicen que no saben (v. 27). Jesús gana el argumento y declara que él tampoco dará una respuesta sobre la fuente de su autoridad (v. 27). Entonces él les cuenta tres parábolas, dándoles una respuesta indirecta con las primeras dos.

En la primera, Jesús usa una técnica muy parecida a la de Natán cuando él le hizo frente al rey David con relación a su pecado con Betsabé (2 Sm 12:1-12). Él cuenta un relato y luego les pide a quienes escuchan que respondan.[1] Al responder, esas personas se juzgan a sí mismas. Después de la moraleja de Jesús (vv. 31-32) vienen las parábolas sobre los viñadores asesinos (22:33-46) y la fiesta de la boda (22:1-14).

DECIR QUE SÍ

A primera vista la parábola parece simple y directa. Ninguno de los hijos[2] es ideal, pero cuando Jesús pregunta cuál de los dos cumplió con la voluntad del padre, la respuesta parece ser fácil: el primero. Sin embargo, en una cultura donde se estima mucho el honor, no es obvio que el primer hijo merezca ser aplaudido. Él insultó a su padre al contestarle que no lo va a hacer. El primero responde de manera honorable, aunque su acción no concuerda con sus palabras.

El hecho de que hay otras dos versiones[3] conocidas de esta parábola confirma que en los primeros siglos de la Iglesia no era evidente cuál de los hijos había respondido de manera honorable. Algunos manuscritos cuentan la parábola al revés: el

[1] También Mateo 17:25; 18:12; 22:42. Ver también Lucas 7:41-43; 15:1-32.

[2] En el texto en griego la palabra que se usa ambas veces en el v. 28 es *teknon*, "hijo o hija," no *huios* que sólo significa "hijo."

[3] Para obtener un análisis más detallado ver a Bruce Metzger, *Textual Commentary on the Greek New Testament* (New York: United Bible Societies, 1971) 55–56 y J. Ramsey Michaels, "The Parable of the Regretful Son," *HTR* 61 (1968) 15–26.

segundo hijo dice que "sí" pero no va a la viña mientras que el primero dice que "no" pero luego va. La respuesta que quien escucha provee es que el primer hijo cumplió con la voluntad del padre. Esta versión es básicamente la misma que tenemos en el Leccionario pero el orden de los hijos cambia. En la tercera versión que tenemos el primer hijo dice que "no" y luego va mientras que el segundo dice que "sí" y luego no va. Pero lo sorprendente es que termina con la declaración de que el segundo es el que cumplió con la voluntad del padre. Cuando se presenta la opción de ser honrado en público pero insultado en privado o ser insultado en público y honrado en privado, la cosa honorable es evitar la vergüenza.[4] Aunque un análisis crítico del texto demuestra que la tercera versión no es la original, el hecho de que existe nos ayuda a recordar que el significado de la parábola no es tan obvio como nosotros pensábamos.

CUMPLIR LA VOLUNTAD DEL PADRE

La parábola incluye un contraste parecido a la que se encuentra en 7:21-27,[5] donde Jesús les dijo a sus discípulos y a sus discípulas que sólo quienes cumplen la voluntad de su Padre[6] entrarán en el reino de los cielos, y no simplemente quienes le dicen, "¡Señor!, ¡Señor!" (7:21). De hecho, hay una conexión de palabras entre las dos parábolas. En 21:30 el hijo responde, "Voy señor," usando la misma palabra (*kyrie*, "señor" o "Señor") que se usó en 7:21, una manera rara de una persona dirigirse a su padre. Hay otra conexión cuando, después que se explica la importancia entre lo que se dice y lo que se hace en 7:21-27, el evangelista comenta que la multitud se sorprende porque Jesús "hablaba con autoridad" (7:28). En 21:23-27, cuando las autoridades judías cuestionan la autoridad de Jesús es que él empieza a contar las parábolas. En el capítulo siete los discípulos y las discípulas son quienes reciben el mensaje de que las acciones

[4] Ver Metzger, *Textual Commentary*, 55–56; B. B. Scott, *Hear Then the Parable* (Minneapolis: Fortress, 1989) 84.

[5] Ver arriba el capítulo cinco.

[6] Ver arriba, pp. 70–71 acerca de "la voluntad de Dios."

tienen que concordar con las palabras. En el capítulo veintiuno, el mensaje es para los líderes religiosos.

El tema se desarrolla más en Mateo 23, donde Jesús les advierte a la multitud, a los discípulos y a las discípulas, "Hagan y cumplan todo lo que dicen, pero no los imiten, ya que ellos enseñan y no cumplen" (23:3). Mateo siempre está listo para recalcar el aspecto moral: quien escucha la palabra tiene que actuar; decir que "sí" tiene que ir acompañado de la acción que le corresponde. Las personas en posiciones de liderazgo que enseñan correctamente también tienen que practicar lo que enseñan. Los próximos versículos se alejan del mundo ficticio de la parábola, donde quienes se oponen a Jesús fácilmente comprendieron el punto de la parábola. Pero, la verdadera prueba es si verdaderamente pueden entender y actuar de acuerdo a eso.

CREER (VV. 31-32)

Hay una cierta falta de conexión entre la parábola (vv. 28-30) y la explicación (vv. 31-32).[7] La parábola le da el énfasis a que hay que hacer y también cumplir, mientras que la explicación le da el énfasis a la fe en Juan el Bautista. En el v. 32 la palabra "creyeron" se ve tres veces.[8] Esto claramente conecta los versículos 31-32 con los versículos 23-27, donde la misma frase ocurre en la pregunta para las autoridades: "¿por qué no creyeron en él?" (v. 25).

Para Mateo, la conexión entre creer a Juan el Bautista y reconocer la autoridad de Jesús es bien clara. Los dos cooperan en el bautismo de Jesús para respetar "lo ordenado por Dios (*dikaiosynē*)" (3:15), y ambos hacen las obras por las cuales la Sabiduría

[7] Los versículos 28-30 ocurren solamente en Mateo, mientras los versículos 31-32 vienen de Q. El paralelo en Lucas de los versículos 31-32 se encuentra en Lucas 7:29-30, en la escena de los niños en el mercado, donde el tema también es la identidad de Jesús y de Juan como profetas justos. Para ver más sobre esta parábola, ver abajo, el capítulo 18. Lo más probable es que vv. 28-30 representan una parábola que Jesús contó, a la cual Mateo le añade los vv. 31-32 para conectarla con 21:23-27. Ver Jan Lambrecht, *Out of the Treasure. The Parables in the Gospel of Matthew* (Louvain Theological and Pastoral Monographs 10; Grand Rapids: Eerdmans, 1991) 93–98.

[8] En el texto griego, la repetición es más clara: ". . . ustedes no le creyeron (*ouk episteusate autǭ*); mientras que los publicanos y las prostitutas le creyeron (*episteusan autǭ*) . . . ni con esto se arrepintieron y le creyeron (*pisteusai autǭ*)."

se comprueba (*edikaiōthē*, 11:19). Hay un eco de estos textos en el v. 32, "Juan vino a abrirles el camino derecho." Ambos profetas proclaman la venida del reino de Dios (3:2; 4:17). Ambos reconocen la importancia de producir "buenos frutos" (3:8-10; 7:17-19; 12:33; 21:43) y ambos se enfrentaron con los líderes religiosos llamándolos "raza de víboras" (3:7; 23:33). Ambos fueron reconocidos como profetas por la gente (21:11, 26, 46). Ambos fueron arrestados y ejecutados (14:3-10; 26:47-56; 27:45-56). Algunos erróneamente confunden a Jesús con Juan el Bautista o Elías (16:14). Pero en 11:14 y 17:10-13 Mateo aclara muy bien que Juan es el que se debe identificar con Elías, el que prepara el camino para el reino de Dios (Mal 4:5-6 [3:32-24 Heb]). Las personas que llegaron a creer en Juan también llegarían a creer en Jesús.

La falta de fe en Juan por parte de los líderes religiosos se compara con la respuesta positiva que los publicanos[9] y las prostitutas dieron. Aunque Mateo no presenta a los publicanos arrepintiéndose al escuchar a Juan como Lucas lo hace (3:12-13), sí presenta a Jesús compartiendo con ellos (9:9-11; 10:3), y la crítica que recibe como "amigo de los publicanos y pecadores" (9:11; 11:19). Es curioso que la frase "publicanos y pecadores"[10] aquí se convierte en "publicanos y prostitutas." Las únicas referencias a prostitutas en el ministerio de Jesús o Juan se encuentran en Mateo 21:31-32. Esto no tiene nada que ver con el grupo

[9] Hay dos tipos de publicanos: los que cobraban impuestos y los que cobraban peaje. Los impuestos sobre el terreno y el peaje estaban bajo la supervisión inmediata de Herodes Antipas en Galilea y los prefectos y procuradores romanos en Judea. Los que cobraban estos impuestos trabajaban para el gobierno. Sin embargo, los *telōnai* de los evangelios eran cobradores de peaje, y estaban a cargo de los impuestos menores, como el peaje, la aduana y las tarifas (Mateo 9:9). Estas posiciones se alquilaban por un contrato y el cobrador tenía que pagarle al gobierno por adelantado la cantidad que cobraba. Al cobrador entonces le tocaba recobrar la cantidad que pagó más lo que necesitaba para sobrevivir. Como era fácil abusar del sistema, el Talmud agrupaba a los cobradores con los ladrones. La razón por la cual se odiaba tanto a los cobradores era más por el hecho de que no eran honestos y no porque trabajaban para Roma o porque eran impuros para participar en el rito. Lo que le ofendía a los otros judíos era el hecho de que Jesús los perdonaba sin obligarlos a devolver lo que habían cobrado de más y a comprometerse a la Ley. Ver E. P. Sanders, *Jesus and Judaism* (Philadelphia: Fortress, 1985) 174–211.

[10] Mateo 9:10, 11; 11:19; Marcos 2:15, 16; Lucas 5:30; 7:34; 15:1.

de personas que constituye a quienes siguen a Jesús,[11] sino que es una declaración exagerada para comparar lo mejor y lo peor que uno se puede imaginar. El punto de la frase es que los líderes religiosos quienes deben dar el ejemplo de una vida recta no lo hacen, mientras que quienes piensan que no pueden hacerlo, sí creen y entran en el reino de Dios.

CAMBIAR LA MANERA DE PENSAR

La interpretación de los versículos 31-32 demuestra que esta parábola es más que una simple repetición de la que se encuentra en 7:21-27 sobre la importancia de lo que se hace y se dice. En el contexto de los debates entre Jesús y los líderes religiosos judíos, esta parábola tiene una dimensión argumentativa. Los líderes se juzgan a sí mismos con su respuesta en el v. 31, y esto se confirma con el contraste irónico entre ellos y los cobradores de impuestos y las prostitutas. Pero todavía existe la posibilidad de arrepentirse. Los versículos con la interpretación afirman que quienes al principio le dicen que no a Jesús pueden cambiar su manera de pensar[12] y creer.[13] De acuerdo a Mateo, cambiar la

[11] La única otra referencia a las prostitutas en el Nuevo Testamento se encuentra en Lucas 15:30 donde el hermano mayor se queja de que su hermano ha desperdiciado la herencia de la familia con prostitutas, y 1 Cor 6:9, 15, 16, donde Pablo incluye a las prostitutas entre las que no heredarán el reino de Dios, y les suplica a los cristianos de Corinto que eviten tal práctica. La noción popular de que María Magdalena era una prostituta no tiene base en las Sagradas Escrituras. Tampoco es muy claro que la mujer pecadora que le limpió los pies a Jesús en la casa de Simón el fariseo era una prostituta. Para obtener más detalles de esto último, ver Barbara E. Reid, *Choosing the Better Part? Women in the Gospel of Luke* (Collegeville: The Liturgical Press, 1986) 107–34.

[12] Michaels, "Regretful Son," 15–26, propone que el verbo *metamelomai* en los vv. 29, 32 (al igual que 27:3, donde se refiere a Judas) comunica la lamentación inútil, no el arrepentimiento, lo cual se expresa con *metanoeō*. Esto, junto con otros cambios en el texto, resulta en una parábola en la cual el hijo que dijo que no pero que se arrepintió cuando ya era muy tarde representa a los sacerdotes y al consejo de los judíos. Aunque esta interpretación es interesante, no hay evidencia en ningún manuscrito. Además, no aparenta haber tanta diferencia entre el significado de los dos verbos como Michaels dice. Ver BDAG, s.v., μεταμέλομαι, μετανοέω.

[13] Como ej. John R. Donahue, *The Gospel in Parable* (Minneapolis: Fortress, 1988) 88–89; Warren Carter and John Paul Heil, *Matthew's Parables* (CBQMS 30;

manera de pensar también implica el hecho de que el cambio se manifiesta a través del fruto de las acciones. De una manera típica de las parábolas, el desafío se presenta y la oportunidad para responder se le da a quien la acepta.

POSIBILIDADES PARA LA PREDICACIÓN

Para la comunidad de Mateo, el desafío dirigido a los sacerdotes y miembros del consejo probablemente se entendió como un llamado a los líderes judíos de su tiempo a imitar al primer hijo y unirse con los que creen en Jesús. Pero no se trata solamente de una invitación a quienes han rechazado a Jesús, sino también a toda persona que dijo que sí pero luego no cumplió con su palabra.[14] La persona que predica podría reflexionar sobre lo fácil que es decir que "sí" al principio, cuando uno se está emocionado o emocionada, pero lo difícil que se hace vivir una vida de obediencia cuando alguien se compromete de por vida. Como un matrimonio en el cual la llama brilla menos con el tiempo pero calienta más con cada acto amoroso, así la infatuación que el discípulo o la discípula tenía al principio se convierte en hábito, cuando ocurre día tras día. El "sí" no ocurre solamente una vez, sino tiene que surgir una y otra vez todos los días. Después de practicar el amor transformativo por varios años no hace ni falta usar palabras porque nuestras acciones lo dicen todo.

La parábola también da una oportunidad para que quien predica reflexione sobre las ambigüedades que existen al vivir como discípulos y discípulas con imperfecciones. Ninguno de los dos hijos era perfecto. Pero uno fue lo suficientemente hu-

---

Washington D.C.: CBA, 1998) 159. En contraste, otros expertos ven una condenación de los judíos y una explicación en la parábola que demuestra que el apoyo divino ahora se encuentra en la iglesia. Ver, ej., J. Drury, *The Parables in the Gospels* (New York: Crossroad, 1985) 96; Lambrecht, *Out of the Treasure*, 104. Pero en el texto no está muy claro que Mateo ha llegado a la conclusión de que la misión a los judíos se ha terminado y ya no se les ofrece la esperanza a los judíos. Ver más detalles en el próximo capítulo.

[14] Donahue, *The Gospel in Parable*, 89; Lambrecht, *Out of the Treasure*, 99. Ver también David Buttrick, *Speaking Parables* (Louisville: Westminster John Knox, 2000) 119–24.

milde para cambiar su manera de pensar y hacer lo que se le pidió. ¿Hay maneras en que, tanto como personas y como una comunidad, tenemos que admitir que no estábamos en lo correto y entonces tomar un rumbo nuevo?

CAPÍTULO DOCE

Los viñadores asesinos

(Mateo 21:33-43)

Vigésimo Séptimo Domingo del Tiempo Ordinario

Viernes de la segunda semana de Cuaresma

(Mateo 21:33-43, 45-46)

En aquel tiempo, Jesús dijo a los sumos sacerdotes
y ancianos del pueblo esta parábola:
"Había una vez un propietario que plantó un viñedo,
lo rodeó con una cerca, cavó un lugar en él,
construyó una torre para el vigilante
y luego lo alquiló a unos viñadores y se fue de viaje.
Llegado el tiempo de la vendimia,
envió a sus criados para pedir parte de los frutos a los viñadores;
pero éstos se apoderaron de los criados,
golpearon a uno, mataron a otro y a otro más lo apedrearon.
Envió de nuevo a otros criados, en mayor número que los primeros,
y los trataron del mismo modo.
Por último, les mandó a su propio hijo, pensando:
'A mi hijo lo respetarán.' Pero cuando los viñadores lo vieron,
se dijeron unos a otros: "Este es el heredero.
Vamos a matarlo y nos quedaremos con su herencia.'
Le echaron mano, lo sacaron del viñedo y lo mataron.
Ahora, díganme: cuando vuelva el dueño del viñedo,
¿qué hará con esos viñadores?"
Ellos le respondieron: "Dará muerte terrible a esos desalmados
y arrendará el viñedo a otros viñadores, que le entreguen los frutos a su tiempo."
Entonces Jesús les dijo: "¿No han leído nunca en la Escritura:
La piedra que desecharon los constructores, es ahora la piedra angular.
Esto es obra del Señor y es un prodigio admirable?
Por esta razón les digo que les será quitado a ustedes el Reino de Dios
y se le dará a un pueblo que produzca sus frutos."

EL CONTEXTO LITERARIO

Esta es la segunda de tres parábolas dirigidas a los sumos sacerdotes y a las autoridades judías (21:23). Antes de esta parábola se encuentra la parábola de los dos hijos, la cual confronta a los líderes judíos por no haberle respondido a Juan el Bautista, un fracaso de su parte empeorado por su falta de fe en Jesús. Esa parábola les da un llamado para que cambien su modo de pensar y crean en Jesús antes que sea demasiado tarde. La parábola de los viñadores trata más sobre el aspecto cristológico. Mateo cambia la tradición de Marcos (12:1-12),[1] creando una parábola más alegórica. Su versión también contiene uno de sus temas más favoritos, la necesidad de producir fruto (vv. 41, 43). Otro tema importante es la identidad de Jesús como el último en una lista larga de profetas enviados por Dios. El tema se ve más fácilmente en el Leccionario semanal cuando se incluyen los versículos 45-46 en la lectura. Contada por Jesús, puede que una versión de esta parábola haya sido un llamado a los líderes religiosos de Israel, pero como aparece en Mateo, les advierte a todos los cristianos y cristianas que den fruto en el momento apropiado.[2]

[1] Acerca de la versión de Marcos, ver Barbara E. Reid, *Parables for Preachers. Year B* (Collegeville: The Liturgical Press, 1999) 111–20.

[2] Varios estudiosos piensan que el aspecto alegórico de la parábola y los elementos ilógicos de la narración indican que la Iglesia de los primeros siglos la compuso en vez de ser una parábola que Jesús contó. Para obtener unos análisis diferentes de la historia de la tradición ver Klyne Snodgrass, *The Parable of the Wicked Tenants* (Tübingen: Mohr [Siebeck], 1983) 41–71; Jan Lambrecht, *Out of the Treasure* (Louvain Theological and Pastoral Monographs 10; Louvain: Peeters, 1991) 105–25; y John Dominic Crossan, "The Parable of the Wicked Husbandmen," *JBL* 90 (1971) 451–65. Snodgrass piensa que la versión de Mateo es la más antigua porque se entiende mejor como un cuento y explica fácilmente el contenido y formato de la parábola como se encuentra en Marcos y Lucas (Marcos 12:1-12; Lucas 20:9-19). Él no encuentra ninguna razón para dudar que la parábola nos venga de Jesús. Por otro lado Crossan piensa que la versión paralela en el *Evan. Tom.* §65 representa la más riginal. La versión en el *Evan. Tom.* tiene la autenticidad de una parábola; en los Evangelios Sinópticos se ha convertido en una alegoría. Sin embargo, Lambrecht y la mayor parte de los otros, mantienen que la versión en el *Evan. Tom.* es de un período posterior mezclada con elementos y detalles tomados de los Evangelios Sinópticos. Johannes C. DeMoor ("The Targumic Background of Mark 12:1-12: The Parable of the

UN CUENTO CONOCIDO CON UN FINAL NUEVO (V. 33)

Mateo no sólo ha cambiado una tradición de Marcos, sino que también hay sin duda un eco de Isaías 5.[3] Ambos textos dicen lo mismo del dueño: él siembra, cava una cerca y construye una torre (Is 5:1-2; Mateo 21:33). Las dos narraciones tienen el mismo estilo que crea el suspenso de cosechar el fruto y la misma desilusión al no convertirse en realidad. El dueño hace la misma pregunta: "¿qué hará?" (cf. Is 5:4; Mateo 21:40).

Pero hay una diferencia básica en el final de la parábola de Mateo comparada con la de Isaías 5. En Isaías es obvio que el dueño es Yahvé que está desilusionado por las uvas agrias que crecieron después de haber cultivado la viña cuidadosamente, Israel (Is 5:7). Dios anuncia las consecuencias: "le quitaré la cerca, y no será más que maleza para el fuego; derribaré el muro, y pronto será pisoteada. La convertiré en un lugar devastado, no se podará ni se limpiará más, sino que crecerá en ella la zarza y el espino, y les mandaré a las nubes que no dejen caer más lluvia sobre ella" (Isa 5:5-6). Sin embargo, Mateo no sólo repite el cuento conocido, sino que ofrece una versión nueva en la cual no se destruye la viña sino a los viñadores. La viña permanecerá y se les confiará a otros.

La parábola también es un cuento conocido en el mundo de Jesús. Refleja muy bien la situación inestable que existía en Galilea durante la época de Jesús y que continuó empeorando

---

Wicked Tenants," *JSJ* 29 [1998] 63–80) propone un origen judío para la parábola basado en aspectos paralelos que se encuentran en la literatura Targum para cada uno de sus detalles. Aunque el Targum es de un periodo posterior que el del Nuevo Testamento, DeMoor propone que las metáforas en las interpretaciones del Targum se conocían por la gente antes de los años 70 d.C.

Algunos estudiosos ven la cita del Salmo 118 (vv. 42-43) como añadida después. Snodgrass (*Wicked Tenants*, 63–65, 97, 113–18) presenta el caso de que las dos están conectadas íntimamente por un juego de palabras entre בן, "hijo" y אבן, "piedra," en el arameo original de la parábola. Además, las parábolas en la literatura rabínica generalmente terminan con una cita bíblica. David Flusser (*Die rabbinischen Gleichnisse und der Gleichniserzähler Jesus* 1. Teil: *Das Wesen Der Gleichnisse.* [Bern: Peter Lang, 1981] 20, 63, 119–20) piensa así también: las interpretaciones de las parábolas no son añadidas después, sino que son parte del recuento original de Jesús.

[3] Referencias parecidas sobre Israel como la viña sembrada por Dios también se encuentran en Jr 2:21; Os 10:1.

hasta culminar en la primera rebelión judía contra Roma (66-70 d.C.). La situación económica de muchas personas era mala. La falta de comida, de lluvia, la superpoblación y los impuestos injustos podrían llevar a un granjero tratando de sobrevivir a la rebelión. Se cree que en la Palestina de la época de Jesús, la mitad o dos terceras partes de lo que los granjeros ganaban se usaba para pagar los impuestos que incluían el tributo a Roma, el pago a Herodes y a los procuradores y la renta para poder alquilar el terreno de los dueños ricos. El terreno era muy importante. Un campesino hubiera hecho todo lo posible para mantener o recuperar su terreno. El deseo asesino de los trabajadores hacia un dueño ausente es parte de la vida para la Palestina del siglo I.[4] Pero hay varios elementos en la parábola que no son realistas que tienen un significado alegórico.

EL TIEMPO FAVORABLE PARA DAR FRUTO

Después de los versículos de introducción que preparan a quienes leen (v. 33), la acción comienza con el aviso de que el tiempo de la cosecha había llegado (v. 34). Se reconoce un aspecto escatológico, cuando se usa *kairos*, "tiempo," el tiempo favorable, y no el tiempo cronológico (*chronos* que ocurre de nuevo en el v. 41), se conecta con la descripción de la cosecha, una metáfora que se usa para describir los últimos días (13:30, 39; 24:33; 25:26). Además, Mateo usa *engizō*, "acercar," no solamente para la venida del reino de Dios (3:2; 4:17; 10:7) sino también para la aproximación del fin de los tiempos (24:33). Además, el lenguaje del v. 40 comunica un tono que refleja la expectativa de la segunda venida de Cristo. En el v. 40 el propietario (*oikodespotēs*, v. 33) se ha convertido en "señor" (*kyrios*, que se traduce como "dueño" en *NAB*), y la frase *hotan elthē*, "cuando él regresa," es la misma frase que se usa para el Hijo del Hombre que vendrá en gloria en 25:31.

Mateo da su mensaje de la importancia de dar fruto con el uso doble inicial de *karpos* en el v. 34 (*ho kairos tōn karpōn*,

[4] Douglas Oakman, *Jesus and the Economic Questions of His Day* (SBEC 8; Lewiston/Queenston/Lampeter: Mellen, 1986) 57–72; C.H. Dodd, *The Parables of the Kingdom* (New York: Scribner, 1961) 94; Snodgrass, *Wicked Tenants*, 31–40.

"tiempo de la vendimia"), y *karpous autou,* ("la cosecha suya") y en el punto culminante en el v. 43 ("fruto"). No sólo Mateo, sino también varios de los otros escritores del Nuevo Testamento usan "fruto" como una metáfora para el arrepentimiento, la conversión y las acciones que manifiestan tal conversión.[5] Juan el Bautista les advierte a los fariseos y saduceos que se acercaban para ser bautizados que "produzcan buen fruto" como evidencia de su arrepentimiento (3:8). Él también les advierte que cada árbol que no produzca buen fruto se cortará y se arrojará al fuego (3:10), un mensaje que Jesús repite en su predicación (7:15-20).

ENVIAR A LOS SIRVIENTES (VV. 34-39)

Cuando el dueño envió a sus criados repetidamente para cobrar sus ganancias, la escena nos recuerda a Dios[6] que repetidamente envió profetas a Israel. Mateo no es igual que Marcos, que habla de enviar un servidor a la vez. Mateo habla de enviar a dos grupos (vv. 35-36) y esto puede ser una alusión intencional a los profetas anteriores (de Josué hasta los Reyes) y los profetas posteriores (de Isaías a Malaquías).[7] A los profetas muchas veces se les llamaba criados/sirvientes" de Dios (Jr 7:25; 25:4; Am 3:7; Zac 1:6) y sus destinos son iguales a los que se describen en la parábola. A Jeremías lo golpearon (Jr 20:2); a Urías lo mataron con una espada (Jr 26:20-23; A Zacarías lo apedrearon (2 Cr 24:21).[8]

A nivel de la narración y al nivel de la alegoría de la historia de la salvación la declaración en el v. 37 no parece ser lógica. Si los viñadores han matado a todos los criados/profetas anteriores, ¿por qué no le harán lo mismo al hijo? Además, ¿por

[5] John R. Donahue, *The Gospel in Parable* (Minneapolis: Fortress, 1988) 90.

[6] *Oikodespotēs*, "propietario," también puede ser un símbolo para Dios en 13:27; 20:1, 11.

[7] Donald Senior, *Matthew* (ANTC; Nashville: Abingdon, 1998) 239.

[8] Ver Warren Carter y John Paul Heil, *Matthew's Parables* (CBQMS 30; Washington, D.C.: CBA 1998) 161; John Drury, *The Parables in the Gospels* (New York: Crossroads, 1985) 96–97. Snodgrass (*Wicked Tenants*, 79) señala que aunque en las Escrituras Hebreas sólo dos profetas son asesinados (2 Cr 24:20-21; Jr 26:20), la matanza de los profetas es un tema frecuente del Nuevo Testamento: Mateo 23:31-32; Lucas 13:34; Hechos 7:52; Heb 11:36-38; 1 Tes 2:15.

qué piensan los viñadores que pueden obtener la viña si matan al hijo? Algunos expertos piensan que la expectativa de los viñadores de poder adueñarse del terreno al matar al hijo no es tan extraña. Se dieron casos donde si nadie se declaraba como heredero en un cierto período de tiempo, se consideraba que la herencia no "tenía dueño" y que estaba disponible para quien primero se declarara como dueño.[9] Los viñadores a cargo podían pensar que el dueño que se "fue de viaje" (v. 33) estaba muerto y que el hijo venía para reclamar su herencia. Si matan al heredero, ellos pueden ser los primeros en reclamar la propiedad "sin dueño." Otra explicación se basa en una ley rabínica que decía una persona que no tuviera el documento de propiedad del terreno, podía reclamarlo si probaba que había estado en su posesión por tres años.[10]

También hay una lógica en la narración del asesinato del hijo. La secuencia de las acciones en el v. 39 (que Mateo ha alterado de Marcos 12:8) corresponde a los detalles de la crucifixión de Jesús. Lo toman preso (26:50), lo llevan a las afueras de la ciudad (27:31-32)[11] y después lo matan (27:35). En la narración de Mateo, la parábola reproduce la dinámica de la trama del evangelio. La conspiración de los viñadores de cometer un asesinato iguala lo que los líderes religiosos y los fariseos (21:46; 22:15) querían hacer en contra de Jesús.[12]

[9] Joachim Jeremias, *The Parables of Jesus* (2d rev. ed.; New York: Scribner's, 1972) 74–76.

[10] Snodgrass, *Wicked Tenants*, 38; J.D.M. Derrett, *Law in the New Testament* (London: Darton, Longman & Todd, 1970) 289–306. William R. Herzog II (*Parables as a Subversive Speech* [Louisville: Westminster John Knox, 1994] 101–3) propone otra situación donde los viñadores eran los dueños originales del terreno pero lo perdieron cuando tuvieron dificultades económicas. El dueño obtuvo el terreno después que ellos lo perdieron para liberar a los granjeros que no pudieron pagar por tener poca cosecha.

[11] Ver también Juan 19:17; Heb 13:12, que comentan acerca de la crucifixión de Jesús en las afueras de la ciudad.

[12] B. B. Scott (*Hear Then the Parable* [Minneapolis: Fortress, 1989] 253–54) propone una alusión a Gn 37:20 donde los hermanos de José dicen "matémoslo." Para Scott esta alusión hace que la parábola cuestione si el reino se les concederá a los herederos prometidos. El final frustrante nos deja preguntándonos si los verdaderos herederos tendrán éxito al final.

¿QUE HARÁ EL DUEÑO? (VV. 40-41)

La pregunta y la respuesta en los versículos 40-41 usa una técnica retórica parecida a Mateo 21:31.[13] Igual que la frase de Natán "Tú eres ese hombre" en su parábola a David (2 Sm 12:7), funciona como un bumerang que regresa a quien responda.[14] Cuando los líderes religiosos y los ancianos del consejo dan su respuesta (v. 41), ellos se condenan a sí mismos. Pero en la narración todavía no han matado al Hijo y el verbo conjugado en el futuro indicativo en el v. 41 demuestra que todavía existe la posibilidad de que los líderes judíos cambien de idea (21:29, 32).[15] Ellos todavía pueden encontrarse entre aquellos "otros viñadores" a quienes se les confiará el viñedo.

Desde el punto de vista de la comunidad de Mateo el v. 41 se pudo haber entendido como una referencia a la destrucción de Jerusalén en el año 70 d.C., e interpretado por la comunidad cristiana como una señal de que se cumplió el castigo de Dios. Para los cristianos y las cristianas que escuchan la parábola, el v. 41 les advierte que no repitan la negación del hijo de Dios y que produzcan buen fruto en el tiempo favorable. El juego de palabras entre *kakous kakōs* (literalmente "gente terrible" él destruirá "terriblemente") y *kairos . . . karpos* ("tiempo favorable" . . . "fruto") intensifica el contraste entre las personas malvadas y las que hacen el bien.[16] La repetición de *kairos* y *karpos* en este versículo enmarca la parábola con el v. 34 y señala hacia la conclusión en el v. 43.

LA PIEDRA RECHAZADA (V. 42)

Mateo, siempre listo para interpretar la historia de Jesús como el cumplimiento de las Escrituras, desarrolla lo que se dijo en los versículos 40-41 con una cita del Salmo 118. El salmo recuerda como Dios escogió inesperadamente a David como

[13] Ver arriba, capítulo 11.

[14] Snodgrass, *Wicked Tenants*, 97.

[15] Carter y Heil, *Matthew's Parables*, 166.

[16] Ver arriba, p. 157 sobre el uso frecuente por parte de Mateo del contraste entre el malvado (*ponēros*) y el bueno (*agathos*). La palabra *kakos* en 21:41 pertenece dentro de la misma semántica que *ponēros*.

rey y prototipo mesiánico. Esta alusión sugiere que el liderazgo del nuevo Israel vendrá de quienes ahora se rechazan y se consideran insignificantes. Las personas que leían a Mateo probablemente entendieron que esto se refería a los seguidores del Jesús que había sido rechazado (ver también Hechos 4:11 y 1 Pedro 2:7 donde este salmo se usa de la misma manera).

La pregunta de Jesús, "¿No han leído . . . ?" es una pregunta que él les hace a los fariseos en el 12:3, 5; 19:4; y a los sumos sacerdotes y maestros en 21:16. La pregunta representa el conflicto entre la interpretación de Jesús de las Escrituras y la de los demás líderes religiosos. Para la comunidad de Mateo la tensión es entre su comunidad, que reconoce a Jesús como un maestro con autoridad en quien se cumplen las Escrituras, y las personas judías que no lo siguen y rechazan su interpretación de la Ley y los Profetas.

NUEVOS VIÑADORES (V. 43)

El versículo final repite lo dicho en el v. 41, pero ahora se aclara que la viña se convierte en el reino de Dios, el cual se le quitará a los primeros viñadores y se le dará a un pueblo (*ethnos*) que producirá fruto. La identidad del pueblo permanece desconocida. La mayor parte de las veces la palabra aparece en el plural (*ethnē*), a menudo en la frase "todos los pueblos."[17] En algunos casos se refiere a naciones que no son Israel, o sea, los gentiles. En otros casos se refiere a Israel junto con todos los otros pueblos. Lo que no está muy claro en el v. 43 es si se trata de remplazar a los líderes judíos actuales, o si se refiere a los cristianos y a las cristianas a quienes se les confiará la viña. Mateo aclaró muy bien que Jesús vino a salvar a su propio pueblo (1:21), especialmente a "las ovejas perdidas del pueblo de Israel" (10:6; 15:24). Jesús confronta a los líderes judíos que no aceptan su autoridad, pero con repetidas invitaciones, dejando

[17] La palabra *ethnos* ocurre en el número singular solamente en 21:43 y 24:9 (2x); en el número plural (*ethnē*) en 4:15; 6:32; 10:5, 18; 12:18, 21; 20:19, 25; 24:7, 14; 25:32; 28:19. Ver John P. Meier, "Nations or Gentiles in Matthew 28:19?" (*CBQ* 39 (1977) 94–102; Daniel J. Harrington, "'Make Disciples of All the Gentiles' (Matthew 28:19)," *CBQ* 37 (1975) 359–69.

siempre la puerta abierta para la posibilidad de que cambien su "no" inicial y cumplan "la voluntad del padre" (21:28-32). Aun al final de la crítica severa de los fariseos en el capítulo 23, el último versículo da la impresión de que llegará el momento cuando ellos reconocerán a Jesús, como él les dice, "Porque ya no me volverán a ver hasta el tiempo en que digan: ¡Bendito sea el que viene en el Nombre del Señor!" (23:39). El Evangelio de Mateo refleja las tensiones que van en aumento entre su comunidad cristiana y los judíos farisaicos, pero no está muy claro que él piensa que Israel ha sido excluido definitivamente del plan de salvación de Dios. Al final del evangelio cuando Jesús envía sus discípulos a todas las naciones (*panta ta ethnē*, 28:19), tampoco queda muy claro si Israel sigue siendo una de las naciones a donde Jesús envía a las personas que lo siguen.[18]

MOMENTO DE REVELACIÓN (VV. 45-46)

En el Leccionario de los domingos la parábola termina con el dicho en el v. 43 sobre la viña que se le entrega a las personas que sí producirán fruto. El viernes de la segunda semana de Cuaresma se leen los versículos finales (45-46).[19] Aquí Mateo cuenta que los líderes judíos entendieron que la parábola los juzgaba de una manera no favorable. En el desarrollo de la narración de Mateo esta parábola es el momento cuando Jesús se revela como el hijo de Dios ante los líderes judíos.[20] Las personas que leen el evangelio saben desde el principio que Jesús es el hijo de

[18] Senior, *Matthew*, 243. Ver más en el capítulo 16.

[19] El versículo 44, "Aquel que caiga sobre esta piedra será hecho pedazos y aplastará a quien le caiga encima," no se encuentra en varios manuscritos y tampoco se incluye en la lectura del Leccionario. Usando la imagen de la piedra angular del Sal 118 en el v. 42 se convierte en una piedra con la que se tropieza y aplasta a los que se oponen. Un uso parecido ocurre in Isa 8:14-15; Rom 9:33; 1 Ped 2:8. La imagen escatalógico pudo haber venido de Dan 2:34-35, 44-45, donde el profeta interpreta el sueño del rey Nabucodonosor en el cual una piedra tomada de una montaña, no por manos humanas, destroza una estatua, y ella misma se convierte en una montaña que cubre al mundo entero. Ver Senior, *Matthew*, 241.

[20] Ver Jack Dean Kingsbury, "The Parable of the Wicked Husbandmen and the Secret of Jesus' Divine Sonship in Matthew," *JBL* 105 (1986) 643–45; John R. Donahue, "The 'Parable' of the Sheep and the Goats: A Challenge to Christian

Dios (2:15; 3:17; 4:3, 6, 21; 11:27), y los discípulos y las discípulas también lo han reconocido (14:33; 16:16). Hasta los demonios lo han reconocido como el Hijo de Dios (8:29). Ahora los líderes judíos entienden la identidad de Jesús como hijo de Dios, pero a diferencia de los discípulos que deciden seguir a Jesús cuando entienden las parábolas (13:51), los sumos sacerdotes y fariseos planean cómo aprehenderlo.

En la escena anterior a estas tres parábolas, se identifica a las personas enemigas de Jesús como los sumos sacerdotes y el consejo de ancianos (21:23). Ahora en el versículo 45, los fariseos entran en el drama, preparando a quienes leen para lo que vienen en 22:15, donde ellos traman cómo tenderle una trampa a Jesús, y para el capítulo 23, donde Jesús los condena por su hipocresía. Mientras que esta parábola y la anterior dejan la puerta abierta para que los líderes judíos cambien su manera de pensar, el resto del evangelio los describe como personas que se resisten totalmente a aceptar la invitación del hijo de Dios. El asunto de que Jesús es el hijo divino de Dios es un tema esencial cuando el sumo sacerdote interroga a Jesús en su juicio (26:63). Como un recordatorio de las tentaciones de Satanás (4:5-6), los líderes (27:43) y las personas que pasaban (27:40) se burlaban de Jesús crucificado, diciendo que si era el Hijo de Dios que bajara de la cruz. En contraste, la misma escena le revela al soldado que "Verdaderamente este hombre era Hijo de Dios" (27:54).

El último versículo separa a la multitud de sus líderes. Hasta el momento cuando arrestan a Jesús, Mateo presenta a la multitud de una manera favorable. Esas personas siguen a Jesús (4:25; 8:1; 14:13; 19:2; 20:29; 21:8-9), escuchan sus enseñanzas (5:1; 11:7; 12:46; 13:2; 15:10; 22:33; 23:1), son testigos y se benefician de sus curaciones y exorcismos (9:1-8, 32-33; 12:22; 14:14; 15:30; 17:14; 19:2; 20:29-34) y Jesús las alimenta (14:13-21; 15:32-38). Ellas responden con maravilla (7:28; 9:33; 12:23; 15:31; 22:33),[21] glorifican a Dios (9:8; 15:31), reconocen a Jesús como profeta (16:14; 21:11, 26, 46) que tiene la autoridad de Dios (9:8),

---

Ethics," *TS* 47 (1986) 3–31; Carter y Heil, *Matthew's Parables*, 167; Lambrecht, *Out of the Treasure*, 121–22.

[21] Se usa una variedad de verbos para expresarlo: *ekplēsō* (7:28; 22:33), *thaumazō* (9:33; 15:31) y *existēmi* (12:23).

aunque ellas no participan de las mismas revelaciones que los discípulos y las discípulas de Jesús (9:25; 13:34-46). En varias ocasiones la respuesta de la multitud demuestra un contraste obvio con la de los líderes judíos (16:1, 10; 21:26). Sin embargo, en la narración de la pasión, estas personas son parte del grupo que vino para llevarse preso a Jesús en Getsemaní (26:47, 55). Entonces los sumos sacerdotes y los ancianos del consejo hacen que la multitud escoja a Barrabás en vez de a Jesús (27:20). Pilato se lava las manos delante de ellos, declarando la inocencia de Jesús (27:24), a la cual responden, "¡Que su sangre caiga sobre nosotros y sobre nuestros hijos!" (27:25).[22]

Sin embargo, en este momento en el relato la multitud responde de manera positiva y considera a Jesús como un profeta. La parábola presenta a Jesús como otro más en una larga tradición de mensajeros de Dios (vv. 34-36, 46), quien, como Juan el Bautista (3:1-4; 11:9; 14:5; 21:26), llama a la gente al arrepentimiento y a la conversión. Jesús cumple lo que se ha profetizado en las Escrituras (2:17, 23; 3:3; 4:14; 5:17; 8:17; 12:17; 13:35; 26:56; 27:9). Él sufre igual que los profetas anteriores a él: la persecución y el rechazo por parte de quienes no están dispuestos a acudir a Dios (5:12; 13:57; 14:5-9; 21:32; 23:29-32).[23] Sin embargo, la parábola lo distingue como el hijo por quien se obtiene la herencia. En la narración, los sumos sacerdotes y los fariseos ahora entienden esto, pero en vez de creer en él, deciden oponerse aún más. El temor que le tienen a la multitud los aguanta por un tiempo, pero de una manera trágica, la multitud acaba estando de acuerdo con ellos en el punto culminante del drama.

POSIBILIDADES PARA LA PREDICACIÓN

Hay varias posibilidades para la predicación que surgen en esta parábola. Como las otras parábolas en Mateo, se recalca la importancia de dar "fruto," un tema que cobra más urgencia ahora que el "tiempo propicio" se acerca (vv. 34, 41). En la venida del Señor (v. 40) ¿los viñadores actuales (si se entiende que

[22] Ver Warren Carter, "The Crowds in Matthew's Gospel," *CBQ* 55 (1993) 54–68.

[23] Donahue, *Gospel in Parable*, 91.

son discípulos de Jesús) han producido buen fruto de la viña? ¿Habrán imitado a los viñadores asesinos que rechazaron a los profetas? O, ¿le han dado la bienvenida al Hijo y seguido su camino? ¿Siguen siendo como él y como sus antepasados al dar un testimonio profético, sabiendo que probablemente experimentarán el rechazo y la persecución por tal comportamiento?

La versión de Mateo de esta parábola funciona de dos maneras: como un desafío para quienes se oponen a Jesús y como una explicación alegórica de por qué mataron a Jesús. Es posible que Jesús mismo, al preveer su muerte inminente, contó una versión de esta parábola para que los discípulos y las discípulas reflexionen cómo responderán cuando se le dé la pena de muerte[24] a Jesús. Como aparece en Mateo, la parábola primero que nada aclara que la muerte de Jesús no prueba que Dios lo rechazó; al contrario, afirma su autoridad e identidad como sirviente profético e hijo por quien su pueblo reclama su herencia divina.

También se debate si el dueño de la viña simboliza a Dios. La pregunta, "el dueño del viñedo, ¿qué hará con esos viñadores?" (v. 40), resalta el carácter del dueño del viñedo. Poniendo al dueño como una figura de Dios, la parábola hace que quienes escuchan reflexionen sobre, ¿qué tipo de persona envía mensajero tras mensajero, incluyendo a su propio hijo? En vez de presentar una imagen de Dios que es inmune a los sufrimientos de los sirvientes que envió, o un Dios que castiga con venganza a las personas malvadas, la persona que predica puede resaltar los sentimientos de Dios, quien tanto desea atraer a todas las personas hacia la misericordia divina, que envía mensajero tras mensajero, y hasta a su propio hijo amado.[25] Dios desea tanto una respuesta positiva que envía invitación tras invitación. Las personas que escuchan tienen que tomar una decisión: ¿rechazaremos la oferta de Dios y así nos condenaremos? O, ¿reconoceremos la invitación de Dios en la piedra angular que ha sido

[24] Dodd, *Parables*, 98; Snodgrass, *Wicked Tenants*, 102.

[25] Aunque Mateo omite la palabra *agapētos*, "amado," de su versión de la parábola (ver Marcos 12:6; Lucas 20:13), él la ha preservado en la declaración de la voz celestial en el bautismo de Jesús (3:17) y en la transfiguración (17:5). Ver también, Mt 12:18.

rechazada?[26] El aspecto escatológico de la parábola demuestra que llega el momento cuando la respuesta fructífera tiene que ser evidente; una persona no puede continuar rechazando la oferta indefinidamente.

Otra manera de interpretar la parábola es que, cuando se le quitan sus elementos alegóricos, la misma puede describir una situación verdadera de unos campesinos que se rebelan contra un dueño opresivo. Desde este punto de vista, el dueño en la parábola no es Dios y el hijo no es Jesús. Más bien, la parábola representa una rebelión común de campesinos y explora los temas de la propiedad y la herencia, forzando a quienes escuchan a que examinen sus actitudes del uso de la violencia. La parábola presenta lo inútil que es la violencia y exige que se busque otra manera de responder a la opresión.[27] Esta interpretación le da una oportunidad a quien predica de buscar maneras no violentas y directas de responder a las situaciones contemporáneas del abuso y la explotación.[28] Así, él/ella podría invitar a quienes escuchan a compararse con el "pueblo que produzca sus frutos" (v. 43), un pueblo que todavía no ha llegado a ese lugar y que cambia las conspiraciones de asesinato. La interpretación tradicional alegórica de la parábola identifica a Israel como el viñedo,[29] los líderes de Israel como los viñadores, al dueño como Dios y a los "otros" a quienes se les confía el viñedo como la

[26] Donahue, *Gospel in Parables*, 54–55.

[27] Herzog, *Subversive Speech*, 98–113, y James D. Hester, "Socio-Rhetorical Criticism and the Parable of the Tenants," *JSNT* 45 (1992) 27–57 tienen un enfoque similar. Ver también Edward H. Horne, "The Parable of the Tenants as Indictment," *JSNT* 71 (1998) 111–16. Malina y Rohrbaugh (*Social Science Commentary*, 255) sugieren que si al principio Jesús no usó esta parábola como un desafío para sus enemigos de Jerusalén, entonces puede que haya sido una advertencia para los propietarios que se apoderaban y exportaban los frutos de la tierra.

[28] Crossan, "Wicked Husbandmen," 451–65, lleva el mensaje en la dirección opuesta. El cree que la versión del *Evan. Tom.* §65 es la más cercana a la original y la interpreta como una que anima al oyente a reconocer la oportunidad en una situación de crisis y a actuar para lograr su propósito. En la forma que aparece en Mateo, la parábola no comunica este mensaje.

[29] La primera lectura de Is 5:1-7 y el Salmo Responsorial para el Vigésimo Séptimo Domingo del Tiempo Ordinario apoyan esta imagen. Snodgrass, *Wicked Tenants*, 75, cree que la viña en la parábola no representa a Israel, sino más bien a los elegidos de Dios.

iglesia no judía que "reemplaza" a Israel.[30] Esta última idea es una que toda persona cristiana que predica debe rechazar firmemente. En el relato del evangelio, el cambio de liderazgo que se imagina en la parábola es de líderes judíos que se oponen a Jesús a personas judías que lo siguen. En la época de Mateo las personas que siguen a Jesús que consideraban que eran los nuevos viñadores, estaban muy conscientes de que ellas todavía estaban unidas a sus hermanos, los fariseos, aun cuando había problemas entre ellos. No queda muy claro si Mateo cree que es posible incluir a Israel en el plan de Dios o no. Sin embargo, lo importante no es cómo se resuelva la cuestión, sino que lo esencial es que las personas cristianas interpreten la parábola de Mateo en el contexto de su época, o sea, los conflictos históricos que las primeras personas cristianas experimentaron en sus esfuerzos por definirse en relación con las demás comunidades judías. La teología de Mateo en relación a Israel se tiene que leer en conjunto con otros textos del Nuevo Testamento, como Romanos 9-11, donde Pablo insiste en que las promesas que se le han hecho a Israel nunca le serán revocadas, y que Israel se salvará. Además, en esta época en que vivimos después del Holocausto, en la que la Iglesia se encuentra en conversaciones serias entre religiones, una teología que "reemplaza" tiene que rechazarse totalmente.

[30] Ej. Jeremias, *Parables*, 70. Él interpreta la parábola como una vindicación de la oferta de Jesús de su Buena Nueva a los pobres (p. 76).

CAPÍTULO TRECE

Vestido para la fiesta

(Mateo 22:1-14)

Vigésimo Octavo Domingo del Tiempo Ordinario

Jueves de la vigésima semana del Tiempo Ordinario

[En aquel tiempo, volvió Jesús a hablar en parábolas
a los sumos sacerdotes y a los ancianos del pueblo, diciendo:
"El Reino de los cielos es semejante a un rey
que preparó un banquete de bodas para su hijo.
Mandó a sus criados que llamaran a los invitados,
pero éstos no quisieron ir.
Envió de nuevo a otros criados que les dijeran:
'Tengo preparado el banquete; he hecho matar mis terneras
y los otros animales gordos; todo está listo. Vengan a la boda.'
Pero los invitados no hicieron caso. Uno se fue a su campo,
otro a su negocio y los demás se les echaron encima a los criados,
los insultaron y los mataron.
Entonces el rey se llenó de cólera y mandó sus tropas,
que dieron muerte a aquellos asesinos y prendieron fuego a la ciudad.
Luego les dijo a sus criados: 'La boda está preparada;
pero los que habían sido invitados no fueron dignos.
Salgan, pues, a los cruces de los caminos
y conviden al banquete de bodas a todos los que encuentren.'
Los criados salieron a los caminos
y reunieron a todos los que encontraron, malos y buenos,
y la sala del banquete se llenó de convidados.]
Cuando el rey entró a saludar a los convidados
vio entre ellos a un hombre que no iba vestido con traje de fiesta y le preguntó:
'Amigo, ¿cómo has entrado aquí sin traje de fiesta?'
Aquel hombre se quedó callado.

Entonces el rey dijo a los criados:
'Atenlo de pies y manos y arrójenlo fuera,
a las tinieblas. Allí sera el llanto y la desesperación.
Porque muchos son los llamados y pocos los escogidos.'"

LA HISTORIA DE LA TRADICIÓN

Esta parábola también se encuentra en Lucas 14:15-24,[1] en el *Evan. Tom.* §64 y en la literatura rabínica.[2] En el *Evangelio de Tomás* el cuento es más sencillo, y contiene cuatro ocasiones cuando los hombres de negocios y los comerciantes se rehúsan a aceptar la invitación. Su estructura es más parecida a la de Lucas mientras que el final es más parecido al de Mateo. Algunos expertos piensan que la versión de Lucas es la más parecida a la de Jesús; otros creen que es la de Tomás; mientras que otras personas tratan de lograr una reconstrucción hipotética de una parábola de Q que sirvió de fundamento para los demás autores.[3] Es obvio que cada versión se ha preparado con mucho cuidado para desarrollar los temas teológicos de cada evangelista.

Las diferencias entre la version de Mateo y la de Lucas son considerables. El anfitrión en Mateo es un rey en vez de un hombre rico, y el banquete es para festejar la boda de su hijo. Hay detalles que no ocurrirían en la vida real, incluyendo el maltrato de los sirvientes, el incendio de la ciudad y la expectativa de que el invitado lleve un vestido apropiado cuando tuvo poco

[1] Sobre la versión de Lucas, ver Barbara E. Reid, *Parables for Preachers. Year C* (Collegeville: The Liturgical Press, 2000) 309–18.

[2] Joachim Jeremias (*The Parables of Jesus* [2d rev. ed. New York: Scribner's, 1972] 178–79) cita una parábola rabínica (*j. San.* 6.6) como la fuente de la tradición del evangelio. Es un relato acerca de un cobrador de impuestos que invitó a los pobres para no desperdiciar la comida. Sin embargo, la estructura y el propósito de esta historia son completamente diferentes a los del evangelio, como ha sido demostrado por B. B. Scott, *Hear Then the Parable* (Minneapolis: Fortress, 1989) 171–72.

[3] Para ver un estudio más detallado de la tradición de la parábola ver Jan Lambrecht, *Out of the Treasure. The Parables in the Gospel of Matthew* (Louvain Theological and Pastoral Monographs 10; Grand Rapids: Eerdmans, 1991) 127–40; Scott, *Hear Then*, 167–68; John Dominic Crossan, *The Dark Interval: Towards a Theology of Story* (Niles: Argus, 1975) 108–19.

tiempo para prepararse. Típico de Mateo, él alarga la parábola para comentar acerca de las exigencias de la moral del discipulado al añadir los versículos 11-14 acerca de la ropa apropiada.[4] La parábola que Mateo cuenta es increíblemente alegórica, ya que se aleja del estilo parabólico y va hacia un esquema de la historia de la salvación.

EL CONTEXTO LITERARIO

El contexto de la versión de la parábola de Mateo es completamente diferente a la de los otros dos: es la tercera parábola de tres en la que Jesús se dirige a los líderes religiosos en Jerusalén, y se debe leer junto con la parábola de los dos hijos (Mt 21:28-32) y la de los viñadores asesinos (Mt 21:33-46). Al principio de esta sección los sumos sacerdotes y ancianos del pueblo han cuestionado la autoridad de Jesús (21:23-27), a lo cual Jesús responde con parábolas. En la narración que sigue, Mateo continúa la secuencia de Marcos, mientras que las controversias entre Jesús y los líderes religiosos continúan. Con los fariseos él discute el pago de los impuestos al emperador (22:15-22), con los saduceos la resurrección (22:23-33), con un estudioso de la ley el mandamiento más importante (22:34-40) y con los fariseos lo que se espera del Mesías, descendiente de David (22:41-46). Este ciclo de controversia termina cuando los enemigos de Jesús se quedan callados (22:34, 46), lo cual parece indicarse con el invitado que no dice nada (v. 12).

EL FESTEJO EN LA MESA DE DIOS

El primer versículo de la parábola compara a Dios con un rey[5] y el reino de Dios[6] con una fiesta de bodas para el hijo de

[4] Algunos expertos piensan que los versículos 11-14 reflejan una parábola diferente de Jesús que circuló independientemente de la de los versículos 2-10. Otros (e.g., Lambrecht, *Out of the Treasure*, 134) consideran que Mateo fue quien compuso estos versículos.

[5] Al igual que Mt 18:23; 25:34, 40; y a menudo en las Escrituras.

[6] Ver arriba, pp. 43–44 sobre el "reino de los cielos."

Dios.[7] El uso de la boda les recuerda a las personas que leen la relación de la alianza entre Yahvé e Israel,[8] y también les recuerda a Mateo 9:15, donde se comparó al novio, cuya presencia indica la necesidad de festejar y no ayunar. La metáfora del festejo es la que más se usa en la literatura bíblica y en los dos testamentos para indicar el cuidado de la providencia de Dios y la participación en del reino de Dios, tanto ahora como en el fin de los tiempos.[9] El suministro del maná durante la jornada de los israelitas (Éxodo 16) es el modelo del cuidado divino para el pueblo de Dios y el festejar es la manera como se celebra la alianza (Éxodo 12; Isa 55:1-3). La visión de Isaías del regreso Dios a Sión (25:6-10), la primera lectura de este domingo, representa el banquete escatológico que celebra el triunfo de Dios sobre las fuerzas del mal.[10]

Mientras que el tema de una comida y de asistir a un banquete no se ve tanto en Mateo como en Lucas, de todos modos, el Evangelio de Mateo asocia la comida con la dadivosidad de Dios. Jesús les enseña a sus discípulos y discípulas a rezar, "danos hoy nuestro pan de cada día" (6:11) y les enseña a confiar en Dios para obtener alimento (6:25-31; 7:9-11; 14:15-21; 15:32-39). Los banquetes se asocian con el discipulado, ya que Jesús come en la casa de Mateo, el cobrador de impuestos, inmediatamente después que él respondió positivamente a la invitación de seguir a Jesús (9:9-10).

Sin embargo, las comidas en el evangelio también son señales de los conflictos y las divisiones. El partir el pan con alguien indica que esa persona tiene cosas en común con la otra. Por eso cuando Jesús come con los cobradores de impuestos y los pecadores, los líderes religiosos critican su comportamiento (9:10-11; 11:18-19), como también causó la crítica cuando los discípulos desgranaron espigas en el sábado (12:1-8) y cuando no cumplían con los ritos de limpieza antes de comer (15:1-20).

[7] Jesús es designado Hijo de Dios en Mt 2:15; 3:17; 11:27; 16:16; 17:5; 20:18.

[8] Ej., Oseas 1-3; Jr 2:2-3; 3:1-10; Ez 16:8-63.

[9] Ver Warren Carter, *Matthew and the Margins* (Maryknoll: Orbis, 2000) 434.

[10] Ver también Is 62:1-5; *2 Apoc. Bar.* 29:3-8; *1 Enoch* 62:14; Mt 15:32-39; Ap 19:1-6.

LAS INVITACIONES SE REPITEN (VV. 3-4)

El acto de enviar a los sirvientes repetidamente nos recuerda la parábola anterior (21:33-46), en la que los sirvientes representan a los profetas enviados a Israel quienes sufrieron el rechazo y el maltrato. El detalle de la invitación doble (v. 4) refleja la costumbre conocida en Ester 5:8; 6:14, la cual también se encuentra en documentos de papiro de la antigüedad.[11] Su propósito era permitir que el invitado indicara quien más iba a asistir y si todo se estaba haciendo adecuadamente para la cena. También le daba la oportunidad a la persona invitada de pensar si le podría reciprocar el favor en el futuro a quien le invitó.[12] Desde la perspectiva de quien invita, el tiempo que pasa entre la invitación y la cena le permite decidir qué cantidad de comida va a tener que preparar.[13]

También hay insinuaciones de la invitación de la Sabiduría a su banquete. Cuando había sacrificado sus animales, mezclado su vino y preparado la mesa, mandó a sus sirvientas y pregona desde lo alto de la ciudad, "¡Vengan, coman de mi pan y beban del vino que he preparado!" (Prov 9:5). Pero igual que pasa con la Sabiduría, las personas invitadas tampoco aceptan la invitación.

LAS EXCUSAS VERGONZOSAS (VV. 5-7)

La versión de la parábola de Mateo es muy diferente de la de Lucas. En Lucas el anfitrión no es un rey, sino un miembro anónimo de la clase alta. Lucas tampoco dice por qué se celebra el banquete; puede que simplemente haya sido para quedar bien con gente de su propia clase. O pudo haber querido reciprocar la generosidad que había recibido en banquetes anteriores. En Lucas las primeras personas invitadas parecen aceptar la invi-

[11] Chan-Hie Kim, "The Papyrus Invitation," *JBL* 94 (1975) 391–402. Richard Rohrbaugh ("The Pre-Industrial City in Luke-Acts: Urban Social Relations," in *The Social World of Luke-Acts* [Peabody: Hendrickson, 1991] 141) señala también que un comentario rabínico posterior de Lamentaciones comprueba esto (*Lam. R.* 4:2).

[12] Para ver los aspectos sociales y geográficos que se supone están en esta parábola, ver Rohrbaugh, "Pre-Industrial City," 125–49.

[13] Kenneth E. Bailey, *Poet and Peasant; Through Peasant Eyes* (2 vols. in 1; Grand Rapids: Eerdmans, 1984) 94, cree que se mataba una gallina o dos por cada 2–4 invitados, por cada 5–8 un pato, por cada 10–15 un cabrito, por cada 15–35 un cordero y por cada 35–75 un becerro.

tación, y entonces dan tres excusas diferentes cuando llega la hora del banquete. En Mateo las personas invitadas ni siquiera aceptan la invitación (v. 3) y él condensa las excusas en una breve explicación que dice que ellas simplemente ignoraron la invitación—una se fue para su granja y otra regresó a sus negocios (v. 5). No se ofrece ninguna excusa. Esta negación no es un detalle realista en el relato de Mateo. Nadie de la clase alta rechazaría una oportunidad para ganarse el favor de un rey. No se puede explicar los rechazos, y el rey parece actuar como un tonto al seguir con las preparaciones para el banquete después de haber recibido unos desaires vergonzosos. El aspecto alegórico de la historia es evidente.

El increíble maltrato y la matanza de los sirvientes, seguido por el incendio de la ciudad (vv. 6-7) continúan el aspecto alegórico de la parábola. Estos detalles no se encuentran en Lucas, y aluden al asesinato de Juan el Bautista y de los profetas, y a la destrucción de Jerusalén en el año 70 d.C.

INTERSECCIONES OFENSIVAS (VV. 8-10)

Mientras que la primera respuesta del rey—la venganza—es lógica en una cultura de honor y vergüenza, su segunda respuesta es sorprendente. En el mundo de Jesús, al igual que en el de Mateo, sólo las personas de la misma clase comen juntas y las diferentes clases sociales nunca se juntaban. Comer juntas significa que comparten los mismos valores y pertenecen a la misma clase social.[14] Sólo las personas de la clase alta hubiesen sido invitadas al banquete del rey.

En contraste con las ciudades modernas, donde las personas más pobres viven en el centro de la ciudad y las ricas viven en los suburbios, la realidad era lo contrario en la antigüedad. La clase alta, que era entre el 5 al 10 por ciento de toda la población, vivía en el centro de la ciudad. Esas personas eran quienes controlaban las instituciones políticas, económicas y religiosas. Física y socialmente estaban separadas de las personas pobres que se encargaban de servir a las ricas. Muchas veces las ricas se agru-

[14] Bruce J. Malina and Richard L. Rohrbaugh, *Social Science Commentary on the Synoptic Gospels* (Minneapolis: Fortress, 1992) 367.

paban de acuerdo a su grupo étnico y a su trabajo. Las paredes y las cercas, que a menudo tenían guardias, controlaban el tráfico y la comunicación entre las clases.

El rey envía a sus sirvientes a los caminos (*diexodous*), el lugar donde las calles cruzan los límites de la ciudad y siguen hacia el campo abierto.[15] Rohrbaugh describe, "La mayoría de las calles no estaban pavimentadas, eran estrechas, llenas de gente y no hubiesen permitido el paso de ningún vehículo con ruedas. Muchas hubiesen estado llenas de basura y frecuentemente visitadas por perros, cerdos, pájaros y otros animales. Los hoyos no muy hondos en las calles permitían un drenaje limitado, pero también eran cloacas abiertas. Casi no había lugares con mucho espacio en la mayoría de las ciudades y a menudo los que existían estaban en las intersecciones de los pocos caminos pavimentados. Esos lugares espaciosos a menudo se usaban como lugares para las personas reunirse para tener ceremonias o hacer anuncios."[16]

Podríamos imaginar a los sirvientes proclamando (*kaleō*) la invitación (v. 9) por el camino, en contraste con la manera privada y respetable como las primeras personas invitadas que eran ricas recibieron la invitación. Las personas que ahora se buscan para invitarlas son aquellas que viven en las afueras de la ciudad: las menospreciadas, los curtidores, los comerciantes, los mendigos y las prostitutas. La ciudad necesita los servicios que ellas ofrecen, pero no les permite vivir en ella. Socialmente son vulnerables, porque no tienen ni la protección de las paredes de la ciudad ni el apoyo de una comunidad.[17]

Mateo, a diferencia de Lucas, no resalta las divisiones de las clases sociales ni el hecho de que era un suicidio social por parte del anfitrión. Él tampoco describe a las personas invitadas como "los pobres, los inválidos, los ciegos y los cojos" como Lucas (14:21). Él no incluye el detalle de que los sirvientes tuvieron que obligar a los invitados a ir al banquete.[18] En vez, Mateo se

[15] BDAG, s.v., διέξοδος.

[16] Rohrbaugh, "Pre-Industrial City," 135.

[17] Rohrbaugh, "Pre-Industrial City," 144–45.

[18] En vez de gente lista para recibir la generosidad que se ofrece, la parábola de Lucas los describe correctamente como gente tímida que no cruzaba muy fácilmente el abismo social que los separa del hombre rico.

concentra en la reunión de las personas buenas y las malas, como lo hace en la parábola del trigo y de la hierba mala (13:24-30) y la del tesoro, la perla y la red (13:47-50). E igual que hace en esas dos parábolas hay una separación en el fin de los tiempos.

EL VESTIDO APROPIADO (VV. 11-14)

Esta última parte de la parábola contiene el lenguaje y los temas típicos de Mateo. En una narración, la expulsión a última hora de un invitado porque no está bien vestido no es nada realista. ¿Cómo se podía esperar que el invitado estuviese preparado para tal evento? Y precisamente ese es el punto que Mateo quiere comunicar en su alegoría: una persona tiene que estar siempre lista para cuando llegue el banquete del fin de los tiempos, vestida con buenas acciones y una vida de un discipulado fiel.

La metáfora de vestirse (*enduō*) como símbolo del tipo de vida que una persona escoge se encuentra frecuentemente en la literatura paulina. En la carta a los romanos Pablo les advierte, "revístanse (*endysasthe*) de Cristo Jesús, el Señor, y ya no se guíen por la carne para satisfacer sus codicias" (13:14). A los gálatas les dice, "Todos ustedes, al ser bautizados en Cristo, se revistieron (*endysasthe*) de Cristo" (3:27). A los colosenses les exhortó, "Pónganse (*endysasthe*), pues, el vestido que conviene a los elegidos de Dios, por ser sus santos muy queridos; revístanse de sentimientos de tierna compasión, de bondad, de humildad, de mansedumbre, de paciencia" (3:12).[19]

El momento del juicio final se presenta como un rey que viene a encontrarse con las personas que invitó. Al ver al que no está bien vestido, se dirige a él con "amigo" (*hetaire*). Esto refleja la costumbre de que sólo las personas amigas comen con sus amistades en los banquetes. En la alegoría de Mateo todas las personas que creen que se han preparado para el banquete final serán "amigos y amigas de Dios y profetas" (Sab 7:27). Pero también hay una ironía. El invitado que no está bien vestido no ha respondido con todo su corazón a la invitación para ser amigo de Dios. Se necesita hacer más que sólo estar presente; una persona tiene que estar preparada para participar totalmente en

[19] Ver también Efe 4:24; Ap 3:4; 19:8.

la plenitud del banquete. Como en los otros dos casos en Mateo en los cuales a una persona se le llama *hetaire*, "amigo," resalta sus malas obras: el obrero que se queja de su sueldo (20:13)[20] y a Judas cuando traicionó al Señor (26:50). Vemos otra vez el tema de Mateo de las exigencias éticas del discipulado.[21]

El último acto del drama describe el castigo de una manera típica de Mateo: el invitado que no está preparado es arrojado a las tinieblas (8:12; 25:30) donde está el llanto y la desesperación (8:12; 13:42, 50; 24:51; 25:30). Un proverbio concluye la parábola, pero no contiene la totalidad del mensaje. La parábola no se ha concentrado en la opción del rey en cuanto a sus invitados. Más bien, el contraste ha sido entre las personas que se esperaba que aceptaran la invitación pero la rechazaron, y las personas invitadas inesperadas que han aceptado. La parábola sirve como una descripción alegórica de aquellas personas judías que se esperaba respondieran de manera positiva a la invitación de Jesús a formar parte del discipulado pero no lo hicieron. Mientras que sería lógico esperar que los líderes religiosos fueran los primeros en compartir el banquete con Jesús como "amigos," ocurre lo contrario y ellos se ponen en contra de Jesús. En vez, las personas rechazadas por la sociedad aceptan su invitación y comparten la mesa con él durante su ministerio en este mundo (11:19), una señal de lo que está por venir en el banquete escatológico (8:11). La parábola no le da énfasis a las pocas personas que han sido escogidas, sino a las muchas que reciben la invitación. Los últimos versículos demuestran que después de aceptar la invitación hay que vivir la vida del discipulado de todo corazón.

POSIBILIDADES PARA LA PREDICACIÓN

En esta parábola vemos la tensión que existe entre los dos aspectos de cómo Dios nos trata: su oferta benevolente y no merecida de tener un lugar en su banquete y el juicio divino cuando la oferta no se acepta de todo corazón. Es bueno que la persona que predica trate los dos aspectos. Si sólo predica la condenación, no tendrá mucho éxito en lograr que los corazones

[20] Ver arriba, capítulo 10.

[21] Ver el capítulo 5 sobre 7:21, 24-27; también 12:46-50; 22:37-39.

de las personas acudan a Dios, pero el final de Mateo nos da una dosis de realismo y ayuda a los discípulos y a las discípulas a que no caigan en la complacencia o que hagan concesiones en sus esfuerzos por vivir como Dios manda.

Comenzando, como lo hace la parábola, con la increíble generosidad de Dios cuya invitación se les extiende a todas las personas, quien predica puede primero invitar a la congregación a contemplar con asombro la gracia y el placer de ser escogida por Dios. La primera lectura de Isaías también ofrece buen ejemplo de la abundante y magnífica invitación de Dios. Desde el punto de partida de haber recibido la oferta de la amistad con Dios y con todas las personas fieles que siguen a Jesús en el banquete, la persona que predica puede preguntar: ¿cómo se prepararían las personas que son amigas para celebrar la boda del hijo o de la hija de su mejor amigo o amiga? ¿Qué "ropa" se necesitaría? ¿Qué arreglos habría que hacer? ¿Qué regalos se darían? De la misma manera que haríamos todo lo posible para prepararnos para celebrar una fiesta de nuestras amistades, ¿cuánto más no nos deberíamos preparar para la fiesta del fin de los tiempos? Quien predica también podría invitar a la congregación a pasar de la Liturgia de la Palabra a la Liturgia de la Eucaristía como un anticipo de nuestra respuesta a la invitación de Dios a través de Jesús en su fiesta continua.

En la construcción alegórica de Mateo de la historia de la salvación, él probablemente considera que los rechazos repetidos de los sirvientes representa la negación de Israel de escuchar a los profetas, a Juan el Bautista, a Jesús y ahora a las personas cristianas que son misioneras. En sus polémicas con los judíos que no han creído en Jesús, Mateo y su comunidad han interpretado la destrucción de Jerusalén (v. 7) como el castigo de Dios de las personas judías por haber rechazado a Jesús. Algo que toda persona que predica debe evitar es dar la impresión que el antisemitismo es parte de nuestra religión.

Mientras que en su forma final, la parábola le da énfasis al tipo de respuesta que se espera de los discípulos y las discípulas, la parábola de Jesús probablemente justificaba su práctica de incluir en el reino de Dios a todas las personas judías rechazadas por los demás.[22] La persona que predica puede aprovechar la

[22] Jeremias, *Parables*, 67–69, 176–80.

oportunidad que esta parábola le da para comentar acerca de cómo incluimos a los demás. Si nuestras celebraciones eucarísticas son un anticipo del banquete escatológico, ¿se parecen al banquete de la parábola? ¿Quién falta? ¿Qué hay que hacer para darles la bienvenida a quienes tienen miedo de acercarse? ¿Qué portones y paredes (metafóricos o reales) les niegan el paso a algunas personas? ¿Qué riesgos sociales existen cuando se trata de incluir a más personas? Desde la perspectiva de las personas que han sido empobrecidas o explotadas por quienes dominan, ¿qué se necesita para poder comer como amigos y amigas en la mesa? Tales esfuerzos hoy día por establecer una mesa donde todas las personas se puedan sentar juntas como hermanos y hermanas, redimidas todas, nos permiten saborear un poco lo que está por venir en el banquete del fin de los tiempos.

Mientras que Mateo usa varias veces la imagen de un rey para representar a Dios, esta imagen desconcierta a las personas de fe de hoy día. En el mundo de Jesús la realidad de los reyes y los líderes como Herodes era muy conocida. La crueldad y las tramas de la política de los reyes terrenales eran muy conocidas y se ponían en contraste a Dios, imaginado como un rey, que era el poder máximo y el protector del pueblo de Dios. De cierto modo, la imagen de Dios como rey pudo haber trastornado el estatus quo. Sin embargo, hoy día esta imagen aumenta la noción de que Dios es del género masculino y que el poder divino es monárquico. Lo que este modelo exige de quienes tienen fe es la obediencia ciega. Esta es una imagen parcial e inadecuada para describir todo lo que Dios es.[23] Más bien, quien predica podría entrelazar las imágenes del rey con la de la Sabiduría,[24] cuya invitación al banquete se extiende de una manera similar a Proverbios 9. Ambas imágenes podrían ofrecer una expresión más adecuada de cómo es Dios, y podría resonar de una manera más efectiva en todas las personas de fe. Entonces todos los discípulos y las discípulas se sentirían animados a imitar al anfitrión del banquete al reflejar sus esfuerzos misioneros.

[23] Ver arriba, pp. 43–44 sobre el "reino de los cielos."

[24] Ver pp. 39–40 sobre la cristología de la Sabiduría en Mateo.

CAPÍTULO CATORCE

Las jóvenes precavidas

(Mateo 25:1-13)

Trigésimo Segundo Domingo del Tiempo Ordinario

Viernes de la vigésimo primera semana del Tiempo Ordinario

En aquel tiempo,
Jesús dijo a sus discípulos esta parábola:
"El Reino de los cielos es semejante a diez jóvenes,
que tomando sus lámparas, salieron al encuentro del esposo.
Cinco de ellas eran descuidadas y cinco, previsoras.
Las descuidadas llevaron sus lámparas,
pero no llevaron aceite para llenarlas de nuevo;
las previsoras, en cambio,
llevaron cada una un frasco de aceite junto con su lámpara.
Como el esposo tardaba, les entró sueño a todas y se durmieron.
A medianoche se oyó un grito:
'¡Ya viene el esposo! ¡Salgan a su encuentro!'
Se levantaron entonces todas aquellas jóvenes
y se pusieron a preparar sus lámparas,
y las descuidadas dijeron a las previsoras:
'Dennos un poco de su aceite, porque nuestras lámparas se están apagando.'
Las previsoras le contestaron:
'No, porque no va a alcanzar para ustedes y para nosotras.
Vayan mejor a donde lo venden y cómprenlo.'
Mientras aquéllas iban a comprarlo, llegó el esposo,
y las que estaban listas entraron con él al banquete de bodas y se cerró la puerta.
Más tarde llegaron las otras jóvenes y dijeron:
'Señor, señor, ábrenos.'
Pero él les respondió: 'Yo les aseguro que no las conzco.'
Estén, pues, preparados, porque no saben ni el día ni la hora."

EL CONTEXTO LITERARIO

Esta parábola es la segunda de tres parábolas que resaltan la importancia de la vigilancia cuando parece que la segunda venida se tarda. Es parte del discurso del fin de los tiempos, el último de los discursos largos en Mateo que tienen enseñanzas (24:1–25:46). Este discurso tiene cuatro partes principales.[1] Comienza con una predicción de la destrucción del Templo y señales del principio del fin de los tiempos (24:1-14). Luego sigue una serie de dichos sobre las señales y los sucesos que precederán la venida del Hijo del Hombre (24:15-31). La tercera parte tiene dichos y tres parábolas que comentan acerca de la necesidad de prepararse y vigilar para el fin de los tiempos (24:32–25:30). La última sección es una parábola sobre el juicio final (25:31-46). Para la primera mitad del discurso, Mateo usa mayormente información que viene de Marcos (Marcos 13:1-32). La segunda mitad mezcla información de Q[2] con la que es propia de Mateo. Frases y temas que ocurren una y otra vez en el discurso entero tratan sobre la venida del Hijo del Hombre (24:27, 30, 37, 44; 25:31), el retraso (24:48; 25:5, 19), la vigilancia (24:42; 25:13), la llegada en el momento que alguien menos se lo espera (24:37, 42-44, 50; 25:10, 29), la recompensa por la fidelidad (24:46; 25:21, 23; 25:34) y la exclusión de quienes no se preparan (24:51; 25:10, 30, 46).

Las personas expertas no están de acuerdo si la parábola nos viene de Jesús o si se escribió después de la resurrección.[3]

[1] Ver arriba, pp. 36–39 para ver los varios bosquejos de la estructura general de Mateo. Acerca de la división en cuatro partes de los capítulos 24–25 ver Donald Senior, *Matthew* (Nashville: Abingdon, 1998) 265–66. Cf. Jan Lambrecht, *Out of the Treasure. The Parables in the Gospel of Matthew* (Louvain Theological and Pastoral Monographs 10; Grand Rapids: Eerdmans, 1991) 185–86, quien encuentra tres divisiones después de la introducción (24:3-4a): (1) 24:4b-35 Las etapas del Futuro, (2) 24:36–25:30 La exhortación a la vigilancia, (3) 25:31-46 El juicio final. John Paul Heil (en Warren Carter and John Paul Heil, *Matthew's Parables* [CBQMS 30; Washington D.C.: CBA, 1998] 177–78) lo divide en ocho secciones, tomando 24:42-44 y 24:45-51 como secciones cuatro y cinco, respectivamente.

[2] Mt 25:10c-12 es la revisión de Mateo de Q que Lucas incorpora en 13:25.

[3] Ver Joachim Jeremias, *The Parables of Jesus* (2d rev. ed. New York: Scribner's, 1972) 171–75; Lambrecht, *Out of the Treasure*, 199–215; Susan Praeder, *The Word*

Si se adopta la primera posición, entonces el retraso del novio es un elemento problemático. Si viene de Jesús, el retraso no se refiere a su venida pospuesta, sino más bien se refiere más en general al retraso del desarrollo del futuro nuevo que Dios tiene para la humanidad.[4] Debido a la cantidad de temas característicos de Mateo y el vocabulario y los elementos alegóricos en las parábolas, otras personas piensan que Mateo la compuso en su totalidad.[5]

En su forma actual, el contexto indica que el esposo es Jesús. Mientras que muchos textos en las Escrituras hebreas usan la metáfora del esposo de Israel para Yahvé (Is 54:5; Jr 31:32; Os 2:16), Mateo se ha referido anteriormente a Jesús como el novio en el dicho sobre el ayuno (9:15).[6] Además, el tema principal en este último discurso, especialmente desde 24:29, es que todas las personas estén preparadas para la venida del Hijo del Hombre.

Hay varios elementos en el cuento que no parecen ser de la vida real y hasta nos molestan.[7] Cuando las jóvenes salen a encontrarse con el esposo, ¿dónde están esperando? ¿Se han parado a descansar? ¿Se quedaron dormidas en la calle o en el portón de la ciudad? ¿Por qué es que las jóvenes que tienen aceite adicional no son nada compasivas hacia las que no lo tienen? ¿No eran ellas amigas o familiares? ¿Cómo se entiende esto a la luz del mandamiento de Jesús de que todas las personas se amen? ¿Es un engaño cruel enviarlas al mercado, que seguramente no estaba abierto a la medianoche? ¿Por qué es que quienes atienden al esposo son todas mujeres? Si eran familiares del esposo, ¿por qué lo llaman "Señor"? Y, ¿por qué no las reconoce? Algunas personas expertas piensan que toda la parábola se debe entender de una manera alegórica. Otras piensan que la parábola es realista en su presentación de las costumbres de las bodas en Palestina. La parábola se entiende mejor cuando

---

in Women's Worlds (Zaccheus Studies: New Testament. Wilmington: Glazier, 1988) 88–98.

[4] Lambrecht, *Out of the Treasure*, 211; Jeremias, *Parables*, 171–75.

[5] Ej., Donald Senior, Matthew (ANTC; Nashville: Abingdon, 1998) 274.

[6] Otros libros del Nuevo Testamento que usan esta metáfora para Jesús incluyen Juan 3:29; 2 Cor 11:2; Efe 5:21-33; Ap 21:2, 9; 22:17.

[7] La lista de estos elementos es de Lambrecht, *Out of the Treasure*, 202–3.

al mismo tiempo se consideran los aspectos de la vida real y los elementos alegóricos.[8]

LAS COSTUMBRES DE LAS BODAS EN PALESTINA

Desafortunadamente no tenemos ningún recurso que nos dé toda la información de las celebraciones de las bodas judías en Palestina. Sin embargo, es posible obtener una serie de aspectos de las costumbres de recursos griegos, judíos y romanos.[9] El matrimonio en la época de Jesús no se celebraba porque la pareja estaba enamorada, sino que era un arreglo entre las dos familias para mejorar su posición social, política y económica. Por esta razón, era costumbre casarse entre familias y tribus. La pareja ideal eran primos hermanos, específicamente una hija o un hijo del hermano del papá.[10] Los padres concertaban el matrimonio, pero las madres podían negociar las condiciones. Después los padres aceptaban y firmaban el contrato.

La boda se celebraba en dos fases. Los esponsales se celebraban en la casa del padre de la novia. En esta ceremonia el novio le presentaba el contrato de matrimonio y el precio de la novia a su padre. La novia se quedaba en la casa de su padre por un año o más hasta celebrarse la segunda parte de la ceremonia.[11] La segunda parte consistía en la transferencia de la novia a la casa de su marido quien viviría en o cerca de la casa de su padre. Esta es la fase en que la parábola de 25:1-14 tiene lugar. El novio ha ido a la casa de la novia para completar las negociaciones del contrato de matrimonio y después llevarse su esposa para su

[8] Daniel Harrington, *Matthew* (SacPag 1; Collegeville: The Liturgical Press, 1991) 349.

[9] Ver Susan Praeder, *The Word in Women's Worlds: Four Parables* (Zaccheus Studies, New Testament; Wilmington: Glazier, 1988) 73–79; John Pilch, *The Cultural World of the Bible. Sunday by Sunday. Cycle A* (Collegeville: The Liturgical Press, 1995) 160–62; Harrington, *Matthew*, 36–37, 349.

[10] Pilch, *Cultural World*, 160, comenta que aunque la sociedad ahora no permite tales arreglos por el peligro de tener bebés con defectos, estudios recientes encuentran que el riesgo en las culturas de antes no eran más frecuentes que los que tenemos hoy día en el oeste. Ver Levítico 18 acerca de las leyes judías en contra de ciertos matrimonios dentro de las familias.

[11] El relato de Mateo sobre la concepción y nacimiento de Jesús (1:18-25) cuenta que el embarazo de María ocurrió en medio de estas dos fases.

casa. El largo retraso del novio es algo realista, ya que las negociaciones finales podían ser complicadas. Cada familia trataría de favorecerse lo más posible. El padre de la novia trataría de demostrar el valor de su hija al no dejarla ir muy rápidamente o por una recompensa demasiado pequeña. Cuando todo quedaba arreglado, una procesión de la pareja hacia la casa del novio señalaba que la fiesta comenzaba.

LAS JÓVENES DESCUIDADAS Y LAS PRECAVIDAS

La parábola comienza con una comparación del Reino de Dios[12] con la situación en que diez jóvenes toman sus lámparas y salen para encontrarse con el novio. El número diez a menudo significa la plenitud o la totalidad.[13] Las mujeres probablemente son amigas y familiares del novio. No son las damas de honor de la novia, sino jóvenes de la casa del novio. En la parábola nunca se menciona a la novia. La palabra *parthenos* se refiere a una mujer virgen, joven, no casada.[14] La palabra indirectamente significa una muchacha adolescente o preadolescente ya que se consideraba que las mujeres se podían casar a los doce años de edad.[15]

El contraste entre las cinco descuidadas (*mōrai*) y las cinco precavidas (*phronimoi*) nos recuerda a Mateo 7:24-27, donde se

[12] Ver arriba, pp. 43–44 sobre "Reino de los cielos."

[13] Ej., diez mandamientos (Ex 20:1-17; Deut 5:6-21); diez personas justas para salvar a Sodoma (Gén 18:32); en el Judaismo hacen falta diez personas para poder rezar.

[14] Es la misma palabra usada para María en Mt 1:23. Algunos relacionan las *parthenoi* con las instrucciones que Pablo le da a las mujeres no casadas en 1 Cor 7:25-31. Aquel texto, sin embargo, tiene un propósito y una función distinta a la de la parábola de Mateo. Pablo habla sobre no cambiar su situación matrimonial ya que está cerca la segunda venida de Cristo. Él prefiere que los casados se queden solteros ya que está cerca el final. Él comenta como el hombre y la mujer soltera pueden dedicarse más a "las cosas del Señor" cuando no tienen que preocuparse por una familia (vv. 33-34). En la parábola de Mateo se trata sobre estar preparado durante el retraso del fin de los tiempos; en la carta de San Pablo él espera el final pronto y les dice que no cambien su condición social o matrimonial.

[15] Esto toma por entendido que la costumbre rabínica era la misma en los tiempos de Jesús, cuando la edad mínima para el muchacho era trece; para la muchacha, doce. Ver Str-B 2.373–75.

usan las mismas palabras para hablar de los constructores.[16] Este detalle prepara el cuento para separarlas, un tema que se ve en la parábola del trigo y la hierba mala (13:36-43), la red (13:47-50) y la de las ovejas y los chivos (25:31-46).[17]

LAS LÁMPARAS PREPARADAS Y ENCENDIDAS

Hay dos palabras para lámparas o luces en el Nuevo Testamento. En esta parábola se usa la palabra *lampades*, que muchas veces significa antorcha.[18] Por ejemplo, es la palabra que se usa en Génesis 15:17, para referirse a la antorcha encendida que pasó entre las dos partes de las ofrendas de Abram, y para describir las antorchas que llevaron los soldados, los sumos sacerdotes y los fariseos que fueron a arrestar a Jesús en Juan 18:3. La palabra *lychnos* generalmente se usa para referirse a la lámpara de aceite que se usa en una casa, como en la parábola de la mujer que prende la lámpara para buscar su moneda perdida (Lucas 15:8).[19] Pero esta distinción no es tan rígida. Hechos 20:8 habla de las muchas lámparas (*lampades*) que hay en el salón donde Pablo predicaba cuando el soñoliento Eutico se cayó por la ventana. El hecho de que las jóvenes llevaban aceite (v. 4) nos indica que eran lámparas de aceite, en vez de antorchas. El versículo 6 a veces se ha traducido como "prepararon sus lámparas," pero el verbo *kosmeō* significa algo más general como "poner en orden"[20] y se puede usar para ambos tipos de lámparas. Puede que las jóvenes "apagaron las lámparas, quitaron el pabilo quemado, y las llenaron con aceite para que vuelvan a alumbrar brillantemente"[21] o les echaron más aceite a las telas que están envueltas en la parte de arriba del palo tener una antorcha encendida.[22] No hay ninguna fuente de información que describa a jóvenes

[16] Ver arriba, cap. 5.

[17] Ver capítulos 7, 8, y 16 respectivamente.

[18] Ver 1 Mac 6:39; Ap 8:10.

[19] Ver también Job 18:6. Es la palabra que se usa para lámpara en 2 Cr 4:20.

[20] BDAG, s.v., κοσμέω.

[21] Jeremias, *Parables*, 175.

[22] Algo que un turista vio en Palestina a principios del siglo XX. Joachim Jeremias presenta el argumento que era costumbre que las jóvenes no casadas

cargando lámparas en las procesiones de las bodas antes del arte y de la literatura cristiana que se desarrollaron después de esta parábola.[23] Sin importar el tipo de lámpara que se describe aquí, el significado del símbolo no es difícil de entender.

En la conclusión del Sermón en el Monte Jesús les dice a sus discípulos y sus discípulas que ellos son la luz (*phōs*) del mundo. Del mismo modo que una ciudad en una montaña no se puede esconder, estos discípulos y discípulas tampoco pueden esconder su luz; es como una lámpara (*lychnos*) que se pone sobre un candelero para iluminar (*lampō*) toda la casa (5:14-16).[24] Esta parábola concluye diciendo que la luz son las buenas acciones que todas las personas pueden ver y que conducen a la alabanza de Dios (v. 16). También hay una referencia rabínica en el *Midrash Rabbah* de Números 7:19 (Num. Rab. 13:15-16) donde la frase "mezclado con aceite" se interpreta como el estudio de la Torá mezclado con las buenas acciones.[25] Cuando se entiende que el aceite son las buenas acciones se hace más fácil entender por qué las cinco jóvenes precavidas no pueden compartir su aceite con las jóvenes descuidadas.

Por otro lado, las lámparas y el aceite en esta parábola se pueden entender como los pasos que los discípulos y las discípulas tienen que dar para estar listos para el momento escatológico.[26] Con semejanzas a Mateo 7:24-27, donde los sabios son los que escuchan y hacen lo que Jesús les dice, de la misma manera las

---

cargaran una antorcha y bailaran durante la procesión de la boda, "*LAMPADES* Mt 25:1.3f. 7f," *ZNW* 56 (1965) 198.

[23] Fuentes griegas presentan a las madres de la novia y del novio cargando las antorchas y una fuente rabínica presenta a un hombre y a una mujer que llevan una antorcha mientras se transportaba la cama matrimonial. Otra fuente rabínica presenta al padre de la novia poniendo unas antorchas a lo largo de la ruta de la procesión (Str-B 2,510). Fuentes romanas describen a un niño cargando la antorcha principal junto con otros. Ver Praeder, *The Word in Women's Worlds*, 75–76).

[24] Ver arriba, capítulo 4.

[25] John R. Donahue, *The Gospel in Parable* (Philadelphia: Fortress, 1988) 104; K. Donfried, "The Allegory of the Ten Virgins (Mt 25:1-13) as a Summary of Matthean Theology," *JBL* 93 (1974) 427.

[26] Como Donald Senior, *Matthew* (ANTC; Nashville: Abingdon, 1988) 277; de igual modo Warren Carter, *Matthew and the Margins* (Maryknoll: Orbis, 1998) 486.

jóvenes precavidas de la parábola son las que se han preparado fielmente para el fin de los tiempos al escuchar y hacer lo que la palabra de Dios dice ("Tu palabra es antorcha de mis pasos" en el Salmo 119:105) como Jesús la pronuncia y la vive. Cuando llegue el fin de los tiempos, las personas justas "brillarán como el sol" (Mt 13:43; ver también 17:2), mientras que las que no lo son serán consumidas por el fuego (Mt 13:42). Encontramos un contraste parecido en Proverbios 13:9, donde dice, "La luz de los justos es alegre, la lámpara de los impíos se apaga."[27]

EL GRITO A MEDIANOCHE

Un grito fuerte (*kraugē*) anuncia la venida del momento apocalíptico (como también en Ap 14:18) y se da la orden de encontrarse con el que viene. El mismo lenguaje del encuentro (*eis apantēsin*) y de estar con (v. 10) el Señor (v. 11) se parece a la descripción escatológica de Pablo en 1 Tesalonicenses 4:17, "Después nosotros, los vivos, los que todavía estemos, nos reuniremos con ellos llevados en las nubes al encuentro del Señor, allá arriba. Y para siempre estaremos con el Señor."

La llegada del esposo a medianoche representa un momento de manifestación divina. La medianoche era la hora cuando el ángel de Dios pasó por la tierra de Egipto, matando al primer hijo de Faraón y de los egipcios, sin tocar a los israelitas (Ex 11:14; 12:29).[28] A medianoche es que Pablo y Silas son liberados de la cárcel en Filipos mientras cantaban himnos (Hechos 16:25). Y la medianoche también es la hora cuando Pablo y sus compañeros vieron tierra firme durante su viaje peligroso en el mar (Hechos 27:27). Por lo tanto, la medianoche es un buen momento para rezar en momentos difíciles (Sal 119:62) y es la hora cuando una persona debe estar pendiente para la venida del Hijo del Hombre (Marcos 13:35).

[27] Ver también Job 18:5-6, donde hay un dicho parecido a la segunda mitad: "Sí, la luz del malvado se apaga y no brilla la llama de su fuego. Se oscurece la luz en su tienda y su lámpara encima de él se apaga."

[28] Job (34:20) comenta de como la muerte le llega a la medianoche hasta a los ricos y poderosos.

LISTOS O NO

Como en muchas parábolas de Mateo, el momento escatológico es decisivo. No hay más tiempo para prepararse, y no quedan más oportunidades. Solamente quedan las personas que están listas (24:44; 25:10) y las que no lo están. Las que están preparadas entran a la fiesta de la boda[29] con el esposo. "Con él" (v. 10) repite la promesa de Emanuel, "Dios está con nosotros" en la persona de Jesús y es el tema principal del Evangelio de Mateo, desde la anunciación del nacimiento de Jesús (1:23) hasta que envió a los discípulos (28:20).[30]

Las cinco jóvenes descuidadas llegan después que se cerró la puerta. Aunque en el Sermón del Monte Jesús asegura que la puerta se le abrirá a quien toque (7:7-8), el contexto del dicho es diferente del de 25:10-11. La hora de tomar decisiones ya pasó; el juicio está por comenzar.[31] La súplica por parte de las cinco que están afuera comienza con las mismas palabras de 7:21-23, "Señor, Señor." Y la respuesta es la misma: "no los reconozco" (7:23).[32]

El versículo final no va muy bien con la dinámica de la narración. De hecho, las diez jóvenes se quedaron dormidas (v. 5). Mantenerse despierto o despierta es una metáfora que se usa frecuentemente para la vigilancia y estar pendiente para el fin de los tiempos. Muchas veces va acompañada por el tema de que nunca se sabe la hora (Mt 24:42, 43; 1 Tesa 4:16-17).[33] Las fallas de los discípulos nunca son tan obvias como en la escena de Getsemaní, donde Jesús les pide tres veces que se mantengan despiertos, pero repetidamente dejan que el sueño los venza (Mt 26:36-46).

[29] Como Mt 22:1-14 (ver arriba, cap. 13), la fiesta de bodas es un símbolo del banquete escatológico.

[30] Carter, *Matthew and the Margins*, 487.

[31] Pablo usa la metáfora de la "puerta abierta" para significar el tiempo favorable para la actividad misionera (1 Cor 16:9; 2 Cor 2:12). En el libro del Apocalipsis está la promesa hecha a la iglesia de Laodicea que hay una puerta que "nadie podrá cerrar" (3:8), un dicho que puede haber tenido significado para una comunidad rechazada en la sinagoga. En Ap 4:1 la "puerta abierta" se refiere a la puerta hacia el cielo.

[32] Cierta ironía es que Pedro dice que no conoce a Jesús cuando se le acercó una sirvienta en el patio (26:74).

[33] Sobre Mateo 24:42-51, ver abajo, cap. 22.

LAS POSIBILIDADES PARA LA PREDICACIÓN

Esta es una parábola de buenas y malas noticias. La parábola no termina bien para las descuidadas. Se les niega la entrada a la fiesta con el esposo y con el resto del grupo. Ellas se dejaron llevar por la idea de que no hay prisa; el aceite para la lámpara siempre se puede conseguir después; o alguien hará lo que hace falta. Parece que falta mucho para el final. Para las precavidas ésta es una parábola de gran júbilo. Ellas llevan tiempo preparándose y están listas para cuando venga el esposo. Ellas no pueden creer que ya llegó la hora.

Ninguna de las personas a quienes la persona que predica se dirige es completamente descuidada, ni completamente precavida. En la parábola los dos extremos sirven para demostrar claramente la diferencia. Cada persona tiene ciertos aspectos de las descuidadas. Hay algo que yo siempre he querido cambiar de mi estilo de vida; hay alguien en la cárcel o alguna persona enferma que he querido visitar; hay alguien a quien le tengo que pedir perdón; necesito ayuda con algo; hay algo que he tratado de mencionarle a Dios, pero creo que lo voy a dejar para después. Puede que sea ahora o nunca.

Cada discípulo o discípula también posee algunos aspectos de las precavidas. Las muchas maneras como las discípulas y los discípulos precavidos han iluminado al mundo, prendiendo una vela pequeña, por la manera como escuchan y viven la palabra, se unen para formar una antorcha brillante para el banquete. La llegada del esposo no es una sorpresa, sino un alivio gozoso. La parábola invita la celebración de nuestra sabiduría juiciosa, aunque nuestras fallas todavía están siendo transformadas.

Cuando se lee el evangelio en combinación con la primera lectura de Sabiduría 6:12-16, es tranquilizador saber que el esfuerzo por ser una persona sabia no depende sólo del ser humano. En la primera lectura la Sabiduría está esperando que la encuentren; ella es fácil de percibir y encontrar y conocer por toda persona que la ama y la busca. En sus rondas ella actualmente busca a quienes se mantienen vigilantes y la buscan. En otro texto, la Sabiduría envía a sus sirvientas a invitar hasta a las personas sencillas, a quienes les falta conocimiento, a abandonar su ignorancia e ir a su banquete (Prov 9:1-6). En varios textos

Mateo presenta a Jesús como la personificación de la Sabiduría.[34] Todas las personas que lo buscan como esposo también deben evitar la ignorancia y estar listas para festejar con él. Hay un intercambio increíble entre las imágenes masculinas y femeninas en la primera y la tercera lectura, que invita a discípulos y a discípulas a reconocer que ambos son incluidos completamente. Además, ésta es una de las pocas parábolas donde los personajes principales son mujeres.[35] Quien predica puede aprovechar la imagen de las mujeres como las que le llevan la luz a toda la comunidad. Un desafío para las comunidades de hoy es como acabar con el sexismo para que la luz que las mujeres ofrecen no se apague. Las que estén listas para todos los ministerios, ¿encontrarán una puerta abierta? ¿Cómo podemos organizar nuestras celebraciones eucarísticas para que sean un anticipo del banquete escatológico donde no existen las diferencias?

Este domingo es una de esas raras veces cuando la segunda lectura concuerda muy bien con el evangelio. El lenguaje y los símbolos apocalípticos que Pablo usa en su primera carta a los Tesalonicenses (4:13-18) repiten partes del evangelio. Pablo también habla sobre la tardanza de la segunda venida de Cristo. La lectura es para las personas que están tentadas a permanecer desconsoladas porque algunos de sus seres queridos han fallecido mientras esperaban. De una manera un poco diferente, pero con el mismo mensaje de Mateo, Pablo les asegura acerca de la certitud de la venida de Cristo y de su presencia continua con ellos. La persona que predica puede seguir este camino, basándose en la confianza de que las promesas de Cristo son seguras y que un futuro gozoso les espera.

[34] Ver abajo, cap. 18.

[35] Mateo sólo tiene otra parábola con un personaje femenino: la de la mujer que esconde la levadura (13:33). Ver arriba, pp. 113–19. Además de ésa, Lucas cuenta la de la mujer que busca su moneda perdida (15:8-10) y la de la viuda que insiste en obtener la justicia (18:1-8). Ver Susan Praeder, *The Word in Women's Worlds. Four Parables. Zaccheus Studies: New Testament* (Wilmington: Glazier, 1988); Barbara E. Reid, *Parables for Preachers. Year C* (Collegeville: The Liturgical Press, 2000) 177–92, 227–32, 293–308.

CAPÍTULO QUINCE

Invirtiendo los talentos

(Mateo 25:14-30)

Trigésimo Tercer Domingo del Tiempo Ordinario

Sábado de la vigésimo primera semana del Tiempo Ordinario

En aquel tiempo,
Jesús dijo a sus discípulos esta parábola:
"El Reino de los cielos se parece también
a un hombre que iba a salir de viaje a tierras lejanas;
llamó a sus servidores de confianza
y les encargó sus bienes.
A uno le dio cinco talentos;
a otro, dos; y a un tercero, uno,
según la capacidad de cada uno, y luego se fue.
El que recibió cinco talentos fue enseguida a negociar con ellos
y ganó otros cinco.
El que recibió dos hizo lo mismo y ganó otros dos.
En cambio, el que recibió un talento hizo un hoyo en la tierra
y allí escondió el dinero de su señor.
Después de mucho tiempo
regresó aquel hombre y llamó a cuentas a sus servidores.
Se acercó el que había recibido cinco talentos
y le presentó otros cinco, diciendo:
'Señor, cinco talentos me dejaste;
aquí tienes otros cinco, que con ellos he ganado.'
Su señor le dijo: 'Te felicito, siervo bueno y fiel.
Puesto que has sido fiel en cosas de poco valor
te confiaré cosas de mucho valor.
Entra a tomar parte en la alegría de tu señor.'

Se acercó luego el que había recibido dos talentos
y le dijo: 'Señor, dos talentos me dejaste;
aquí tienes otros dos, que con ellos he ganado.'
Su señor le dijo: 'Te felicito, siervo bueno y fiel.
Puesto que has sido fiel en cosas de poco valor,
te confiaré cosas de mucho valor.
Entra a tomar parte en la alegría de tu señor.'
Finalmente, se acercó el que había recibido un talento y le dijo:
'Señor, yo sabía que eres un hombre duro,
que quieres cosechar lo que no has plantado
y recoger lo que no has sembrado.
Por eso tuve miedo y fui a esconder tu talento bajo tierra.
Aquí tienes lo tuyo.'
El señor le respondió: 'Siervo malo y perezoso.
Sabías que cosecho lo que no he plantado y recogo lo que no he sembrado.
¿Por qué, entonces, no pusiste mi dinero en el banco para que,
a mi regreso, lo recibiera yo con intereses?
Quítenle el talento y dénselo al que tiene diez.
Pues al que tiene se le dará y le sobrará;
pero al que tiene poco, se le quitará aun eso poco que tiene.
Y a este hombre inútil, échenlo fuera, a las tinieblas.
Allí será el llanto y la desesperación.'"

EL CONTEXTO LITERARIO Y LA HISTORIA DE LA TRADICIÓN

Esta parábola es la tercera en una serie de tres parábolas[1] en los discursos escatológicos (24:1–25:46)[2] que hacen hincapié en la necesidad de que los discípulos y las discípulas sean fieles en sus acciones durante el retraso de la segunda venida. Las tres hablan de la ausencia, la tardanza y el regreso inesperado del dueño de la casa. La parábola de los talentos es una de las más largas de Mateo. Su introducción, "un hombre que al partir a tierras lejanas . . ." (que ha sido aumentada un poco en el Leccionario), es abrupta. La introducción de la parábola anterior en

[1] La primera es la parábola de los sirvientes fieles (24:45-51, ver abajo, cap. 22); y la segunda es la de las jóvenes descuidadas y precavidas (25:1-13, ver arriba, cap. 14).

[2] Ver arriba, p. 198 para ver un bosquejo de las secciones del discurso escatológico.

25:1 probablemente se suponía que tuviera un doble propósito, para que lo que se describió en 25:14-30 se entienda también como una comparación al reino de Dios.

El Evangelio de Lucas tiene una parábola parecida (19:11-28) pero la relación entre las dos no queda muy clara. En el relato de Lucas[3] parece que hay dos parábolas distintas unidas. En los versículos 12, 14, 24a, 27 Lucas introduce el tema de la partida y del regreso de un rey, un aspecto que no se encuentra en Mateo.[4] Algunas personas expertas piensan que las dos versiones representan dos parábolas independientes de Jesús sólo con semejanzas superficiales. Otras creen que Mateo y Lucas redactaron una parábola de Q de dos maneras diferentes. Y otras piensan que Lucas fue el único que compuso su versión.[5] También hay otra versión de la parábola en el Evangelio de los nazarenos, que se discutirá abajo más detalladamente.

Mientras que las versiones de Lucas y Mateo comparten una estructura similar, verbalmente tienen muy poco en común. Además, sus contextos literarios son diferentes, así permitiendo que cada uno tenga un enfoque específico. La parábola de Lucas está situada inmediatamente después de la historia de Zaqueo, el cobrador de impuestos rico que da el ejemplo modelo de la hospitalidad y de la limosna (Lucas 19:1-10). Este contexto hace a la parábola de Lucas parte del tema del tercer evangelista de cómo usar el dinero debidamente en lo que esto se relaciona al discipulado. En el Evangelio de Mateo la parábola está situada en el discurso escatológico, el cual afecta su interpretación.

[3] Ver Barbara E. Reid, *Parables for Preachers. Year C* (Collegeville: The Liturgical Press, 2000) 319–27.

[4] Ciertos expertos piensan que este tema se basa en un suceso histórico. Josephus cuenta (*Ant.* 17.9, 1–3 §208–222; *J.W.* 2.2,2 §18) como Archeleus el hijo de el rey Herodes fue a Roma para obtener el título de rey de Judea, Samaria e Idumea. Una delegación de cincuenta palestinos también fue a Roma para oponerse a su reinado, y Archelaus recibió el título de etnarca, no rey (*Ant.* 17.11, 1–2 §299–314; *J.W.* 2.6,1–2 §80–92).

[5] Ver B. B. Scott, *Hear Then the Parable* (Minneapolis: Fortress, 1989) 217–35; Jan Lambrecht, *Out of the Treasure. The Parables in the Gospel of Matthew* (Louvain Theological and Pastoral Monographs 10; Grand Rapids: Eerdmans, 1991) 217–44; Joachim Jeremias, *The Parables of Jesus* (2d rev. ed. New York: Scribner's, 1972) 58–63.

EL USO DE LOS TALENTOS

Una interpretación tradicional de esta parábola resalta la importancia de usar los talentos que Dios nos ha dado a todos. Esta interpretación se facilita por el hecho de que la palabra para la unidad monetaria, "talentos," significa más que simplemente la palabra dinero en español.[6] La palabra griega *talanton* significaba una medida de peso entre 58-80 libras (26-36 kg.) y una unidad monetaria cuyo valor variaba dependiendo del tiempo y del lugar, pero siempre con un valor bastante alto. También variaba de acuerdo al metal que se usaba, que podía ser oro, plata o cobre. Por ejemplo, el talento de plata de *Aegina* valía la mitad de lo que valía el de Solón en Ática, y seis veces más que el de Siria.[7] En griego, la palabra "talento" no tiene otro significado además del monetario o el de peso. En la parábola se usa como una cantidad muy grande de dinero.[8]

Mientras que la cantidad de dinero mencionada en la parábola parece colocarnos en el mundo de las finanzas, el lenguaje del primer versículo nos recuerda el tema del discipulado y revela el aspecto alegórico del cuento. El hecho de que el hombre llamara (*ekalesen*) a sus sirvientes y les confiara sus pertenencias, nos recuerda cuando Jesús llamó (*ekalesen*) a sus primeros discípulos (4:21) y les confió su misión a ellos. También, hay muchos ejemplos en Mateo en los cuales se usan el sustantivo *doulos*, "esclavo," (traducido a veces en el v. 14 como "sirvientes") y el verbo *douleuein*, "servir," para referirse a los discípulos y a las discípulas.[9] A cada uno se le confía cierta cantidad, de acuerdo con sus habilidades. Comparado con Lucas, donde se les dice a los esclavos que hagan negocios (*pragmateuomai*) con el dinero hasta que el dueño

[6] En la versión de Lucas la unidad monetaria es *mna*, una cantidad pequeña de dinero, más o menos una sexagésima parte de un talento, que equivale a cien dracmas de Atica, alrededor de veinticinco dólares (Joseph A. Fitzmyer, *The Gospel According to Luke* [AB28A; Garden City, N.Y.: Doubleday, 1985] 1235).

[7] BDAG, s.v., τάλαντον.

[8] El otro lugar donde ocurre la palabra *talanton* en el Nuevo Testamento es Mt 18:24 en la parábola del sirviente que no perdona (ver arriba, cap. 9), donde *myriōn talantōn*, "diez mil talentos," se usa para expresar una deuda enorme en contraste con el *hekaton dēnaria*, "cien denarios" (v. 28), una cantidad muchísimo más pequeña.

[9] Mt 6:24; 10:24-25; 20:27; 24:45-51.

regrese (Lc 19:13), Mateo no presenta al hombre dándoles tales instrucciones a los sirvientes. Los discípulos y las discípulas bien entrenados sabrán qué hacer con lo que se les confía.[10]

La presencia de tres personajes es una técnica típica de la narración. El punto culminante nos lleva a la conversación con el tercero, quien no sigue los pasos de los primeros dos, y ahí es que se encuentra el drama. El que recibió un talento hizo un hoyo y lo enterró, algo que en la antigüedad se consideraba como una buena manera de preservar las cosas de valor contra los ladrones.[11]

EL JUICIO

En el contexto literario de Mateo el regreso del dueño representa la segunda venida de Cristo, que se conoce como la parusía y el proceso de arreglar cuentas es el juicio que le sigue. Los primeros dos sirvientes multiplican la cantidad de dinero que se les confió y el dueño los felicita por ser "siervos buenos y fieles." Ellos han sido fieles en cosas pequeñas (*oliga*) así que ahora el dueño les dice, "te voy a confiar mucho más." Hay un juego de palabras interesante cuando se compara con Mateo 6:30; 8:26; 14:31; 16:8; 17:20, donde Jesús regaña a los discípulos por su poca fe (*oligopistoi*). Ahora los esclavos reciben una recompensa por su fidelidad (*pistos*) en cosas de poco valor (*oliga*). Hay una tensión en la narración porque *talanta* no son cosas de poco valor, sino que representan unas cantidades grandes de dinero. Los versículos 21 y 23 se entienden mejor en términos alegóricos. El argumento va de lo menos importante a lo más importante: la fidelidad durante el tiempo antes de la parusía (por imperfecto que sea) resulta en algo más grande—lograr llegar al reino celestial. Aunque la frase *epi pollōn se katastēsō* en el v. 21, literalmente dice, "te pondré a cargo de mucho," el verbo *kathistēmi* sin *epi* puede significar "llevar a alguien a algún lugar."[12] La parábola se refiere al tiempo cuando a los discípulos y a las discípulas se

[10] Warren Carter, *Matthew and the Margins* (Maryknoll: Orbis, 2000) 489.

[11] Ver arriba, cap. 8, sobre la parábola del tesoro escondido, que da por entendido esto. Cf. Lucas 19:20, donde la cantidad es mucho más pequeña y el esclavo la guarda en su pañuelo.

[12] Ej., Hechos 17:15, donde se llevan a Pablo a Atenas.

les lleva al reino celestial donde compartirán el gozo completo del señor. El énfasis en el contraste no es tanto en las cantidades que se les confiaba, sino en la fidelidad de ahora y en lo que les toca después. El gozo escatológico (como en Mt 13:44) de los sirvientes buenos y fieles se compara con el final horrible del sirviente malvado y vago.

JUZGAR MAL AL DUEÑO

Para algunos exegetas el error fatal del tercer sirviente no es no haber invertido el dinero bien, sino haberse equivocado al juzgar mal al dueño. En el momento del juicio, él caracteriza al dueño como alguien exigente que quiere cosechar donde no ha sembrado (v. 24). Él se equivoca por tenerle miedo al dueño, pensando que es exigente, cuando en realidad el dueño ha sido increíblemente generoso con sus regalos y con la oportunidad que les ha dado a sus esclavos. Su gran defecto es el miedo que tiene sin ninguna razón. En esta interpretación la parábola es una advertencia para que los discípulos y las discípulas no piensen que Dios es un juez exigente, sino alguien tan generoso que nos confía todo lo que necesitamos para salir adelante.[13]

El problema con esta interpretación es que al final de la parábola al dueño sí se le presenta como exigente, cuando castiga cruelmente al sirviente temeroso.[14] Una explicación de que Dios nos tratará del mismo modo como nosotros nos imaginamos, no es suficiente para lidiar con el contexto escatológico de la parábola. Además, ¿cómo es que una persona temerosa, al oír esta parábola, va a cambiar su percepción de Dios como un juez cruel? Más bien, ¿no probaría esto sus peores ansiedades? Tomando en cuenta el número de veces que Mateo repite la frase de ser echado a las tinieblas donde hay llanto y desesperación (8:12; 13:42, 50; 22:13; 24:51), no parece que él tiene la intención

[13] John R. Donahue, *The Gospel in Parable* (Minneapolis: Fortress, 1988) 105–08; Lane McGaughey, "The Fear of Yahweh and the Mission of Judaism: A Postexilic Maxim and Its Early Christian Expansion in the Parable of the Talents," *JBL* 94 (1975) 235–45.

[14] Jennifer Glancy, "Slaves and Slavery in the Matthean Parables," *JBL* 119 (2000) 67–90 demuestra que tal crueldad y abuso sucedían en la vida real y también se veía en las descripciones de los esclavos en la literatura.

de calmar los temores de quienes han malentendido la generosidad de Dios. Más bien, este evangelio, especialmente con su discurso escatológico, se esfuerza por demostrar lo contrario: una persona no puede simplemente depender de la gracia de Dios, sino que un discípulo o una discípula tiene que estar preparándose siempre para el momento del juicio cuando se tiene que dar evidencia del comportamiento ético.

UN CUENTO DE TERROR

Algunas personas expertas que usan la crítica de las ciencias sociales[15] han desafiado la interpretación que se acaba de discutir. Tomando el punto de vista del campesino, y teniéndole simpatía al tercer siervo en vez de al dueño, surge una interpretación diferente. En contraste con los principios del capitalismo, los cuales ven la riqueza como algo que se puede aumentar con el trabajo o las inversiones, el mundo de la parábola más bien es uno donde el bien está limitado. En tal cultura se cree que sólo hay cierta cantidad de riquezas, y que cualquier aumento de esas riquezas se logra a expensas de otra persona. La meta de un campesino era poder satisfacer las necesidades de su familia, no reunir riquezas ilimitadas. Desde esta perspectiva, la persona que espera aumentar sus riquezas es la persona malvada, cuya avaricia no tiene límites. El propósito de su viaje era aumentar sus ganancias e iniciar nuevos negocios. Esta persona está creando nuevos negocios y buscando crear buenas relaciones con otros dueños.[16] Además, no sigue los preceptos de la Torá, como se ve en el v. 27. Cobrar intereses está prohibido por Éxodo 22:25; Levítico 25:26-37; Deuteronomio 23:29.[17]

[15] Ej., Richard L. Rohrbaugh, "A Peasant Reading of the Parable of the Talents/Pounds: A Text of Terror?" *BTB* 23 (1993) 32–39; Malina and Rohrbaugh, *Social Science Commentary*, 149–50; William R. Herzog II, *The Parables as Subversive Speech* (Louisville: Westminster John Knox, 1994) 150–68.

[16] Herzog, *Subversive Speech*, 157.

[17] Algunos comentaristas describen al patrón como una buena persona porque piensan que hace sus transacciones con personas no judías. El Mishna demuestra que se tomaban más libertades con los gentiles (*m. Bab.M.* 5:1-6). Daniel J. Harrington (*The Gospel of Matthew* [SacPag 1; Collegeville: The Liturgical Press, 1991] 353), dice que *trapezitēs* (v. 27) se refiere a los que hacían el intercambio de dinero, entonces puede que el patrón esté hablando del interés que cobraban por sus transacciones, no del interés que él estaba acumulando.

Entonces, el tercer sirviente no es malvado, excepto de acuerdo a las personas que son avariciosas o quienes trabajan con él, como los dos primeros sirvientes. El tercer esclavo es el que se comportó de modo honorable al reportar al jefe malvado. Su impresión de que el jefe es exigente y pide mucho es correcta, al igual que su observación de que el jefe cobra lo que no se gana (v. 24). Él es un explotador de la labor de los demás quienes son los que siembran; y él sabe cómo manipular el intercambio de dinero para aprovecharse. Se podría tomar el versículo 29 como un comentario interpretativo, que denuncia la injusticia que se ve en tales prácticas con las que las personas ricas siguen haciéndose más ricas mientras que las pobres siguen perdiendo hasta lo poco que tienen.[18] La parábola le advierte a la persona rica que pare de explotar a la persona pobre y anima a las personas pobres a que hagan algo por denunciar la avaricia como el pecado que es. El versículo 30 es una nota realista y seria de lo que les puede pasar a quienes se oponen a las personas ricas y a las poderosas.

Una tercera versión, que se encuentra en el Evangelio de los nazarenos, la cual sólo conocemos por citas y referencias de los Padres de la Iglesia, confirma esta interpretación. Eusebio preserva y comenta sobre esta versión:

> Pero como el evangelio [escrito] en hebreo que tenemos en nuestras manos no amenaza al hombre que había escondido [el talento], sino al que había vivido de manera disoluta—Porque él [el dueño] tenía tres sirvientes:
>
> A uno que malgastó lo de su dueño con prostitutas y con muchachas que tocaban la flauta,
> B uno que multiplicó las ganancias,
> C y uno que escondió el talento
>
> y así . . .
>
> C' uno fue aceptado (con gozo)
> B' otro simplemente recibió un regaño,
> A' y otro fue echado a la cárcel

[18] Lo más probable es que el versículo 29 sea un proverbio independiente. Viene en pares: las variaciones de la tradición de Marcos ocurren en Marcos 4:25; Mateo 13:12; y Lucas 8:18. Se ha conservado otra versión en Q la cual Mateo 25:29 y Lucas 19:26 comprueban.

—Yo me pregunto si en Mateo la amenaza que se pronuncia contra quien no hizo nada puede no referirse a esa persona, sino, por medio del epanalepsis va contra la primera que había festejado y tomado con los borrachos.[19]

Lo que sí queda claro del comentario de Eusebio es que él no puede entender como se acepta al primer sirviente, y propone el epanalepsis (como delineado donde A corresponde a A′, etc.) para confirmar que el que se acepta es el que escondió el talento. Esta evidencia confirmaría que la lectura más apropiada de la parábola es la que considera que el esclavo que escondió el talento es quien hizo lo debido.

LAS POSIBILIDADES PARA LA PREDICACIÓN

Si la persona que predica sigue las indicaciones de esta última interpretación, la parábola desafía las presuposiciones de una mentalidad capitalista que promueve el aumento constante de producción y de y consumo. El concepto de la escasez de bienes en el mundo de Jesús puede dirigir la predicación a considerar la interrelación de toda vida en el cosmos y las cuestiones de lo que es sostenible y el consumo de recursos a los cuales nos enfrentamos hoy día. La parábola puede ser una entrada para hablar de la respuesta cristiana que se requiere a la luz de las realidades mundiales hoy día de las personas ricas y las naciones ricas que se hacen más y más ricas con lo que han invertido en las corporaciones internacionales que obtienen muchas de sus ganancias por medio de trabajadores y trabajadoras explotados y mal pagados. La parábola les puede presentar un desafío a las personas de fe para que estén pendientes de la avaricia en todas sus manifestaciones.

Enfocando la parábola desde su contexto escatológico en Mateo, quien predica podría resaltar, como en las otras parábolas de este último discurso, la necesidad de estar listo o lista para el fin de los tiempos. Sin embargo, la persona que predica debería tener cuidado de no predicar la parábola simplemente como una exhortación a compartir sus regalos lo más posible. Esto pierde

[19] Eusebius, *Theophania*, 22, como Rohrbaugh lo cita, "A Peasant Reading," 36.

la dimensión escatológica de la parábola que es esencial para que tenga un gran impacto.

El elemento del discipulado activo, que conlleva las decisiones arriesgadas, es uno que quien predica puede usar. El discipulado no es arraigarse cómodamente a la tradición. Más bien, es una lucha continua que requiere grandes inversiones por parte de las personas cristianas. Hay que usar lo que se ha recibido, compartirlo con los demás y aumentar las ganancias.

Es posible que la comunidad de Mateo haya oído la parábola en medio de sus conflictos con las personas judías que no siguieron a Jesús. Estas personas pueden haber pensado que el tercer sirviente, haciendo lo posible por preservar el talento tal y como se le dio, es una metáfora para el intento del judaísmo que surgió después del año 70 por crear una "verja" alrededor de la Torá (*m. ʾAbot* 1:1). Esto sería un contraste con lo que habían invertido en el movimiento de Jesús, creyendo que eran los sirvientes buenos y fieles de Dios. La parábola los ayudaba a entenderse mejor en relación con los judíos de las sinagoga.[20] Mientras que este entendimiento puede ayudar a comprender mejor cómo las primeras personas cristianas y las personas judías se trataban, en un contexto cristiano contemporáneo, quien predica tendría que tratar de no predicar la parábola de tal manera que aumente los sentimientos negativos del antisemitismo.

La persona que predica también debería reconocer un aspecto problemático de las imágenes en la parábola. Presentar a Jesús como un dueño y a los discípulos y discípulas como esclavos usa una metáfora muy conocida en el mundo palestino y greco-romano. Mientras que sirve para hablar del poder de Jesús y de Dios, también puede ser peligrosa si se usa para afirmar jerarquías humanas y para justificar la dominación y la explotación de los demás. Además, puede contrarrestar el mensaje de la parábola al animar el temor servil en vez del discipulado audaz y fiel.

[20] Harrington, *Matthew*, 354–55.

CAPÍTULO DIECISÉIS

El juicio final

(Mateo 25:31-46)

Trigésimo Cuarto Domingo del Tiempo Ordinario;

Solemnidad de Cristo Rey

Lunes de la primera semana de Cuaresma

En aquel tiempo, Jesús dijo a sus discípulos:
"Cuando venga el Hijo del hombre,
rodeado de su gloria,
acompañado de todos sus ángeles,
se sentará en su trono de gloria.
Entonces serán congregadas ante él todas las naciones,
y él apartará a los unos de los otros,
como aparta el pastor a las ovejas de los cabritos,
y pondrá a las ovejas a su derecha
y a los cabritos a su izquierda.
Entonces dirá el rey a los de su derecha:
'Vengan, benditos de mi Padre;
tomen posesión del Reino
preparado para ustedes desde la creación del mundo;
porque estuve hambriento y me dieron de comer,
sediento y me dieron de beber, era forastero y me hospedaron,
estuve desnudo y me vistieron, enfermo y me visitaron,
encarcelado y fueron a verme.'
Los justos le contestarán entonces:
'Señor, ¿cuándo te vimos hambriento y te dimos de comer,
sediento y te dimos de beber? ¿Cuándo te vimos de forastero
y te hospedamos, o desnudo y te vestimos?
¿Cuándo te vimos enfermo o encarcelado y te fuimos a ver?'

Y el rey les dirá: 'Yo les aseguro que,
cuando lo hicieron con el más insignificante de mis hermanos,
conmigo lo hicieron.'
Entonces dirá también a los de la izquierda:
'Apártense de mí, malditos;
vayan al fuego eterno, preparado para el diablo y sus ángeles;
porque estuve hambriento y no me dieron de comer,
sediento y no me dieron de beber,
era forastero y no me hospedaron, estuve desnudo y no me vistieron,
enfermo y encarcelado y no me visitaron.'
Entonces ellos le responderán:
'Señor, ¿cuándo te vimos hambriento o sediento,
de forastero o desnudo,
enfermo o encarcelado y no te asistimos?'
Y él les replicará:
'Yo les aseguro que,
cuando no lo hicieron con uno de aquellos más insignificantes,
tampoco lo hicieron conmigo.'
Entonces irán estos al castigo eterno y los justos a la vida eterna."

EL CONTEXTO LITERARIO Y LA HISTORIA DE LA TRADICIÓN

Esta parábola que ocurre solamente en Mateo[1] es la última en el Evangelio de Mateo y se lee durante el último domingo del Tiempo Ordinario. El discurso escatológico dirigido a los discípulos y discípulas de Jesús (24:1-25:46) concluye con esta parábola y ocurre después de las tres parábolas que tratan de la necesidad de estar preparados ante la tardanza de la parusía.[2] Mientras que el enfoque en aquellas parábolas es el tiempo de

[1] Como John R. Donahue comenta (*The Gospel in Parable* [Philadelphia: Fortress, 1988] 110), la parábola se parece a las parábolas de Enoch (*1 Enoch* 39–71) en su estructura. Hay semejanzas también a un testamento, como los que se encuentran en *Testaments of the Twelve Patriarchs*, de un lider que está por irse y les da algunas instrucciones finales a sus seguidores. Rudolph Bultmann (*History of the Synoptic Tradition* [rev. ed.; tr. J. Marsh; New York: Harper & Row, 1968] 120–23) clasifica Mt 25:31-46 como una "predicción apocalíptica" en vez de cómo una parábola.

[2] Éstas son (1) Mt 24:42-51, la parábola de los fieles y prudentes (ver abajo, cap. 22); (2) Mt 25:1-13 la parábola de las jóvenes descuidadas y las previsoras (ver arriba, cap. 14) y (3) Mt 25:14-30, la parábola de los talentos (cap. 15). Para obtener un bosquejo del discurso escatológico ver arriba, p. 198.

por medio, en esta última el momento escatológico ha llegado: el Hijo del Hombre viene en su gloria (v. 31). Ha llegado el momento del juicio.

Esta escena está íntimamente unida a los últimos versículos del evangelio (28:16-20). Allí Jesús, quien está por irse, instruye a sus seguidores a que hagan discípulos de todas las naciones, *panta ta ethnē* (28:19), un mandamiento que la parábola de 25:31-46 supone se ha cumplido. Todas las naciones, *panta ta ethnē* (25:32), habiendo escuchado el evangelio, se reúnen ahora para dar cuentas.[3]

Hay muchas palabras y expresiones en esta parábola que son típicas de Mateo, como *panta ta ethnē* ("todas las naciones"), *tote* ("luego"), *thronou doxēs* ("trono glorioso"), *angeloi* ("ángeles").[4] Algunas personas piensan que Mateo creó[5] esta parábola. La mayoría cree que el evangelista la tomó de una fuente especial y la redactó de acuerdo con sus propósitos.[6]

La parábola tiene cuatro movimientos.[7] En los primeros tres versículos el Hijo del Hombre viene en gloria con sus ángeles para el juicio final, y luego separa a las ovejas de los cabritos (vv. 31-33). Las próximas dos secciones son paralelas. Primero se dan las razones por las cuales las personas justas recibirán el reino (vv. 34-40),

[3] Aquí hay un contraste con el mandamiento de Jesús en Mt 10:6 de ir solamente a "las ovejas perdidas del pueblo de Israel." Ver también 15:24 donde Jesús articula su misión de modo parecido. La misión que comenzó con los judíos se les extiende a los gentiles al final del evangelio.

[4] La expresión *panta ta ethnē* ("todas las naciones") ocurre también en 6:32; 24:14; 28:19; *tote* ("luego") ocurre noventa veces en Mateo, seis veces en esta parábola; *epi tou thronou doxēs autou* ("en su trono glorioso") también en 19:28; los ángeles se mencionan dieciocho veces en Mateo además de aquí.

[5] Ej., Lamar Cope, "Matthew 25:31-46: 'The Sheep and the Goats' Reinterpreted," *NovT* 11 (1969) 32–44; R. H. Gundry, *Matthew: A Commentary on His Literary and Theological Art* (Grand Rapids: Eerdmans, 1982); Jan Lambrecht, *Out of the Treasure. The Parables in the Gospel of Matthew* (Louvain Theological and Pastoral Monographs 10; Grand Rapids: Eerdmans, 1991) 249–82. Sin embargo, Lambrecht dice que aunque probablemente Mateo creó el texto, no salió a relucir sino en conjunto con el recuerdo del Jesús humano y de la manera como él se comprometió incondicionalmente con los pobres.

[6] Ej., Ulrich Luz, "The Final Judgment (Matt 25:31-46): An Exercise in 'History of Influence' Exegesis," in David R. Bauer and Mark Allan Powell, eds., *Treasures New and Old. Recent Contributions to Matthean Studies* (SBL Symposium Series; Atlanta: Scholars Press, 1996) 271–310.

[7] Warren Carter, *Matthew and the Margins* (Maryknoll: Orbis, 2000) 492.

y después, de manera paralela, la explicación del rechazo de las malditas (vv. 41-45). En el versículo final (v. 46) ambos grupos se van, cada uno a su lugar designado para la eternidad.

SEPARANDO A LAS OVEJAS DE LOS CABRITOS (VV. 31-33)

Éste es uno de los cinco textos de Mateo que hablan de la venida escatológica del Hijo del Hombre.[8] La descripción de la venida del Hijo del Hombre con sus ángeles es breve. Hay una descripción más detallada de las señales cósmicas que la acompañan en 24:27-31. Se pueden distinguir claramente algunas referencias a Daniel 7:13-14. El enfoque de 25:31-33 trata sobre la separación de las personas justas de las malvadas. Anteriormente se dijo que se suponía que los ángeles juntaran a las personas elegidas (24:31) y separaran a las malhechoras (13:41, 49). Ahora el Hijo del Hombre es quien los separa.

La imagen del pastor es una metáfora conocida que se usa para referirse a Dios (Salmo 23) y a los líderes religiosos (Ez 34). También nos recuerda las veces que Mateo usa la imagen para referirse a Jesús. Al principio del evangelio Herodes les pregunta a los sumos sacerdotes y escribas dónde iba a nacer el Mesías. Ellos le responden con una cita de la Escritura que de Belén es de donde vendrá el "pastor de mi pueblo Israel" (Mt 2:6, citando Miq 5:1; 2 Sam 5:2). En el contexto de su ministerio de la proclamación de la Buena Nueva y las curaciones, se dice que Jesús le tuvo compasión a la multitud porque era como "ovejas sin un pastor" (Mt 9:36). En la última cena, cuando Jesús cita a Zacarías 13:8, "Hiere al pastor para que se dispersen las ovejas," él predice que la fe de todos los discípulos y las discípulas se pondrá a prueba. En varias ocasiones Jesús usa esta metáfora para instruir a sus discípulos y sus discípulas acerca de como imitarlo al cuidar de su pueblo. Él los envía a "las ovejas perdidas de la casa de Israel" a curar y a proclamar el reino de Dios (10:6; también acerca de su propia misión en 15:24). Ellos mismos son "como ovejas en medio de lobos" (10:16). Cuando cura al

[8] Ver Mt 13:41; 16:27; 19:28; 24:30-31. Jesús es el único que pronuncia este título y lo usa de dos maneras: para hablar de su ministerio en la tierra y de su pasión. Ver arriba, pp. 107–09 acerca del "Hijo del Hombre."

hombre con la mano paralizada, Jesús responde a quienes se oponen diciendo que si ellos rescatarían a una oveja que cayó en un barranco en día sábado, ¿cuánto más no deben rescatar a un hombre (12:11-12)? Él les cuenta una parábola a sus discípulos y discípulas acerca de la importancia de buscar una oveja perdida (18:12:14)[9] como el modelo del cuidado pastoral.

Mientras que las alusiones anteriores de Jesús como pastor han resaltado cómo se junta un rebaño y se cubren sus necesidades, la parábola del juicio final describe el proceso de separación por parte del pastor.[10] La razón por la cual el pastor separa las ovejas (*ta probata*) de los cabritos (*ta eriphia*) no se ve enseguida. No hay evidencia de que en la mentalidad de la gente del medio oriente las ovejas representan algo valioso y bueno en comparación con los cabritos.[11] Exegetas comentan muchas veces que en Palestina las ovejas y los cabritos estaban juntos durante el día, pero se separaban por la noche, ya que a los cabritos les da más frío y hay que mantenerlos calientes durante la noche. Por otro lado, las ovejas se pueden quedar afuera por la noche. Sin embargo, Ulrich Luz cree que esto no es correcto y simplemente se ha propagado repetidamente en los comentarios.[12] Otra sugerencia es que como *eriphos* pueden ser "cabritos machos" y *probata* puede ser "ganado pequeño," incluyendo las ovejas y los cabritos, el pastor separa los machos de las hembras para ordeñarlas. Por otro lado, la clave del significado puede ser que *eriphos* también significa un cabrito joven. En casi todos los ejemplos donde se ve esta palabra en el LXX, se refiere a un animal joven que se mata para comer o que se sacrifica (como en Lucas 15:29). Por lo tanto, el pastor separa al animal joven que se va a matar del resto del grupo. Sea la explicación que sea, la parábola asume que la persona que lee reconoce la imagen que

[9] Ver abajo, cap. 21.

[10] Ver J. P. Heil, "Ezekiel 34 and the Narrative Strategy of the Shepherd and Sheep Metaphor in Matthew," *CBQ* 55 (1993) 698–708. Heil demuestra que el tema del pastor no da una estrategia de narración constante en Mateo.

[11] Kathleen Weber ("The Image of Sheep and Goats in Matthew 25:31-46," *CBQ* 59 / 4 [1997] 657–78) investiga detalladamente y concluye que los oyentes de Mateo tendrían una imagen positiva de los cabritos, y por eso les hubiera sorprendido que, al final, se condena a los cabritos.

[12] Luz, "Final Judgment," 296.

se presenta y que compara la separación de los animales por el pastor con el Hijo del Hombre quien separa a su izquierda y a su derecha a los reunidos para el juicio final.

Otras parábolas y dichos de Mateo hablan de la separación al fin de los tiempos y señalan esta parábola. El trigo se separa de la hierba mala (13:24:30); lo que se puede comer de lo que no se puede comer en una red (13:47-50),[13] el trigo y la paja se separan (3:12); un hombre en el campo será tomado y el otro no (24:40); así también, sólo una mujer permanece moliendo trigo (24:41); cinco jóvenes prevenidas entran y las cinco descuidadas no (25:1-13).[14] La separación en cada caso se basa en su comportamiento anterior y la decisión es definitiva.

Las ovejas se ponen a la derecha—el lado favorecido. Debido a que la mayoría de las personas usaba la mano derecha y desarrollaba más fuerza y habilidad con esta mano, la derecha llegó a ser considerada como el símbolo de la preferencia, de la bendición y del honor. Por eso, la mano derecha de Dios rescata a los israelitas (Ex 15:6; Sal 20:6; 44:3; 98:1). Las bendiciones se dan con la mano derecha (Gn 48:13-20) y estar sentado a la derecha del anfitrión era la posición de mayor honor (Sal 110:1).[15] Eclesiastés le da un significado moral a la derecha y a la izquierda, "El corazón del sabio va por el buen lado y el del alocado se inclina por el otro" (10:2).[16]

EL REY (V. 34)

La imagen de Jesús cambia en el v. 34 de pastor a rey. Desde el principio del evangelio a Jesús se le identifica como el rey de

[13] Ver arriba, los capítulos 7 y 8.

[14] Weber ("Sheep and Goats," 658) indica que en el caso de las ovejas y los cabritos, la razón de la separación no es porque se hayan mezclado incorrectamente. En Siria y Palestina, en la antigüedad y hoy día, siempre se ha acostumbrado tenerlos juntos. Por el contrario, en Asia, Grecia e Italia se mantienen separados.

[15] Juan 13:23 insinúa que el Discípulo amado está sentado a la derecha de Jesús, y que se puede recostar contra su pecho para averiguar quién va a traicionar a Jesús. Los otros que están allí también están recostados sobre su lado izquierdo, usando la mano derecha para comer.

[16] Joel F. Drinkard, Jr., *ABD*, s.v., "Right, Right Hand."

los judíos (2:2) y como tal se le recibió cuando entró a Jerusalén (21:5). En otras parábolas, como la del sirviente que no perdona (18:21-35)[17] y la de la gran fiesta (22:1-14)[18] el rey representa a Dios. Ahora Jesús es el rey quien divide a quienes entrarán al reino de Dios de quienes serán castigados. Se representa al Padre en el juicio final, como el rey les dice a quienes están a su derecha "benditos de mi Padre" (v. 34). También, el reino que se va a heredar ha sido preparado "desde la creación del mundo" (v. 34), mostrando la manera íntima como Dios se relaciona con la humanidad y con el reino que Jesús proclama, desde el principio de la creación.[19] También es probable que el verbo pasivo *synachthēsontai*, "serán congregados," en el versículo 32, es el pasivo teológico, indicando que Dios es quien congrega a las naciones para el juicio. Se crea un efecto poderoso al contar la parábola del juicio final inmediatamente antes de la pasión. El rey que es condenado y crucificado (27:11, 29, 37, 42) vendrá en gloria y será el juez de quienes lo juzgaron y condenaron.

Es posible que Mateo también desea completar su presentación de Jesús como el Nuevo Moisés con esta parábola.[20] Así como Moisés les presentó opciones a las personas judías para escoger entre las bendiciones y maldiciones (Deut 11:26), ahora Jesús separa a los "benditos de mi Padre" (v. 34) de los "malditos" (v. 41). Aquí no se trata de la predestinación. El reino ha sido preparado desde el principio de la creación (v. 34), pero siempre existe la opción de aceptar o rechazar la invitación. En el Evangelio de Mateo la invitación viene de Jesús y de las personas que son enviadas en su nombre. Para las que aceptan la invitación, que se reconoce en sus obras, les espera bendiciones y el reino de Dios. Quienes la rechazan, en sus obras o falta de obras, escogen el fuego eterno preparado para el diablo y sus ángeles (v. 41).

[17] Ver arriba, cap. 9.

[18] Ver arriba, cap. 13.

[19] La frase hace resonar Prov 8:22-31 donde la Sabiduría estaba presente en la creación del mundo.

[20] Luz, "Final Judgment," 298. Ver D. Allison, *The New Moses: A Mathean Typology* (Minneapolis: Fortress, 1993).

EL CRITERIO PARA LA RECOMPENSA Y EL CASTIGO (VV. 35-45)

El criterio para el juicio no debería sorprender a quien escucha el Evangelio de Mateo. Desde el principio, el Jesús de Mateo resalta la necesidad de hacer obras justas. Estas obras deben ser visibles para que todas las personas glorifiquen a Dios (5:16),[21] no a sí mismas (6:1). En varias parábolas (7:21-27; 21:28-32)[22] se ha visto el contraste entre solamente decir "Señor, Señor" y hacer la voluntad de Dios. Jesús instruye a sus discípulos y a sus discípulas a que hagan todo lo que los fariseos y los escribas enseñan, pero regaña a estos líderes por no poner en práctica sus propias enseñanzas (23:3). La persona que responde a la invitación de Jesús no puede parar con una aceptación intelectual, sino que tiene que expresar su fe con obras justas y con un comportamiento ético, como un invitado de bodas bien vestido (22:1-14), un sirviente que cumple fielmente con sus obligaciones (24:42-51) o una joven que trae suficiente aceite (25:1-13).[23] De la misma manera se resalta la hora y el rigor del juicio escatológico en estas parábolas y en la de las ovejas y los cabritos.[24] Por eso, no nos debe sorprender que en esta última parábola las obras que alguien ha hecho son el criterio para el juicio.

Se repite cuatro veces una letanía de seis obras, las cuales se mencionan en las Escrituras y cubren la totalidad de los ministerios a los más vulnerables. El profeta Isaías, por ejemplo, describe lo que Dios deseaba en términos de compartir el pan con las personas hambrientas, dar hospedaje a las oprimidas y a las vagabundas, vestir a las que están desnudas (Isa 58:6-7). Los amigos de Job, buscando la razón de su mala suerte, le preguntan si empeñó las pertenencias de algún familiar, dejándolo "desnudo" o si le ha dado pan al hambriento, agua al sediento o si se negó a darle dinero a una viuda o si se aprovechó de los huérfanos (Job 22:6-9). Cuando Job menciona sus buenas obras, él dice que alimentó a otros y les ofreció hospedaje a los forasteros (31:31-32). Sirácides dice, "No olvides de visitar al

[21] Ver arriba, el capítulo 4.

[22] Ver arriba, los capítulos 5, 11.

[23] Ver arriba, los capítulos 13 y 14.

[24] Weber, "Sheep and Goats," 658.

enfermo. Estos son los gestos que te merecerán cariño" (Sir 7:35). Ezequíel dice que darle comida a quienes tienen hambre y ropa a las personas que están desnudas son algunas de las obras justas que una persona virtuosa hace (Ez 18:7,16).[25]

La única obra que Mateo menciona y que no se encuentra en la literatura judía es visitar a quienes están en la cárcel. A lo mejor esto se convirtió en una necesidad urgente en la época del Nuevo Testamento cuando las personas cristianas, en particular los misioneros, podían ser encarceladas.[26] En el discurso apocalíptico de Marcos, Jesús les advierte a sus discípulos y discípulas que es posible que los lleven ante reyes y gobernadores y los condenen a muerte (13:9-13). En los Hechos de los Apóstoles muchos episodios describen el encarcelamiento de las personas cristianas, especialmente los apóstoles que viajan. Pablo, antes de ser cristiano, se había propuesto encarcelar a quienes seguían el Camino.[27] La ironía es que éste es uno de los peligros al que él le hace frente por el evangelio (2 Cor 6:5; 11:23). Hechos 16:23-40 cuenta el encarcelamiento de Pablo y de Silas en Filipos y su rescate por un ángel. En su discurso de despedida al consejo de ancianos en Mileto, él les dice que él espera ser encarcelado (20:23). La predicción se cumple en Hechos 21:33 y Pablo, en el resto de Hechos, sigue siendo un prisionero, pero también sigue evangelizando. Él escribió varias de sus cartas desde la cárcel.[28] Pedro y Juan son encarcelados por predicar el evangelio (Hechos 5:18-25). Hay un rescate milagroso, igual que en 12:3-11, donde Herodes encarcela a Pedro. Estos sucesos son el cumplimiento irónico de la protesta de Pedro en la Última Cena cuando dice que está listo para ir a la cárcel y morir con Jesús (Lucas 22:33). En estas narraciones el encarcelamiento se relaciona directamente con su testimonio del evangelio. En la antigüedad, la cárcel no se usaba como castigo ni reforma para que una persona regrese a la sociedad. Se encarcelaba a una

[25] También Tob 1:16-17; 4:16; *2 Enoch* 9:1; 42:8; 63:1.

[26] Luz, "Final Judgment," 299.

[27] Hechos 8:3; 9:2, 14, 21; 22:4, 19; 26:10.

[28] Col 4:3, 18; Fil 1:7, 13, 14, 17; Flm vv. 10, 13; y también el autor de la carta 2 Timoteo, derivada de Pablo, escribe como si Pablo estuviese en la cárcel (1:16; 2:9).

persona mientras esperaba el juicio o la sentencia. No existía la cadena perpetua. Si una persona era culpable de una ofensa capital, o la ejecutaban o la desterraban a tierras lejanas.[29] La comunidad cristiana jugaba un papel muy importante en el cuidado de los misioneros cristianos que viajaban y que eran encarcelados lejos de su familia. La carta a los Hebreos dice que las personas cristianas deben acordarse de los prisioneros "como si ustedes estuvieran con ellos en la cárcel" (Heb 13:3). Este aviso se acompaña con un recordatorio de practicar la hospitalidad, "No dejen de practicar la hospitalidad; ustedes saben que, al hacerlo sin saberlo dieron alojamiento a ángeles" (13:2). El texto se parece a Mateo 25:37-39, 44 porque dice que quien hace la obra de caridad no reconoce a quien la recibe.[30]

Las obras por las cuales se juzga a "todas las naciones" en la parábola de las ovejas y los cabritos no sólo se reconocen por las costumbres judías, sino que se manifiestan en el mismo ministerio de Jesús. Él le tiene compasión a la multitud hambrienta y los alimenta (Mt 14:14-21; 15:32-39). Jesús cura a todas las personas enfermas que se le acercan (Mt 4:24; 8:5-13, 14-16; 14:14, 35; 15:21-28). Él desenmascara los sistemas de injusticia que dejan desnudas a las personas pobres y les indica a los discípulos y a las discípulas la manera de socavar tal sistema (5:40).[31] Él recibe a los discípulos del encarcelado Juan el Bautista y confirma la identidad de Juan como profeta y predecesor del Mesías (11:1-19). Él mismo es encarcelado y ejecutado. Él instruye a sus discípulos y discípulas para que hagan lo mismo. Cuando envía sus discípulos a una misión les dice que también

[29] A veces los que no pagaban sus deudas eran sentenciados a trabajar hasta que las pagaran (como en Mt 18:28-30; Lc 12:58-59). Así también, los prisioneros de guerra eran enviados a campamentos de trabajo que a veces se les llamaba "cárcel." Ver Karel van der Toorn, *ABD*, s.v., "Prison."

[30] Ver también Heb 10:34; 11:36.

[31] Ver Walter Wink, *Engaging the Powers* (Minneapolis: Fortress, 1992) 175–93 quien interpreta Mt 5:40 como un ejemplo de un banquero que lleva a un pobre deudor a corte y quiere quitarle su manto como garantía (como en Dt 24:12, 17). Jesús recomienda que la persona se desnude ante un cobrador que participe en tal sistema que le exige al pobre hasta la ropa que viste. El escándalo y la vergüenza que esto le cause al cobrador podría hacer que se arrepintiera y que busque otro modo de alcanzar la justicia y la reconciliación.

curen a los enfermos (10:1, 8). Él demuestra y enseña que uno debe tratar a los más vulnerables como alguien que busca a las ovejas perdidas (18:12-14). Él les ha enseñado que ser un líder es ser un esclavo, así como él, quien no vino a que le sirvan sino para servir (*diakonēsai*, 20:27–28; 23:11). Por lo tanto, no debería sorprendernos que el juicio se basa en si se cumple o no tal servicio (el mismo verbo, *diakonēsamen* se usa en 25:44).

LA SORPRESA

No hay ninguna sorpresa en cuanto a los tipos de obras que se usan para juzgar a la gente. Lo que sí sorprende a quienes se presentan ante el rey es a *quién* le hicieron las obras. La respuesta de Jesús es que lo encontramos en cualquiera de los "más pequeños" (vv. 40, 45). Pero existe una gran dificultad exegética aquí donde se ven dos preguntas que se relacionan entre sí. ¿Se debe entender que los "más pequeños" (vv. 40, 45) son personas cristianas? ¿O que son cualquier persona que necesita ayuda? Además, ¿quiénes son las personas juzgadas? La frase *panta ta ethnē* (v. 32) puede significar "todo el mundo," "todas las naciones" o "todos los gentiles" (o sea, todas las naciones menos Israel). Las diferentes combinaciones de estas posibilidades dan varias interpretaciones.

En el Evangelio de Mateo *ethnē* y *panta ta ethnē* a menudo se usan para referirse a todas las naciones excepto a Israel.[32] Pero en varias ocasiones tienen un significado más amplio. En el discurso apocalíptico, cuando Jesús describe los sufrimientos del fin de los tiempos, él les dice a los discípulos y a las discípulas que "serán odiados por todo el mundo (*panta ta ethnē*)" (24:9) y los anima a que perseveren hasta el final. Luego les dice, "Esta Buena Nueva del Reino será proclamada por todas partes del mundo para que la conozcan todas las naciones (*panta ta ethnē*), y luego vendrá el fin" (24:14). Con relación a esta cita, lo más

[32] Daniel J. Harrington, *Matthew* (SacPag 1; Collegeville: The Liturgical Press, 1991) 356, entiende las referencias de Mt 4:15; 6:32; 10:5, 18; 12:18, 21; 20:19, 25; 21:43; 24:7, 9, 14; 28:19 como unas referencias a los gentiles. Ver también Douglas R.A. Hare and Daniel J. Harrington, "Make Disciples of All the Gentiles (Mt. 28:19)," *CBQ* 37 (1975) 359–69.

probable es que Mateo quiere que la parábola del juicio final se entienda como el fin al que Jesús se refirió en 24:14. Imagina que se ha completado la gran comisión que el Cristo resucitado, que los envía a que "vayan y hagan que todos los pueblos (*panta ta ethnē*) sean mis discípulos" (28:19) les dio a los discípulos y a las discípulas al final del evangelio. En estos textos "todos los pueblos" incluye a todos. Todos, incluyendo a Israel, a los gentiles y a los cristianos y cristianas han escuchado el evangelio y ahora son juzgados de acuerdo con sus obras.[33] La parábola explica el dicho de 16:27, donde Jesús les explica a sus discípulos y discípulas, en el contexto de la primera predicción de la pasión, que el Hijo del Hombre "vendrá con la Gloria de su Padre, rodeado de sus ángeles; entonces recompensará a cada uno según su conducta."

La identidad de "el más pequeño de mis hermanos," *tōn aldelphōn mou tōn elachistōn* (vv. 40, 45) también es un punto de debate: ¿se refiere a cualquier persona que necesita ayuda o a las personas cristianas? *Adelphos*, "hermano" o "hermana" es un término que se usa frecuentemente en el Nuevo Testamento para referirse a las personas que forman la comunidad cristiana.[34] Además, *elachistōn* ("más pequeño") es el superlativo de *mikros* ("pequeño"), que se usa varias veces en Mateo para referirse a las personas vulnerables de la comunidad.[35] Jesús, en el discurso sobre la comunidad, les advierte a los líderes que no hagan caer a ninguno de estos "pequeños" (18:6), que no los desprecien (18:10) ni que permitan que se pierda ninguno (18:14). En otro caso, Jesús declara que el "más pequeño (*mikroteros*, el comparativo de *mikros*) en el Reino de los Cielos" será más que

[33] Luz, "Final Judgment," 293–94. De igual modo, John Paul Heil, *Matthew's Parables* (CBQMS 30; Washington, D.C.: CBA, 1998) 201, quien considera que *panta ta ethnē* significa "todas las naciones o pueblos incluyendo a Israel, sin excluir a nadie."

[34] Por ejemplo, Mt 18:15, 27, 21, 35; 23:8; 28:10.

[35] Por otro lado Luz ("Final Judgment," 302) mantiene que el significado de *elachistos* no debe identificarse con *hoi mikroi*; más bien, en el texto "los más pequeños" demuestran un contraste con el "gran" rey celestial. "Esta frase recalca de una manera retórica la distancia enorme que separa a los que sufren del juez celestial; y de manera eficaz denota la sorpresa maravillosa de que él se identifica con ellos."

Juan el Bautista (11:11). En el contexto, *mikroteros* se refiere a las personas que siguen a Jesús.[36]

Un último ejemplo del uso de *mikros* identifica más exactamente a "mis hermanos y hermanas más pequeños" como las personas cristianas a quienes se les envía en una misión. En un texto muy semejante a la parábola del juicio final, al final del discurso misionero, Jesús les dice a sus discípulos y sus discípulas que quien les dé un vaso de agua fría a uno de estos "pequeños" (*mikrōn*) en nombre de un discípulo, tal persona seguramente no perderá su recompensa (10:42). También hay otra semejanza entre el discurso misionero y la parábola del juicio. El discurso incluye una promesa de Jesús de que cualquiera que reciba a una persona justa o buena recibirá la recompensa de una persona justa (*dikaioi*) (10:41). La parábola describe al justo (*hoi dikaioi* 25:37, 46) que recibe su recompensa. En el contexto del tema misionero de Mateo, los "pequeños" en 25:40, 45 son los enviados en una misión, quienes son vulnerables y dependen de la hospitalidad de otros. Se les envía sin dinero, sin ropa adicional, sin bolsa, ni sandalias ni tampoco un bastón para defenderse de los animales salvajes o de los bandidos (10:9-10). Sólo tienen el poder que Jesús les dio para curar a las personas enfermas y proclamar al reino de Dios (10:1, 7-8). Ellas dependen de cualquier persona que les ofrezca hospedaje (10:11-13). Ellas corren el peligro de ser encarceladas por proclamar el evangelio. Pablo menciona que estos peligros son el destino de los apóstoles: "Hasta hoy pasamos hambre y sed, falta de ropa y malos tratamientos, mientras andamos de un lugar a otro. Trabajamos con nuestras manos hasta cansarnos" (1 Cor 4:11-12). Y el aguijón "clavado en la carne" probablemente era la enfermedad que sufrió en el transcurso de su ministerio (2 Cor 12:7-9).

Con esta interpretación, el juicio final se basa en la aceptación de las personas cristianas que son misioneras que encarnan la presencia de Jesús, quien fue enviado por Dios y encarna

[36] Por otro lado, Benedict T. Viviano ("The Least in the Kingdom: Matthew 11:11, Its Parallel in Luke 7:28 [Q], and Daniel 4:14," *CBQ* 62 [2000] 41–54) dicen que Mt 11:11 es una reflexión después de la Pascua sobre Jesús y Juan el Bautista, y que *mikrōteros* se refiere a Jesús, que a pesar de ser el Hijo exaltado de Dios, tomó la naturaleza más humilde.

la presencia divina.[37] En general, Jesús no se identifica con la gente que sufre, sino con las personas que han sido enviadas en una misión, "El que los recibe a ustedes, a mí me recibe, y el que me recibe a mí, recibe al que me ha envió" (10:40). El criterio del juicio, entonces, es aceptar o no a Jesús y a quien lo envió, como se le encuentra en las personas que lo siguen y que proclaman el evangelio. El tema de la inconciencia es un tema literario que tiene un propósito cristológico[38] y que establece un tema que se encuentra en todo el evangelio: Dios-con-nosotros. Después de la resurrección la parábola les demuestra a los discípulos y las discípulas que pensaron que ya no podían encontrar a Jesús debido a que había muerto, que él todavía se encuentra entre ellos. Ellos no tienen que esperar a que Jesús regrese en su glorioso trono (v. 31) para encontrarse con él; él es Emmanuel, siempre con nosotros (1:23; 28:20).

Otra interpretación es que *panta ta ethnē* (v. 32) se refiere sólo a los gentiles y que Mateo, con la parábola de las ovejas y los cabritos, se imagina un juicio por separado de los gentiles.[39] Esto es posible cuando se consideran textos como Ezequiel 39; Joel 3; 1 Enoch 91:14; Salmos de Salomón 17:29; 4 Ezra 13:33-49, que describen juicios por separado para las personas judías y las gentiles. De textos como Romanos 2:9-10; 1 Corintios 6:2-3 también se puede deducir que Pablo considera diferentes juicios para las personas judías y gentiles. En 2 *Baruc* 72:4-6 el criterio con que se juzga a los gentiles es la manera como trataron a Israel. Puede que esto sí sea el contexto de la parábola del juicio en Mateo.[40] Entendido así, las previas parábolas de los sirvientes fieles, las jóvenes precavidas, y el uso de los talentos (24:43–25:30), presentan el criterio con que las personas cristianas serán juzgadas (estar listas para el regreso del Hijo

[37] Donald Senior, *Matthew* (ANTC; Nashville: Abingdon, 1998) 283. También Donahue, *Gospel in Parable*, 120–23.

[38] Luz, "Final Judgment," 300–301.

[39] Harrington, *Matthew*, 356–60. Senior (*Matthew*, 284) sugiere que además de los gentiles también se puede incluir a los judíos no cristianos. Él sugiere que el juicio del segundo grupo se encuentra en la conclusión del capítulo 23 donde la "casa" queda vacía hasta que estén dispuestos a recibir al Mesías que se les ha enviado (23:38-39).

[40] Senior, *Matthew*, 284; Harrington, *Matthew*, 356–60.

del Hombre mientras hacen buenas obras en anticipación del día), mientras que la parábola de las ovejas y cabritos se refiere al juicio de los gentiles.

Sin embargo, desde el punto de vista narrativo, la parábola de las ovejas y los cabritos se entiende mejor como el punto culminante del discurso sobre la preparación, y todo se les dirige a los discípulos y las discípulas cristianas.[41] Las conexiones con el discurso misionero también apoyan esta interpretación. La parábola imagina la época después que se les proclame el evangelio a todas las naciones. No se refiere a una situación de no creyentes quienes hacen obras buenas sin razón o por razones humanitarias. La parábola tampoco habla de lo que les pasa a las personas judías que no han aceptado el evangelio. Esta situación ya se mencionó en las advertencias que Jesús les dio a los líderes judíos en 21:43; 23:34–24:2. La narración invita a quienes escuchan la parábola a que se identifique con *panta ta ethnē* y vean cómo se van a juzgar sus obras. Si estas personas se han traicionado u odiado entre sí, dejado que los falsos profetas las lleven por mal camino, hecho cosas malas y abandonado el amor (24:10-12), todavía hay tiempo de encontrar a Jesús otra vez en la comunidad de las personas de fe, en los hermanos y las hermanas que encarnan a Jesús y su misión.[42] Como los cabritos que básicamente son buenos, pero que también tienen sus fallas,[43] la comunidad de Mateo debe oír una advertencia contra la vagancia y un aviso a que se dediquen totalmente a la justicia.[44]

[41] Como Weber ("Sheep and Goats," 677) observa, "A nivel de cuento, el juicio escatológico es para todas las naciones, pero a nivel de discurso, él se dirige a los lectores del Evangelio de Mateo, quienes son los únicos que están escuchando."

[42] Luz, "Final Judgment," 305.

[43] Weber, "Sheep and Goats," 657–78, demuestra que no hay evidencia de que en el mundo mediterráneo los cabritos se valoraban menos que las ovejas, para que su expulsión al final sea algo inesperado. En el mundo greco-romano hay mucha evidencia de que los cabritos se consideraban como símbolos de una sexualidad ansiosa y promiscua. Si la comunidad de Mateo está consciente de esta idea en el mundo greco-romano, entonces los cabritos representan animales buenos que tienen ciertos defectos (p. 673).

[44] Weber, "Sheep and Goats," 673–75.

LA VIDA ETERNA PARA LAS PERSONAS JUSTAS (V. 46)

La parábola concluye de un modo típico de Mateo. La recompensa y el castigo, al igual que su dimensión eterna, son un tema frecuente de Mateo. La vida eterna era lo que el hombre rico buscaba (19:16), y lo que Jesús les promete a sus discípulos y discípulas que dejaron casas, a hermanos, a hermanas, a su padre o a su madre, a hijos y terrenos por amor de su nombre (19:29). El fuego eterno es lo que se tiene que evitar al evitar todas las causas del pecado (18:8; también 13:50). El tema de la justicia se encuentra en todo el evangelio. Al principio de la narración Jesús cumple todo lo que es justo (*dikaiosynē*) al permitir que Juan lo bautice (3:15) y al final Pilato lo declara justo, *dikaios* (27:19). Jesús declara benditas a todas las personas que tienen hambre y sed de justicia, prometiéndoles que serán satisfechas (5:6). Benditas, también, son las que son perseguidas por causa del bien (5:10). Jesús les dice a los discípulos y a las discípulas que tienen que ser más perfectos que los escribas y fariseos para poder entrar al reino de Dios (5:20). De hecho, los discípulos y las discípulas no se tienen que preocupar por nada que no sea el reino de Dios y la justicia (6:33). Sus obras justas no se hacen para que las otras personas las vean (6:1). Las personas hipócritas aparentan ser justas pero por dentro están llenas de maldad, como sepulcros pintados de blanco y destinados para la maldición (23:28).[45] Al fin de los tiempos cuando las personas malvadas y las justas se separan (13:49, la persona justa brillará como el sol en el reino de Dios (13:43).

LAS POSIBILIDADES PARA LA PREDICACIÓN

Las obras clásicas del arte y de la literatura como la Capilla Sixtina de Miguel Angel o el Infierno de Dante reflejan la fascinación constante con el juicio final. Los ángeles y los demonios, el fuego y las nubes, el dolor y el gozo se representan en contrastes vivos. Las sectas apocalípticas se aprovechan de las imágenes candentes de los condenados y de las gloriosas descripciones de

[45] Ver 1:19; 10:41; 20:4; 23:38; 27:4, 24 donde el adjetivo *dikaios* ocurre sólo en Mateo. Ver también 9:13; 11:19; 12:37; 13:17; 21:32; 23:35.

la salvación. Pero lo que más llama la atención en la parábola del juicio final de Mateo no son las descripciones de la condenación ni la gloria eterna, sino la cara del Jesús hambriento, sediento, extranjero, desnudo, enfermo y encarcelado. Cuatro veces se da la misma lista de seis características. Dondequiera que una persona vaya ahí está él y no se puede ignorar. Resucitado a la vida de nuevo, todavía se encuentra en la carne humana. La persona que predica no puede evitar hablar de que no se puede separar la relación que las personas de fe tienen con Jesús de las relaciones que tienen con las demás personas en este mundo.[46] Igual que Mateo repite tantas veces, la fe es algo muy tangible y visible en las obras.

Esta parábola se entiende muchas veces en un sentido universal, donde los "más pequeños de los hermanos y hermanas," significa todas las personas que necesitan ayuda, y todas las personas son juzgadas al fin de los tiempos de acuerdo con la manera como trataron a quienes sufren.[47] Mientras que esta interpretación que incluye a todos tiene su valor, probablemente ésta no fue la perspectiva de Mateo. Desde su punto misionero, el juicio final ocurre sólo después que el evangelio ha sido proclamado a todas las naciones y la separación tendrá lugar basada en si se recibió a Jesús. La audiencia de Mateo es cristiana y él se preocupa por la evangelización, no por esfuerzos humanitarios. Y ahora, en esta época de intercambios entre las religiones, la parábola se puede leer como una que dice que el juicio de las personas que no son cristianas se basa en cómo tratan a las personas cristianas que son misioneras y que son vulnerables, no en si aceptan el mensaje o no.[48] Su compasión y obras misericordiosas son visibles ante Dios, un testigo formidable de que actúan de acuerdo al mandamiento de amor de Jesús, aunque no declaran la fidelidad a él como su motivo. Para las personas cristianas la parábola propone una ética de testimonio fiel, en el cual las personas cristianas, como Jesús mismo en la proclamación de la Buena Nueva, se convierten en el punto central donde Dios

[46] Luz, "Final Judgment," 306.

[47] Ver David Buttrick, *Speaking Parables* (Louisville: Westminster John Knox, 2000) 124–29.

[48] Senior, *Matthew*, 285.

les revela su voluntad a todas las personas.[49] Junto con las otras tres parábolas anteriores a ésta, la parábola le advierte a las personas cristianas que no se sorprendan cuando llegue el fin de los tiempos. Es un llamado para que se abandone la vagancia y siempre se esté listo o lista haciendo obras justas.

Otro aspecto que quien predica puede considerar es el punto de vista de quien escucha. La dinámica del cuento invita a quienes escuchan a que sean parte de las personas congregadas para el juicio. En vez de ser un mensaje de consolación o vindicación para las personas que tienen hambre, sed, para las que son vagabundas, extranjeras, las enfermas o encarceladas,[50] esta parábola se concentra en cómo se responde a quienes aceptan voluntariamente a esas personas por causa del evangelio. Y aquí vemos dos puntos: la base para el juicio es el deseo del discípulo y de la discípula de sufrir estas incomodidades para difundir el evangelio, al igual que la receptividad personal a quienes, en sus misiones apostólicas, encarnan más la presencia de Cristo que sufre.[51] Algo muy importante que quien predica tiene que resaltar es que el sufrimiento no se acepta simplemente por sufrir. El sufrimiento no es lo que hace a Cristo presente, sino que Cristo vive de manera visible en las personas de fe que aceptan voluntariamente el sufrimiento para el éxito de la misión.

Esta parábola puede hacer que la comunidad cristiana examine sus programas para quienes necesitan ayuda y que resuelvan comprometerse a iniciar nuevos proyectos, a revitalizar los que ya tienen o a colaborar con los que ya existen. En una congregación donde los esfuerzos no son muchos, la persona que predica puede aprovechar la oportunidad para desafiar a las personas a que se dediquen más a la evangelización y a la justicia social. Las invitaciones concretas son más eficaces para participar en programas específicos y en servicios organizados a las personas necesitadas que los avisos abstractos. En una comunidad donde los programas están bien desarrollados, la parábola puede animar a las personas a que sigan adelante,

[49] Donahue, *Gospel in Parable*, 124.

[50] Las bienaventuranzas (Mt 5:3-12) son las que les ofrecen consuelo a quienes sufren y a los perseguidos.

[51] Heil, *Matthew's Parables*, 207–8.

mientras se hacen más y más conscientes de ver la cara de Jesús en cada persona que ayudan.

Hay un aspecto serio que no se puede ignorar en la parábola: el juicio es real y es final. Para las personas que siempre han sido fieles en las obras mencionadas, no es un momento para tener miedo, sino para sentirse aliviadas porque han sido escogidas para la vida eterna en el reino de Dios con las personas justas.

Una última advertencia para esta parábola es el hecho de que siempre existe un peligro con las situaciones apocalípticas y su dualismo que la persona que escucha puede pensar equivocadamente que pertenece al grupo de las personas salvadas y que las otras que perciben como enemigas o rivales son las condenadas. Ellas celebran el hecho de que los cabritos reciben lo que se merecen mientras que engreídamente se ponen en fila al lado derecho del rey. Este tipo de interpretación con tal rigidez entre el bien y el mal no permite que una persona reconozca la mezcla que existe en cada ser humano y en cada comunidad. El bien y el mal existen en cada persona. Hay ovejas y cabritos en todas las comunidades. Lo que el evangelio ofrece es un mensaje de esperanza en el que el Cristo resucitado regresa una y otra vez, esperando que lo reconozcan en la persona desconocida, en la necesitada, en la enferma, en el hermano o en la hermana encarcelada. El evangelio todavía no se les ha predicado a todas las naciones; todavía hay tiempo para responder una y otra vez a la invitación de Cristo.

CAPÍTULO DIECISIETE

La justificación de la sabiduría

(Mateo 11:16-19)

Viernes de la segunda semana de Adviento

En aquel tiempo, Jesús dijo:
"¿Con qué podré comparar a esta gente?
Es semejante a los niños que se sientan en las plazas
y se vuelven a sus compañeros para gritarles:
'Tocamos la flauta y no han bailado;
cantamos canciones tristes y no han llorado.'
Porque vino Juan, que ni comía ni bebía,
y dijeron: 'Tiene un demonio.'
Viene el Hijo del hombre,
y dicen: 'ese es un glotón y un borracho,
amigo de publicanos y gente de mal vivir.'
Pero la sabiduría de Dios se justifica a sí misma por sus obras."

EL CONTEXTO LITERARIO

Esta parábola corta está en una sección (11:2–16:12)[1] que trata de las diferentes maneras de reaccionar a Jesús. En la sección anterior (4:12–11:1) se resalta el ministerio de las enseñanzas y las curaciones de Jesús. Mientras el relato se desarrolla, las multitudes y los discípulos reaccionan de modo favorable, aunque no lo entienden todo, y las autoridades religiosas siguen demostrando más y más hostilidad. Esta parábola viene de Q

[1] Siguiendo la representación de Donald Senior, *Matthew* (ANTC; Nashville: Abingdon, 1998) 123.

y su paralelo en Lucas 7:31-35 es muy parecida en cuanto a las palabras que usa y su propósito.[2]

Esta sección comienza con los discípulos y las discípulas de Juan el Bautista, que está en la cárcel. Se acercan a Jesús y le preguntan si él es el que viene después de Juan o si deben esperar por otra persona (v. 3). Mateo dice que Juan oyó de las "obras (*erga*) de Cristo" (v. 2). Esto marca el principio de la unidad que concluye con el dicho sobre las *erga*, "obras" de la Sabiduría (v. 19). Jesús responde a la pregunta de si él es "el que ha de venir" indicándoles a los discípulos y discípulas de Juan que le digan lo que han visto y oído: como las personas ciegas ahora ven, las cojas caminan, las que tienen lepra quedan limpias, las que habían muerto resucitan y a las personas pobres se les proclama la Buena Nueva (v. 5). Recordando a Isaías 35:5-6, la respuesta les deja saber claramente que Jesús es, en verdad, el que comienza la era mesiánica. La última frase de Jesús, "¡feliz el que me encuentra y no se confunde conmigo!" (v. 6) nos prepara para la parábola, la cual contrasta la respuesta deseada con la negativa caprichosa hacia los niños en el mercado. También desarrolla el tema familiar de las reacciones conflictivas a las obras de Jesús.

El próximo segmento (vv. 7-15) examina la identidad de Juan el Bautista. Tres veces Jesús le pregunta a la multitud, "¿Qué fueron a ver ustedes al desierto?" (vv. 7, 8, 9). Si se oponen al ascetismo de Juan o por la ropa que viste, Jesús le dice a la multitud que está buscando la cosa equivocada en el lugar equivocado. Quienes buscan a un profeta no sólo lo encuentran, sino que encuentran al profeta de quien Malaquías (3:23) habló, el mensajero que prepara el camino para el que está por venir (v. 10). Mientras que vemos diferencias en el propósito de ambos, Juan y Jesús se presentan como grandes profetas de Dios. Y ambos reciben las mismas respuestas conflictivas a su ministerio, como les ocurre a todas las personas que traen mensajes de Dios.

[2] Para obtener un estudio más detallado de Q ver Wendy J. Cotter, "The Parable of the Children in the Market-Place, Q (Lk) 7:31-35: An Examination of the Parable's Image and Significance," *NovT* 29/4 (1987) 289–304.

LOS NIÑOS EN LA PLAZA

La parábola comienza con una comparación (v. 16) seguida por una explicación (vv. 17-19) y termina con un dicho final (v. 19). Como muchas de las parábolas, el versículo introductivo presenta una comparación con el verbo *homoioō*, "igualar, comparar" (v. 16) y el adjetivo *homoios* "como" (v. 16).[3] La gente de esta generación, "esta gente," *genea*, se compara a niños en la plaza llamándose unos a otros.[4] La palabra *genea*, "la generación, gente de ahora," casi siempre se usa despectivamente en Mateo. Los discípulos que no pueden expulsar a un demonio son "gente tan incrédula y extraviada" (17:17). Quienes buscan señales son una "raza perversa e infiel" que será condenada (12:39-42; 16:4). "La actual generación" pagará por la sangre justa de los profetas asesinados (23:36). Desde este punto de vista, la parábola prepara a quienes escuchan para anticipar la evaluación negativa de "esta gente."

La parábola compara a "esta gente" a un grupo de niños que no quieren jugar con otro grupo. No importa lo que el otro grupo ofrece, se rehúsan a participar. El próximo versículo usa esta metáfora para comparar a quienes le responden negativamente a Juan o a Jesús. "Esta gente" no responde ni a las "canciones tristes" de Juan ni a la "flauta" de Jesús.

Los niños en la plaza introducen una imagen de la corte.[5] El *agora*, "la plaza del mercado," es el centro de la vida pública, donde la gente se reunía por razones comerciales, sociales, religiosas y cívicas. Una persona puede imaginarse que los niños en el *agora* estarían corriendo y persiguiéndose con sus juegos, no sentados quejándose porque los posibles compañeros de juego no les responden. El verbo *kathēmai*, "sentarse," frecuentemente se asocia con el juicio, como en Mateo 27:19, donde Pilato se

[3] Ver Mt 7:24, 26; 11:16; 13:24, 31, 33, 44, 45, 47, 52; 18:23; 20:1; 22:2; 25:1; Marcos 4:30; Lucas 6:47-49; 12:36; 13:18-21.

[4] Mientras que Lucas (7:32) sugiere que hay dos grupos que se hablan unos a otros, Mt 11:16 sugiere un grupo que le habla "a otros," *tois heterois*. Esta diferencia no cambia el significado.

[5] Cotter, "Children," 298–302.

sienta en el *bēma*, "banco, tribunal," cuando le llevaron a Jesús.[6] Es evidente, como se ve en Hechos 16:19, que el *agora* se usaba para algunos procedimientos legales. Allí fue donde arrestaron a Pablo y a Silas para ser juzgados por los magistrados. Además el verbo *prosphoneō*, "gritar, llamar," significa una manera formal de dirigirse a otra persona, como podía ocurrir en el contexto de la corte.[7] La imagen de la corte que se presenta al principio de la parábola, introduce una nota de juicio. Aclara muy bien que la invitación de Juan y Jesús no es sólo un juego en el que los niños pueden o no participar, según quieran. Más bien, indica las consecuencias serias para quienes rechazan su llamado. El último versículo, con el uso de otro término legal, *dikaioō*, "justificar, vindicar," completa el proceso del juicio con el veredicto.

EL LLAMADO Y EL BANQUETE (VV. 18-19)

Las imágenes auditorias de las voces que gritan, las flautas que se tocan, las canciones tristes que se cantan (v. 17) cambia al tema culinario (vv. 18-19). Ambos temas se asocian con la invitación de la Sabiduría a la vida y dirige la atención hacia el versículo final (19). Así como la Sabiduría envió a sus sirvientas, a llamar desde el lugar más alto en la ciudad (Prov 9:3), Juan también proclamó su invitación desde el desierto (3:3) y Jesús proclama su mensaje para cualquiera que tenga oídos para escuchar (13:9; 11:15). La invitación de la Sabiduría, como la de Yavé (Isa 25:6; 55:1; Sal 23:5), se explica en términos de comer su pan y de beber su vino (Prov 9:5). De la misma manera, comer con Jesús se asocia con la respuesta a su invitación al discipulado.[8]

Pero así como las personas tontas rechazan la oferta de Sabiduría (Sir 15:7-8) de igual modo ignoran a Juan diciendo que tiene un demonio (como Jesús en Mt 12:24) y a Jesús lo acusan de ser un glotón y un borracho. Esta acusación alude a Deuteronomio 21:20, donde la frase se refiere a un hijo rebelde. El versículo final demuestra que esta idea es falsa: Jesús es la

[6] Para ver más ejemplos ver BDAG, s.v.,. κάθημαι y Cotter, "Children," 299–301.

[7] Ver Lucas 23:20; Hechos 21:40; 22:2.

[8] Mt 8:11; 9:11; 14:13-21; 15:27, 32-39; 22:1-14; 25:10; 26:17-29.

Sabiduría encarnada, quien es justificada por sus obras. La otra acusación de que es amigo de los cobradores de impuestos y pecadores es una que ya los fariseos habían hecho anteriormente cuando Jesús cenó en casa de Mateo (9:11-13). Mateo presenta a los compañeros de mesa de Jesús, los cobradores de impuestos y pecadores, como parte de su estrategia misionera para que todos estén bien y de buenas con Dios.[9]

LA SABIDURÍA JUSTIFICADA (V. 19)

En el versículo final de la parábola vemos la diferencia más significativa entre Mateo y Lucas. La mayoría de exegetas piensan que Lucas usa las palabras más originales: "Pero la Sabiduría es justificada por todos sus hijos"* (7:35). En Lucas lo divino se presenta como la Sabiduría, cuya justificación se demuestra por sus hijos, mayormente Juan y Jesús. Sin embargo, Mateo hace a Jesús la Sabiduría misma, no simplemente un hijo de la Sabiduría.[10] Así como la Sabiduría habló en las calles y en

[9] Ver también Mt 21:31-32, donde Jesús afirma que los cobradores de impuestos y las prostitutas están entrando en el Reino de Dios antes que los sumos sacerdotes y los ancianos del consejo que se oponen a Jesús.

[10] En varios otros lugares Mateo también presenta a Jesús como la Sabiduría encarnada. Es un tema que aparece por primera vez en Mt 8:18-22 donde el Hijo de la Humanidad no tiene casa y recuerda el rechazo de la Sabiduría y el hecho que tampoco tenía casa aquí en el mundo (Prov 1:20; Sir 24:7). Todo en Mateo 11 demuestra que las obras de Cristo (11:2) se identifican con las obras de la Sabiduría (11:19). La última sección del capítulo 11 (vv. 25-30) completa la identificación de Jesús con la Sabiduría. En una oración de dar gracias de Q y la invitación única de Mateo a descansar (vv. 28-30), Jesús, como la Sabiduría, se presenta como el maestro sabio que enseña los misterios apocalípticos, que interpreta la Torá y que llama a los discípulos. La invitación para recibir instrucción y someterse al yugo de la Sabiduría hace resonar a Sir 51:13-20. La relación entre el yugo de la Sabiduría y la promesa de descanso también se encuentra en Sir 6:18-37. En otros capítulos posteriores Jesús no sólo es la Sabiduría, sino que también enseña Sabiduría (12:1-8, 9-14; 13:1-53), interpreta la Torá, revela misterios escatológicos y tiene Sabiduría. El tema se completa en Mt 13:54-58, donde la Sabiduría y las grandes obras van mano a mano con una pregunta más sobre la identidad de Jesús (13:54). La última vez que Mateo presenta a Jesús como la Sabiduría ocurre en 23:34-36, 37-39, donde Mateo pone las palabras de la Sabiduría en labios de Jesús y demuestra cómo son actualizadas en Jesús. Ver Jack M. Suggs, *Wisdom, Christology and Law*

* traduccion *Reina-Valera Actualizada*.

los mercados (Prov 1:20-21) y se encontró rechazada (Sir 15:7-8; Sab 10:3; Bar 3:12), ahora Jesús también se encuentra en la misma situación porque la personifica. La imagen de Jesús tocando una canción con una flauta nos recuerda a la Sabiduría que canta himnos (1QPsa 18:12). El rechazo de Jesús como profeta es similar a lo que le pasó a la Sabiduría, un profeta cuyas palabras de regaño fueron ignoradas (Prov 1:23-25). Jesús comiendo y bebiendo nos recuerda a la Sabiduría quien prepara el banquete e invita, "Vengan, coman de mi pan y beban del vino que he preparado" (Prov 9:5). La identificación de la relación de Jesús con Dios por sus obras, *erga* (11:2-19), es similar a la participación de la Sabiduría en las obras de Dios, *erga* en la creación (Prov 8:22-31). El lenguaje de justicia (*edikaiōthē*, "vindicada, justificada") que Mateo 11:19 usa para referirse a Jesús nos recuerda a la Sabiduría, que camina por el camino de la justicia, *dikaiosynē* (Prov 8:20) y que habla con toda justicia (*dikaiosynē*, Prov 8:8).[11]

La parábola ayuda a reflexionar acerca de las diferentes reacciones que Jesús y su precursor, Juan, experimentaron y por las personas que los siguen que tienen la misma experiencia. Uno de los propósitos de la parábola es cristológico. Confirma que Jesús es el que está supuesto a venir para comenzar la era mesiánica. La cantidad de episodios a la que la parábola pertenece crea ciertas preguntas como: ¿Qué has visto? ¿Qué estás buscando? ¿Dónde estás buscando? ¿Cómo responderás? Estas preguntas desafían actitudes y expectativas predeterminadas que no les

---

in Matthew's Gospel (Cambridge, Mass.: Harvard University Press, 1970); Fred W. Burnett, *The Testament of Jesus-Sophia: A Redaction-Critical Study of the Eschatological Discourse in Matthew* (Lanham, Md.: University Press of America, 1981); Celia Deutsch, *Hidden Wisdom and the Easy Yoke: Wisdom, Torah and Discipleship in Matthew 11.25-30* (JSOTSup 18; Sheffield, JSOT Press, 1987); *Lady Wisdom, Jesus, and the Sages* (Valley Forge, Penn.: Trinity Press International, 1996). Marshall Johnson, "Reflections on a Wisdom Approach to Matthew's Christology," *CBQ* 36 (1974) 44–64; Frances Taylor Gench, *Wisdom in the Christology of Matthew* (Lanham, Md.: University Press of America, 1977); John S. Kloppenberg, "Wisdom Christology in Q," *LavalThéolPhil* 34 (1978) 129–47; R. S. Sugirtharajah, "Wisdom, Q, and a Proposal for a Christology," *ExpTim* 102 (1990) 42–46; R. A. Piper, *Wisdom in the Q-tradition* (SNTMS 61; Cambridge: Cambridge University Press, 1989); Elaine M. Wainwright, *Shall We Look For Another? A Feminist Rereading of the Matthean Jesus* (The Bible & Liberation Series; Maryknoll: Orbis, 1998) 67–83.

[11] Ver arriba, p. 234 sobre el tema de la justicia en Mateo.

permiten a algunas personas entender correctamente al que es la Sabiduría encarnada. En los versículos que le siguen (11:20-24) Mateo trata de enseñar que las consecuencias de la ceguera o del mal humor no son neutrales: el juicio vendrá (v. 24) y se espera que todas las personas que han visto las grandes obras de Jesús se arrepientan.

LAS POSIBILIDADES PARA LA PREDICACIÓN

La representación de Jesús como otro más en la lista larga de profetas de Sofía que proclaman la justicia, el orden correcto, el bienestar que todas las criaturas de Dios se merecen, especialmente las menospreciadas, puede darle esperanza a todas las que trabajan en pro de la justicia. La persona que predica puede resaltar cómo la presencia divina y el poder liberador se experimentan en medio de la lucha contra la opresión como Jesús, la Sabiduría encarnada, acompaña a los discípulos y las discípulas y los lleva del sufrimiento hacia la victoria. Cuando quienes predican, enseñan y evangelizan experimentan la oposición y el rechazo, la parábola les puede dar ánimo y esperanza, reconociendo que todos los profetas de Dios siempre han pasado por lo mismo, pero Jesús ya ha conquistado a la muerte misma.

La parábola tiene tanto un elemento de tristeza como de triunfo. Mientras que parece que hay poca esperanza de que "esta gente" va a responder positivamente a la invitación ofrecida por los profetas de Dios, Juan y Jesús, la invitación se sigue ofreciendo. Quien predica puede ser quien continúa ofreciendo la invitación, personificada por la Sabiduría y quien al final será vindicada, a estar de buenas con Dios. Él o ella también puede invitar a las personas que forman parte de la congregación a que examinen sus falsas expectativas y percepciones que necesitan abandonar para responder al llamado de Jesús, y participar del banquete con él. La persona que predica también puede invitar a que los discípulos y las discípulas formen parte del grupo que les pregona a los nuevos "niños en la plaza" la Buena Nueva a través de los ministerios de la evangelización.

Para "esta generación" de hoy, la parábola puede ofrecer nuevas posibilidades de aceptar a Jesús, no sólo como el profeta de la Sabiduría, sino como la Sofía Divina encarnada, que nos invita a ver a todos los niños, hembras y varones, creados en su imagen, redimidos por ella y que continúan su misión. En la iglesia de hoy las hijas de la Sabiduría siguen experimentando la frustración de haber aprendido su Palabra y su camino, y sin embargo, encuentran la inigualdad y el rechazo. Con la cristología de la Sabiduría de esta parábola, quien predica puede articular cómo Cristo une el aspecto femenino en su divinidad con el aspecto masculino en su humanidad, así superando el dualismo entre los géneros. Tal reflexión puede servir para eliminar el sexismo y para permitir la formación de comunidades con discípulos y dscípulas que se consideran como iguales, y así crear una nueva realidad por la cual la Sabiduría se puede justificar.

CAPÍTULO DIECIOCHO

Guías ciegos

(Mateo 15:1-2, 10-14)

Martes de la Décimo Octava semana del tiempo ordinario (segunda opción)

En aquel tiempo,
se acercaron a Jesús unos escribas
y unos fariseos venidos de Jerusalén
y le preguntaron:
"¿Por qué tus discípulos quebrantan
la tradición de nuestros mayores
y no se lavan las manos antes de comer?"
Jesús llamó entonces a la gente y le dijo:
"Escuchen y traten de comprender.
No es lo que entra por la boca lo que mancha al hombre;
*lo que sale de la boca, eso es lo que mancha al hombre."**
Se le acercaron entonces los discípulos y le dijeron:
"¿Sabes que los fariseos se han escandalizado de tus palabras?"
Jesús les respondió:
"Las plantas que no haya plantado mi Padre celestial,
serán arrancadas de raíz.
Déjenlos; son ciegos que guían a otros ciegos.
Y si un ciego guía a otro ciego, los dos caerán en un hoyo."

EL CONTEXTO LITERARIO

Estos dichos de las parábolas son parte de la tercera sección narrativa del evangelio (11:2–16:20), la cual se concentra en la identidad de Jesús como el agente autoritativo de Dios.[1] Hay

[1] Warren Carter, *Jesus and the Margins* (Maryknoll: Orbis, 2000) 314.

* La palabra griega *anthrōpos* se debe traducir de manera que incluya ambos sexos, "una persona."

cuatro secciones en el capítulo 15. La primera (vv. 1-20) describe la confrontación entre Jesús y los líderes religiosos. A esto le sigue el encuentro de Jesús con la mujer cananea (15:21-28), una frase que resume las curaciones de Jesús (15:29-31) y la alimentación de las cuatro mil personas (15:31-39).

El Leccionario da una parte de la discusión entre Jesús y los líderes religiosos. Mateo ha tomado la mayor parte de su relato del Evangelio de Marcos y sigue la estructura básica de Marcos (7:1-23), pero también hace cambios considerables. Mientras que Marcos le presta atención al asunto del rito de limpieza, Mateo se concentra en las tradiciones de los mayores. Mateo cambia el orden de los versículos de Marcos para que lo relacionado con *korban* (versículos que no se incluyen en el Leccionario) ocurra antes del lavado de las manos. Mateo elimina el comentario de Marcos que Jesús declaró "puros todos los alimentos" (7:19) y suaviza la crítica de Marcos de las prácticas judías (7:13). Comparada con la comunidad no judía de Marcos, en la comunidad de Mateo probablemente predominaban las personas judías cristianas que todavía observaban muchas de las prácticas judías y que no consideraban que estaban en contra de las enseñanzas de Jesús. Pero Mateo aumenta la censura de los fariseos cuando añade con los versículos 12-15.[2]

Hay una sucesión de oyentes en Mateo 15. Primero se ve la confrontación directa entre Jesús y los fariseos y los escribas (vv. 1-9), seguida por lo que Jesús le dice a la multitud (vv. 10-11), y concluye con una discusión entre Jesús y sus discípulos (vv. 12-20). Vemos una parte de cada una de estas secciones en la lectura del Leccionario. Lo que no es evidente de inmediato es que Mateo considera que esto es una parábola. En el versículo 15 Pedro le pide a Jesús, "explícanos esta comparación (*tēn parabolēn*)." De la explicación que sigue, "la comparación" se refiere al dicho enigmático del v. 11 acerca de lo que mancha. Como en 13:13-15, las parábolas no son fáciles de entender y necesitan una explicación. Los discípulos, aunque entienden un poco, todavía necesitan que se les explique más.

[2] Donald Senior, *Matthew* (ANTC; Nashville: Abingdon, 1998) 175–76; Daniel J. Harrington, *Matthew* (SacPag 1; Collegeville: The Liturgical Press, 1991) 231–34.

LA TRADICIÓN DE LOS MAYORES (VV. 1-2)

El capítulo comienza con una confrontación entre Jesús y las autoridades religiosas de los judíos. Los fariseos[3] y escribas[4] son los personajes que Mateo usa durante todo el evangelio para representar a las personas que oponían a Jesús.[5] El punto principal de la discusión es la tradición oral y la interpretación autoritativa. La "tradición de los antiguos" se refiere a las costumbres y las reglas que se desarrollaron de la interpretación de la Ley para aplicarlas a la vida diaria. Josephus dice que esto consistía de "ciertas reglas comunicadas de palabra generación en generación y que no se encuentran en la Ley de Moisés" (*Ant.* 13.297). En la época de Jesús estas tradiciones se comunicaban de palabra. Desde el año 200 d.C. se reunieron en colecciones escritas comenzando con el Mishná. Los fariseos de la época de Jesús consideraban que las tradiciones orales eran autoritativas, mientras que los saduceos y la comunidad de Qumrán no las consideraban así.[6] El debate que el evangelio presenta es un conflicto entre personas judías que probablemente existió en la época de Jesús al igual que en la de Mateo.

[3] Es curioso que el Leccionario no menciona a los fariseos en el v. 1, pero como se mencionan en el v. 12, es importante observar que ellos están presentes desde el principio.

[4] Los dos aparecen juntos en 5:20; 12:38; 16:21 y 7 veces en el capítulo 23, donde se les critica por ser hipócritas. En el Evangelio de Mateo se les presenta de una manera negativa: 3:7; 5:20; 9:11, 14, 34; 12:2, 14, 24, 38; 19:3; 22:15, 34, 41, con los saduceos en 16:1, 6, 11, 12; y con los sumos sacerdotes en 21:45; 27:62. Los escribas también se oponen a Jesús aparecen en 2:4; 5:20; 7:29; 8:19; 9:3; 12:38; 17:10. Se les asocia con los sumos sacerdotes en 16:21; 20:18; 21:15 y con los ancianos del consejo en 26:57; 27:41. En 13:52 se ve un comentario positivo sobre los escribas.

[5] Si había fariseos en Galilea en la época de Jesús es algo que se discute. Seán Freyne (*Galilee from Alexander the Great to Hadrian 323 B.C.E. to 135 C.E.* [University of Notre Dame Center for the Study of Judaism and Christianity in Antiquity 5; Wilmington, Del., and Notre Dame, Ind.: Glazier and University of Notre Dame Press, 1980] 305–43) dice que había algunos fariseos en Galilea. Otros expertos, como Jacob Neusner (*From Politics to Piety. The Emergence of Pharisaic Judaism* [Englewood Cliffs: Prentice Hall, 1973] 72) interpreta esas referencias a los fariseos y a los escribas en los evangelios como una técnica literaria para representar la oposición de Jesús.

[6] Josephus, *Ant.* 13.297-98; 1QH 4:14-15.

El ejemplo específico que se cita en el v. 2 es la tradición del rito de lavado de las manos. La costumbre no era cuestión de higiene, sino de sistemas sociales que identificaban a quienes pertenecen a qué clase social. Lo puro y lo limpio se relaciona con que todo esté en su sitio designado. Lo impuro y lo que no está limpio trata de lo que está fuera de su sitio. Las categorías donde se distingue lo puro de lo impuro tienen que ver con el tiempo, los lugares, las personas, las cosas, las comidas y "otras cosas" (que pueden manchar por el contacto).[7]

La costumbre del rito de lavarse las manos tiene sus comienzos en el mandato en Éxodo 30:19; 40:12 que los sacerdotes se laven las manos y los pies antes de entrar al lugar de la reunión. Ya para el siglo II a.C. muchas personas judías habían adoptado voluntariamente la práctica de los sacerdotes de lavarse las manos por la mañana antes de rezar y antes de comer. Algunas pesonas querían que esta práctica fuera obligatoria para todas las personas judías. Para los fariseos, esta interpretación oral tenía la misma autoridad que la Ley escrita. Sin embargo, las personas judías no observaban la práctica de lavarse las manos (a pesar de Marcos 7:3), sino que se consideraba como una práctica que "iba más allá del deber."[8] La gente de la clase alta era quien definió, mantuvo y observó esta tradición. La observación total era casi imposible para los campesinos granjeros, los pescadores y la gente que, igual que Jesús, iba de lugar a lugar, debido a la escasez del agua para el rito y del contacto con pescados muertos y otras cosas que se consideraban impuras.[9]

LO QUE SALE (VV. 10-11)

En los versículos que se omiten en el Leccionario (vv. 3-9) Jesús comenta sobre otro tema controvertido, *korban*, que trata de la práctica de declarar que se le dedica algo a Dios. Él lo usa

[7] Bruce J. Malina y Richard L. Rohrbaugh, *Social Science Commentary on the Synoptic Gospels* (Minneapolis: Fortress, 1992) 222–24; Jerome H. Neyrey, "The Idea of Purity in Mark's Gospel," *Semeia* 35 (1986) 91–128.

[8] Harrington, *Matthew*, 232.

[9] Malina y Rohrbaugh, *Social Science Commentary*, 221; John J. Pilch, *The Cultural World of Jesus. Sunday by Sunday, Cycle B* (Collegeville: The Liturgical Press, 1996) 130.

como un ejemplo de cómo un cumplimiento compulsivo de la tradición de los mayores puede causar que una persona ignore los mandamientos de la Torá.[10] Entonces él vuelve a comentar acerca del rito de purificación en los versículos 10-11, pero el enfoque cambia de la manera cómo se come, que puede o no ser pura, al asunto de qué comidas son impuras. También hay un cambio de audiencia ya que Jesús ahora se dirige a la multitud. En Mateo, la gran mayoría de la multitud reacciona positivamente a Jesús, aunque las personas no tienen ni la fe ni el entendimiento de los discípulos.[11]

El dicho en el v. 11 favorece la purificación moral sobre la purificación ritual. El significado se explica más en los versículos 17-20 (que se omiten en la lectura del Leccionario): la purificación del corazón es fundamental; de aquí surge la práctica ritual auténtica. El tema de lo que hay en el corazón se introduce en los vv. 7-9, donde Jesús les cita a Is 29:13 a los fariseos: "El Señor ha dicho: 'Este se acerca a mí tan sólo con palabras, y me honra sólo con los labios, pero su corazón sigue lejos de mí. Su religión no es más que de costumbres humanas y lección aprendida.'"

Se repite en los versículos 17-20, donde Jesús afirma que lo que mancha no es lo que entra al estómago, sino lo que sale del corazón. El "corazón" se usa mucho en ambos Testamentos en un sentido figurado como la fuente de todas las emociones, las pasiones y la vida intelectual. Es donde se encuentra la voluntad y el centro de la relación personal con Dios. El corazón es lo que le habla a Dios (Sal 27:8) y recibe la palabra de Dios (Dt 30:14). Dios le da entendimiento al corazón (1 Reyes 3:9) e inspira el corazón a la acción (Neh 2:12).[12] Por lo tanto, lo que sale del corazón es lo que revela la relación que una persona tiene con Dios.[13]

[10] Harrington, *Matthew*, 232.

[11] Warren Carter, "The Crowds in Matthew's Gospel," *CBQ* 55 (1993) 54–67.

[12] Ver Thomas P. McCreesh, "Heart," *Collegeville Pastoral Dictionary of Biblical Theology* (ed. Carroll Stuhlmueller; Collegeville: The Liturgical Press, 1996) 422–24.

[13] Ver Mt 5:8, 28; 6:21; 9:4; 11:29; 12:34; 13:15, 19; 15:8, 19; 18:35; 22:37.

GUÍAS CIEGOS (VV. 12-14)

La tercera y última parte de esta sección es una conversación entre Jesús y sus discípulos. Los discípulos le cuentan a Jesús lo que los fariseos critican de las palabras de Jesús, lo cual da la oportunidad para que él les enseñe todavía más. Usando primero la metáfora que se encuentra en Isa 60:21,[14] donde se reconoce a Israel como "el brote nuevo que Yavé hizo crecer," Jesús les responde que los fariseos no son los que el Padre celestial sembró.[15] Lo que se insinúa es que Jesús sí lo es. Como la mala hierba entre el trigo (13:24-30, 36-43) y la red que atrapa todo tipo de pez (13:47-50), hay que dejar a los fariseos quietos hasta que más tarde llegue el momento de "arrancarlos." El verbo *ekrizōthēsetai*, "serán arrancados" (v. 13),[16] probablemente es una forma pasiva, indicando que la acción será hecha por Dios.

La imagen final (v. 14) indica que las personas que se oponen a Jesús son guías ciegos que guían a quienes no comprenden hacia su perdición. Este dicho de Q también aparece en el Evangelio de Lucas (6:39), donde se clasifica como una parábola. Lucas lo incluye en el discurso en el monte, junto con otros dichos que les dirigió a sus discípulos y discípulas acerca de la manera correcta de guiar, corregir y enseñarse entre sí. El dicho tiene varias versiones conocidas en la literatura de la antigüedad. Sextus Empiricus, un escéptico del siglo II d.C., dice que una persona novata no puede enseñarle a otra novata, igual que una persona ciega no puede guiar a otra ciega (Against the Professors 1.31).[17] Horacio, el poeta y escritor de sátiras del siglo I a.C., le escribe a Scaeva, un patrono: "Todavía tengo mucho que aprender, pero escúchame de todos modos, aunque parezca que soy un ciego dando instrucciones" (Epistles 1.17.4). En el

[14] Como dice Carter (*Matthew and the Margins*, 593 n. 9) la imagen de Israel sembrado por Dios ocurre frecuentemente en el AT: Sal 1:3; 80:15; 92:13; 2 Sm 7:10; Isa 5:1-10; 60:21; Jr 32:41; Ez 17:22-24; 19:10, 13.

[15] Harrington (*Matthew*, 230) comenta que la comunidad de Qumran también usaba esta imagen para referirse a sí mismos (1QS 8:5; 11:18; CD :7). Ver también *Júb* 1:16; 7:34; 21:24; *1 Enoch* 10:16; 84:6; 93:2; Salmos de Salomón 14:3.

[16] Ver Jr 1:10; 12:17; 18:7.

[17] Este y los próximos ejemplos son de Frederick W. Danker, *Jesus and the New Age. A Commentary on St. Luke's Gospel* (rev. ed.; Philadelphia: Fortress, 1988) 153–55.

Evangelio de Mateo dos relatos de la curación de dos ciegos enmarcan los discursos acerca del discipulado (9:27-31; 20:30-34). Ir de la ceguera a la vista sirve como una metáfora para alcanzar la fe en Jesús y es una señal del comienzo del Reino de Dios en la tierra (11:5; 12:22; 15:30, 31; 21:14). En contraste con Jesús, quien les da la vista a los ciegos, se critica a los fariseos no sólo en 15:14, sino cinco veces en el capítulo 23 por ser guías ciegos y tontos ciegos. El resultado final es que tanto ellos como sus seguidores se "caen en un hoyo," una metáfora clásica que representa el desastre y el juicio final.[18]

LAS POSIBILIDADES PARA LA PREDICACIÓN

La persona que predica debería estar consciente de las diferencias que hay entre las versiones de la parábola de Mateo y la de Marcos. Mientras que Marcos elimina completamente las leyes judías de la comida (Marcos 7:15), Mateo no lo hace. Su comunidad se mantiene fiel a su tradición judía, pero considera que Jesús es el intérprete autoritativo de la Ley. Mateo no está echando a un lado las prácticas de los ritos de purificación, sino que considera que el asunto básico es la pureza moral. La pureza del corazón tiene que ser la base de toda práctica religiosa.[19]

Es importante que quien predica entienda el conflicto que se presenta en el evangelio en su contexto histórico: la lucha de la comunidad de Mateo, compuesta mayormente por personas judías cristianas, que están tratando de definirse en relación con las personas judías que no son cristianas. Mateo nos da un vistazo de un conflicto de una familia judía, en la que él usa a fariseos y a escribas como caricaturas de quienes se oponían a como Jesús observaba la Torá. Una persona que predica tiene que estar consciente de la posibilidad de fomentar el antisemitismo si el texto se lee incorrectamente como una batalla entre el judaísmo y el cristianismo.

Para las personas cristianas de hoy, esta parábola también nos puede advertir que no sigamos una tradición simple-

[18] Carter, *Matthew and the Margins*, 319. Ver Sal 7:15; Prov 26:27; Isa 24:18; Jr 48:44; *T. Reu.* 2:9.

[19] Senior, *Matthew*, 179; Harrington, *Matthew*, 233–34.

mente por seguirla o que participemos en ritos sin hacerlo de corazón. Una costumbre religiosa que comenzó bien pero que con el tiempo ha perdido su significado, tiene que darle paso a aquello que permita el encuentro con Dios que conmueve el corazón. La persona que predica, igual que Jesús y que los otros profetas anteriores a él (ej., Is 1:11-17; Jr 7:21-26; Amos 5:21-27), puede que tenga que pedirle a la comunidad que examine las prácticas que simplemente son externas o ceremoniales. La vida interior con Dios y su manifestación externa tienen que estar en armonía. La parábola también puede ser una exhortación a las personas que son líderes para que den los pasos necesarios para tener una visión clara. Las personas cristianas que enseñan y que ocupan posiciones de liderazgo rezan y estudian continuamente para poder tener una visión muy clara y así guiar a quienes les siguen. Al mismo tiempo la imagen que presenta a Dios como el que siembra y arranca (v. 13) les ayuda a no caer en el hoyo de confiarse demasiado de sus propias habilidades. Los ojos del discípulo y de la discípula siempre están fijos en Jesús y en su palabra autoritativa que guía a los discípulos y las discípulas por el camino.

CAPÍTULO DIECINUEVE

Las ovejas extraviadas

(Mateo 18:1-5, 10, 12-14)

Martes de la Décimo Novena Semana del Tiempo Ordinario (18:12-14)

Martes de la segunda semana de Adviento

En cierta ocasión,
los discípulos se acercaron a Jesús y le preguntaron:
"¿Quién es el más grande en el Reino de los cielos?"
Jesús llamó a un niño,
lo puso en medio de ellos y les dijo:
"Yo les aseguro a ustedes que si no cambian
y no se hacen como los niños, no entrarán al Reino de los cielos.
Así pues, quien se haga pequeño como este niño,
ése es el más grande en el Reino de los cielos.
Y el que reciba a un niño como éste en mi nombre, me recibe a mí.*
Cuidado con despreciar a uno de estos pequeños
pues yo les digo que sus ángeles, en el cielo,
ven continuamente el rostro de mi Padre que está en el cielo.
¿Qué les parece?
Si un hombre tiene cien ovejas y se le pierde una,
¿acaso no deja las noventa y nueve en los montes,
y se va a buscar a la que se le perdió?
Y si llega a encontrarla, les aseguro que se alegrará más por ella,
que por las noventa y nueve que no se le perdieron.
De igual modo, el Padre celestial no quiere que se pierda ni uno solo de estos pequeños."

EL CONTEXTO LITERARIO

Esta parábola de la oveja extraviada (vv. 12-14) se encuentra en el cuarto de los discursos importantes de Mateo, y trata de

* El contexto indica que Jesús se dirige a sus discípulos y a sus discípulas, un grupo que incluye hembras y varones. Los versículos 4 y 5 se debe traducir, "cualquiera" en vez de "el que."

la vida en la comunidad cristiana. La primera sección (18:1-14), de la que la parábola forma parte, trata de la necesidad de ser humilde y del cuidado pastoral, en particular hacia las personas más vulnerables de la comunidad. La segunda (18:15-20) da un proceso para reconciliar ofensas cuando las personas que forman parte de la comunidad pecan contra otras personas en la comunidad cristiana. La tercera parte (18:21-35), que se concretiza en la parábola del sirviente que no perdonó,[1] comunica la enseñanza de Jesús del perdón incondicional que se da de corazón.

Hay tres versiones de la parábola de la oveja extraviada. La versión apócrifa en el *Evangelio de Tomás* §107 dice, "Jesús dijo: 'El reino es como un pastor que tenía cien ovejas. Una de ellas, la más grande, se extravió. Él abandonó las noventa y nueve y la buscó hasta que la encontró. Después de haber pasado tanto trabajo le dijo a la oveja, 'Te amo más que a las otras noventa y nueve.'"[2] La mayoría de las personas expertas en estas cuestiones considera que es una versión posterior a la de Q que Mateo y Lucas[3] redactaron. La parábola en el *Evangelio de Tomás* añade dos detalles que tratan del gran valor de la oveja: el tamaño de la oveja extraviada y el amor que el pastor tiene por ella, que es mayor que el que les tiene a las otras. En las versiones sinópticas, se le da más énfasis al esfuerzo de la búsqueda y al gozo que resulta al encontrarla.

La versión de Lucas (15:4-7) probablemente es la más conocida, ya que se encuentra al principio de las tres parábolas que tratan de lo que se ha perdido y luego se encuentra en Lucas 15.

[1] Ver arriba, capítulo 9. Los expertos proponen diferentes divisiones. William G. Thompson (*Matthew's Advice to a Divided Community: Mt. 17,22–18,35* [AnBib 44; Rome: Biblical Institute 1970]), seguido por Warren Carter y John Paul Heil (*Matthew's Parables* [CBQMS 30; Washington, D.C.: Catholic Biblical Association, 1998] 96), explican siete unidades desde 17:22–18:35. Otros comienzan con 18:1 y dividen el capítulo en dos, tres, cuatro o seis partes (ver Thompson, *Advice*, 2–4 para obtener un resumen de varios esquemas). Donald Senior (*Matthew* [ANTC; Nashville: Abingdon, 1998] 204–5) propone tres divisiones.

[2] Marvin Meyer, *The Gospel of Thomas* (HarperSanFrancisco, 1992) 63.

[3] Basándose en las diferencias en el estilo, Thompson (*Advice*, 168–74) concluye que la versión de Mateo es más primitiva que la de Lucas. Ver Jan Lambrecht, *Out of the Treasure* (Louvain Theological and Pastoral Monographs 10; Louvain: Peeters, 1992) 37–52, para ver un análisis de la historia de la tradición de la parábola.

Se relaciona a otras dos parábolas, la moneda perdida (15:8-10) y los hijos perdidos (15:11-32), que sólo ocurren en Lucas. Cambiando la imagen de pastor, a mujer, a padre, las tres presentan el amor costoso de Dios, que está dispuesto a hacer cualquier cosa por encontrar lo perdido y acercarlo de nuevo al abrazo divino. En la narración del Evangelio de Lucas estas parábolas se les dirigen a los fariseos y a los escribas que se quejan de que Jesús les da la bienvenida a los cobradores de impuestos y a los pecadores y come con ellos.[4] Aunque las personas cristianas escuchan estas parábolas desde el punto de vista del perdido que regresa a Dios, el evangelio se las dirige a los líderes religiosos que critican a Jesús por compartir con todos en la mesa. Las parábolas tratan de justificar la práctica de Jesús y de ofrecer otra invitación a los líderes religiosos judíos. Cuando las personas cristianas en posiciones de liderazgo toman estas parábolas a pecho, las mismas les advierten que no deben imitar a los fariseos y a los escribas, sino que deben imitar la práctica de Jesús de buscar lo perdido.

En el Evangelio de Mateo la parábola es para los discípulos y las discípulas (v. 1), no para los líderes religiosos judíos. No se les dirige a las personas vulnerables ni a las perdidas, sino a las personas cristianas que ocupan posiciones de liderazgo. Los primeros versículos en el capítulo 18 son para quienes se encuentran en cierta posición de poder, privilegio, prestigio y estatus, mientras se les pide que se hagan humildes y les den la bienvenida a las personas más vulnerables (vv. 1-5). Seguido vienen las advertencias a que no hagan caer a uno de estos "pequeños," *mikrōn* (vv. 6-9 que no se incluyen en la lectura del Leccionario). Inmediatamente antes de la parábola también se les advierte que no desprecien a estos "pequeños" (v. 10).[5] La parábola concluye diciendo que la voluntad del Padre celestial es que ninguno de estos "pequeños" se pierda (v. 14). La preocupación por los

[4] Ver Barbara E. Reid, *Parables for Preachers. Year C* (Collegeville: The Liturgical Press, 2000) 177–91.

[5] Algunos manuscritos añaden al versículo 11, "Porque el Hijo del Hombre ha venido a salvar lo que estaba perdido," lo cual repite a Mt 9:13 y Lucas 19:10, y probablemente se añadió más tarde.

"pequeños" marca el principio y el final de la parábola y le da el enfoque principal al cuidado pastoral de tales personas.[6]

ALEGRÍA AL ENCONTRAR

Además de los contextos literarios diferentes, hay otras diferencias entre las versiones de la parábola de Mateo y Lucas. Ambas comienzan con una pregunta, cuyo propósito es captar la atención de quien escucha. En Lucas, Jesús claramente desea que la gente se identifique con el pastor cuando pregunta, "Si uno de ustedes pierde una oveja de las cien que tiene, ¿no deja las otras noventa y nueve en el campo para ir en busca de la que se perdió, hasta encontrarla?" (Lucas 15:4). En el primer versículo de Mateo, Jesús también les hace una pregunta a quienes lo escuchan, sus discípulos y discípulas, pero la hace más como para comenzar un cuento del cual tienen que formar una opinión.[7]

Se hacen dos preguntas en el v. 12. La segunda se presenta de tal modo que se espera recibir una respuesta afirmativa. Si una oveja se pierde (*planēthē*),[8] un pastor sí iría a buscarla. Las ovejas eran muy valiosas. Sin importar la cantidad de ovejas en el rebaño, no se puede perder ninguna. El propósito de la parábola no es abandonar o poner en peligro a las otras noventa y nueve. Un rebaño de cien ovejas casi siempre tenía a más de un pastor para cuidarlo.[9] Las personas que escucharon en ese

[6] Quiénes exactamente son los "pequeños" no se explica claramente. Pueden ser los recién convertidos o los que todavía no tienen una fe bien establecida. En varias escenas el Jesús de Mateo se dirige a los discípulos como gente "de poca fe," *oligopistoi* (6:30; 8:26; 14:31; 16:8; 17:20). En la otra única ocasión que *mikrōn* ocurre en Mt 10:42, se usa en referencia a los misioneros cristianos. En la escena del juicio final el castigo o la recompensa se da de acuerdo a cómo trataron a "los más pequeños," *elachistōn* (25:40, 45). Ver arriba, cap. 16.

[7] La misma frase comienza la parábola de los dos hijos en 21:28. Esto es parecido a la técnica que el profeta Natán usó con el rey David (2 Sam 12:1-5), y Jesús con Simón (Lucas 7:40-44).

[8] Mateo usa este verbo en el discurso escatológico para advertirles a los discípulos que no se dejen "engañar" o llevar a la perdición por los profetas y los mesías falsos (24:4, 5, 11, 24). Este verbo se usa para describir un desliz moral en Sant 5:19-20. En la versión de Lucas el pastor pierde (*apolesas*) la oveja.

[9] Kenneth E. Bailey, *Poet and Peasant: A Literary-Cultural Approach to the Parables in Luke* (Grand Rapids: Eerdmans, 1976) 149.

entonces hubiesen entendido que todavía se cuidaban a las otras. Lo que el cuento da por sentado es que una oveja es tan valiosa que sería impensable que alguien dejara a una oveja extraviarse sin tratar de recuperarla.

La metáfora del "pastor" es una muy conocida que se usa para referirse a Dios (Sal 23; 100; Is 40:11) y a las personas que ocupan posiciones de liderazgo en el campo de la religión. Es posible que la parábola que Jesús contó nos recuerda a Ezequiel 34. Allí los líderes religiosos, los "pastores de Israel," reciben un regaño porque se preocupan más por sus propios intereses que por los de las "ovejas." Ellos no han cuidado a las ovejas pero se aprovechan de su leche, se visten con su lana y sacrifican a las más gordas (v. 3). Y lo que es peor todavía, ellos no han fortalecido a las débiles ni han ayudado a las enfermas o las heridas. Además de no haber buscado a las extraviadas, las tratan mal y las aterrorizan (v. 4). Así que Dios promete ser el pastor que busca y recupera a las personas que se han extraviado, rescatándolas de todo peligro (Ez 34:8-12). Usando la misma metáfora, Jesús habló de su compasión por "las ovejas sin pastor" cuando le dio de comer panes y pescados a la multitud (Mt 9:36). Cuando envía a sus discípulos a cumplir su misión, los instruye a que busquen a las "ovejas perdidas del pueblo de Israel" (10:6). Él usa la misma frase para describir su misión cuando le respondió a la mujer cananea que le pidió que curara a su hija (15:24). Usando esta metáfora conocida Jesús instruye a sus discípulos que si alguna persona que forma parte de la comunidad cristiana se extravía, ellos tienen que hacer todo lo posible para recuperarla. Nadie vale menos que nadie; todas las personas son muy valiosas para el pastor. Recordando la escena cuando Jesús le curó la mano paralizada al hombre, la persona que escucha sabe que "vale mucho más un hombre* que una oveja" (12:12).[10]

En la versión de Mateo, no se asegura el resultado positivo de la búsqueda. *Si* el pastor encuentra la oveja entonces se

[10] En ese episodio se hace hincapié en el día. Jesús les recuerda a sus oponentes que ellos sacarían a una oveja que ha caído en un hoyo el día del sábado. Razonando de lo menor a lo mayor, él justifica su curación de la mano del hombre.

* En el griego la palabra es *anthrōpos*, que será mejor traducida "un ser humano."

alegra mucho (v. 13). En contraste, en Lucas el punto no es si el pastor encuentra la oveja o no. Más bien, *cuando* el pastor la encuentre, se la echa a los hombros con mucha alegría y llama a sus amigos y vecinos para compartir su gozo (Lucas 15:5-6). Mateo no se concentra mucho por el esfuerzo que el pastor hizo. El pastor en Lucas no descansa hasta que encuentra la oveja, y no le importa cuánto terreno pedregoso o seco,[11] ni cuántos rincones o lugares ha investigado, él se regocija con la esperanza de cargar una bestia de sesenta o setenta libras en sus hombros. La parábola de Mateo tampoco tiene la dimensión comunitaria que se expresa en la fiesta que se celebra por la oveja recuperada. En su parábola lo importante es el pastor y su gozo. Lo mismo ocurre en la parábola del tesoro encontrado (13:44): el gozo de encontrar hace que el costo de la búsqueda valga la pena.

Finalmente, la parábola de Mateo tiene un final diferente que la de Lucas. Lucas continúa poniendo el gozo de la celebración en la posición central y lo eleva al gozo escatológico, al terminar la parábola, "Yo les declaro que de igual modo habrá más alegría en el cielo por un solo pecador que vuelve a Dios que por noventa y nueve justos que no tienen necesidad de convertirse" (15:7). Algo típico de Lucas es que él incluye su tema favorito, el arrepentimiento, *metanoia*, lo cual no parece ser parte de la parábola. La oveja no "da la vuelta" o cambia su "manera de pensar,"[12] más bien el pastor la busca, la encuentra y la lleva a la casa. En contraste, Mateo se preocupa más por la

[11] Las ovejas de Lucas están en el desierto *en tę̄ erēmǭ* (v. 4), mientras que las de Mateo están en el monte *epi ta orē* (v. 12).

[12] BDAG, s.v., *metavnoia. Metanoia* es una palabra favorita de Lucas y la incluye muchas veces en su fuente. Él cambia la conclusión de Marcos del llamado de Leví, para que Jesús declare su misión, "He venido, no para llamar a los buenos, sino para invitar a los pecadores a que se arrepientan" (Lucas 5:32). Las advertencias al arrepentimiento ocurren en otras secciones que sólo se encuentran en Lucas: 13:3, 5; 16:30. En Lucas 17:3-4, contrario a los dichos semejantes en Mateo 18:15, 21-22, el arrepentimiento es la condición necesaria para perdonar al hermano o a la hermana. Por último, el mensaje final de Jesús en Lucas para sus discípulos antes de que él sube al cielo, es la invitación "a que se conviertan y sean perdonados de sus pecados" (Lucas 24:47). El arrepentimiento es un tema preferido de Lucas, que él le añade a la tradición, especialmente dondequiera que aparezca el tema del perdón.

tarea urgente de un pastor de seguir la voluntad de Dios al no perder a ninguno de los "pequeños."

El tema de la voluntad de Dios ocurre una y otra vez en Mateo. Se ve primero en la oración que Jesús les enseña a sus discípulos y sus discípulas, "hágase tu voluntad" (6:10) y se repite cuando Jesús reza fervorosamente en Getsemaní (26:39, 42, 44). Las parábolas de los dos constructores (7:21-27) y la de los dos hijos (21:28-32)[13] tratan acerca de hacer la voluntad de Dios. Jesús le dice a la multitud que quien haga la voluntad de Dios es su hermano, su hermana y su madre (12:50). Aunque en estos otros pasajes no se aclara qué exactamente es la voluntad de Dios, aquí sí queda muy claro que tiene que ser buscar a las personas extraviadas y alegrarse cuando se tiene éxito.

LAS POSIBILIDADES PARA LA PREDICACIÓN

Una tentación para la persona que predica puede ser la de aplicar conclusiones del texto más conocido de Lucas, cuando se enfrenta a la parábola de Mateo que tiene menos detalles. Es preferible que le ponga atención a los detalles específicos de Mateo y a su énfasis teológico específico y que no mezcle las dos. Lo que se ve más en Mateo es su gran preocupación por las personas que se consideran "las pequeñas" y la tremenda responsabilidad de las personas cristianas que están en posiciones de liderazgo de no dejar que nadie se extravíe—ellas tienen que hacer todo lo posible porque las personas que se han extraviado regresen a su casa. Nadie se puede perder. El rebaño no está completo mientras alguna persona esté perdida. Esta parábola puede ser una fuente de ánimo para todas las personas cristianas, pero especialmente para las que ocupan posiciones de liderazgo, para que participen en los ministerios de bienvenida, de hospitalidad, de evangelización, de buscar la reconciliación de las personas de fe que se han alejado y de tenderle la mano a las personas bautizadas que han dejado de practicar la fe.

Mientras que la mayor parte de la parábola invita a los discípulos y las discípulas a imitar al pastor, también es posible que la persona que predica invite a quienes escuchan a que se

[13] Ver arriba, capítulos 5 y 11.

identifiquen con las ovejas porque Dios nunca permitirá que se extravíen sin buscarlas hasta encontrarlas. La voluntad de Dios está a favor de la vida y del bienestar de todo el pueblo de Dios, donde se valora a cada persona y se considera indispensable. Al traerla de nuevo a la casa, la persona extraviada reconoce que el gozo íntimo que se siente con Dios sobrepasa la posible realidad si nunca se hubieran extraviado.

La metáfora de Dios como pastor es una muy rica. Comparada con el "Padre celestial"[14] esta imagen puede ser masculina o femenina, ya que se acostumbraba que tanto las niñas y las mujeres, como los niños y los hombres fueran pastores. También introduce una dimensión provocadora. Aunque "pastor" era una metáfora que se usaba para referirse a Dios (Sal 23; 100; Isa 40:11) y a las personas que ocupaban posiciones de liderazgo en el campo de la religión (Ezequiel 34), se despreciaba a los pastores en la vida real. Se pensaba que eran deshonestos y ladrones, llevando sus rebaños a terrenos ajenos para apacentarlos.[15] Es un shock pedirles a las personas que ocupan posiciones en el campo de la religión a quienes se respeta, que imaginen que son pastores humildes. Sin embargo, esto es precisamente la importancia del énfasis que Mateo les da a los "pequeños." Estas personas cristianas que ocupan las posiciones de liderazgo no pueden dejar que su importancia las domine, sino que lo más importante tiene que ser la importancia de los "pequeños." Tienen que preguntarse constantemente, "¿Quién no está aquí que debería estar?" y luego planear con su congregación cómo pueden buscar y encontrar a esa gente para poder alegrarse.

Cuando esta parábola es la lectura del evangelio para el martes de la segunda semana de Adviento, la primera lectura de Isaías 40:1-11 conecta bien con el evangelio. Ambas usan la imagen de Dios como pastor. En la primera lectura Dios alimenta y guía a su rebaño, cargando a Israel con ternura, de regreso después del exilio. El martes de la Décimo Novena Semana del Tiempo Ordinario del Ciclo A la primera lectura se toma de Deu-

[14] Ver arriba, pp. 55–59.

[15] Joachim Jeremias, *Jerusalem in the Time of Jesus* (Philadelphia: Fortress, 1969) 303–5, 310 cita ejemplos del Mishnah que nombra, entre los empleos despreciados, el de los pastores.

teronomio 31:1-8, cuando Moisés está por morir. Él les recuerda a los israelitas que Dios marchará frente a ellos y que Josué tomará su lugar para guiarlos a la tierra prometida. Como el pastor en el evangelio, Dios no permite que los israelitas anden perdidos. La misma vigilancia y cuidado se requiere de los discípulos y las discípulas cristianos, especialmente de sus líderes.

CAPÍTULO VEINTE

Los sirvientes fieles

(Mateo 24:42-51)

Jueves de la Trigésimo Primera Semana del Tiempo Ordinario

En aquel tiempo, Jesús dijo a sus discípulos:
"Velen y estén preparados,
porque no saben qué día va a venir su Señor.
Tengan por cierto que si un padre de familia
supiera a qué hora va venir el ladrón,
estaría vigilando y no dejaría
que se le metiera por un boquete en su casa.
También ustedes estén preparados,
porque a la hora en que menos lo piensen,
vendrá el Hijo del hombre.
Fíjense en un servidor fiel y prudente,
a quien su amo nombró encargado de toda la servidumbre
para que le proporcionara oportunamente el alimento.
Dichoso ese servidor, si al regresar su amo,
lo encuentra cumpliendo con su deber.
Yo les aseguro que le encargará la administración de todos sus bienes.
Pero si el servidor es un malvado,
y pensando que su amo tardará,
se pone a golpear a sus compañeros, a comer y emborracharse,
vendrá su amo el día menos pensado,
a una hora imprevista, lo castigará severamente
y lo hará correr la misma suerte de los hipócritas.
Entonces todo será llanto y desesperación."

EL CONTEXTO LITERARIO Y LA HISTORIA DE LA TRADICIÓN

Esta es la primera de tres parábolas en el discurso escatológico (24:1–25:46) que resalta la necesidad de que los discípulos y las discípulas estén preparados ante la tardanza de la parusía.[1] El mismo tema se ve en las tres: la ausencia y el regreso de un amo/señor, su tardanza y su regreso inesperado.

La exhortación a la vigilancia en el primer versículo de la lectura del Leccionario (v. 42) viene de Marcos (13:35), pero los demás versículos son de Q. La parábola corta del ladrón en la noche (vv. 43-44) tiene su paralelo en Lucas 12:39-40. La parábola del sirviente fiel (vv. 45-51) también tiene su equivalente en Lucas 12:41-46. En el Evangelio de Lucas éstas se unen con otros dichos y parábolas cortas que tienen ciertas palabras en común. En Lucas se juntan con material que aconseja contra la avaricia y resalta la providencia de Dios. En Lucas estas parábolas son parte de la jornada de Jesús hacia Jerusalén, no en el discurso escatológico, donde Mateo las ha puesto.

Las personas expertas no están de acuerdo si Jesús contó estas parábolas o si la Iglesia del siglo I las creó.[2] ¿Hubiese Jesús hablado sobre su propia parusía? Es posible que una versión más sencilla de la parábola del sirviente fiel nos viene de Jesús y se les dirigió a las personas que se oponían a él.[3] Con la parábola, él les advierte que el fin de los tiempos, cuando se revelará su fidelidad o su maldad, ya está por llegar.[4] Sin embargo, hoy día en su contexto literario, la parábola se les dirige a los discípulos y a las discípulas. Su función se puede entender de varias maneras. Puede que la comunidad de Mateo la haya entendido como un

[1] Acerca de la segunda parábola, la de las jóvenes descuidadas y las precavidas, ver arriba, cap. 14. Acerca de la tercera de las tres, la parábola de los talentos (25:14-30) ver cap. 15. Acerca de la estructura del discurso escatológico, ver arriba, p. 198.

[2] Erich Grässer, *Das Problem der Parusierverzögerung in den synoptischen Evangelien und in der Apostelgeschichte* (Berlin: Töpelmann, 1960). Para ver un resumen de las diferentes posiciones ver B. B. Scott, *Hear Then the Parable* (Minneapolis: Fortress, 1989) 210; John R. Donahue, *The Gospel in Parable* (Philadelphia: Fortress, 1988) 99; Jan Lambrecht, *Out of the Treasure* (Louvain Theological and Pastoral Monographs 10; Louvain: Peeters, 1992) 183–98.

[3] Ver Joachim Jeremias, *The Parables of Jesus* (2d rev. ed.; New York: Scribner's, 1972) 166.

[4] Donahue, *Gospel in Parable*, 98.

consejo para quienes dirigían la comunidad.[5] También se puede entender como parte de la polémica de Mateo contra los judíos de la sinagoga, o sea, la parábola ayuda a reforzar la identidad de su comunidad como la de las personas que servían fielmente en contraste con las que no se unen a ellos.[6]

VIGILANCIA Y PREPARACIÓN (VV. 42-44)

El primer versículo en la lectura del Leccionario (v. 42) conecta los dichos anteriores a las parábolas que le siguen y interpreta ambos. Se necesita estar alerta y vigilante, ya sea en el trabajo durante el día, como los dos hombres que están en el campo y las mujeres moliendo trigo (vv. 40-41) o descansando durante la noche. Esta exhortación a estar vigilante por la venida del Hijo de la Humanidad ocurre en 24:36–25:30.[7] El tema que el dicho del ladrón en la noche (vv. 42, 44) que la parábola presenta es que no se sabe ni el día ni la hora. Este tema ya se ha considerado dos veces (vv. 36, 39), y se repite en las dos parábolas que siguen (24:50; 25:13). La súplica a que se mantengan despiertos *grēgoreite* (v. 42), se repite otra vez en el huerto de Getsemaní (26:38, 40, 41) cuando Jesús les pide a sus discípulos que se mantengan despiertos rezando, pero ellos no pueden.

En el primer dicho de la parábola (vv. 43-44), el dueño es quien tiene que vigilar; en el segundo (45-51), los sirvientes son quienes tienen que velar. El significado queda muy claro: así como el dueño de la casa estaría preparado si supiera cuando un ladrón va a venir, los discípulos y las discípulas tienen que estar pendientes de la misma manera para la venida del Hijo de la Humanidad. El tema del ladrón es popular en los textos del Nuevo Testamento que tratan de la parusía, ej., 1 Tesalonicenses 5:2-4; 2 Pedro 3:10; Apocalipsis 3:3; 16:15.

[5] Puede ser el caso con otras parábolas también, ej., la oveja perdida (Mt 18:10-14), que originalmente fue una parábola que se le dirigía a los que se oponían a Jesús, y que se ha transformado en una enseñanza para los discípulos y las discípulas.

[6] Daniel J. Harrington, "Polemical Parables in Matthew 24–25," *USQR* 44 (1991) 287–98.

[7] Lambrecht, *Out of the Treasure*, 189.

LOS SIRVIENTES FIELES (VV. 45-51)

La imagen ahora cambia del amo a los sirvientes, especialmente quien queda a cargo de la casa. La parábola es para quienes ocupan posiciones de liderazgo en la comunidad, que son los sirvientes de las otras personas y los responsables por su bienestar. Como muchas de las parábolas en el evangelio, ésta comienza con una técnica que inmediatamente requiere la participación de las personas que escuchan. Se hace una pregunta directa y se dan dos posibilidades como respuestas: ¿será el sirviente digno de confianza[8] y prudente[9] o malvado y abusivo? La opción que deben hacer es obvia.[10]

Mientras que en los versículos anteriores el énfasis se le da a la vigilancia por la llegada del señor, aquí hay que tener vigilancia en las tareas cotidianas que hay que hacer durante la espera, en especial la distribución de la comida. Este detalle cobra una importancia especial en relación con otros textos del Nuevo Testamento que revelan dificultades en la Iglesia de los primeros siglos relacionadas con la comida y el comer. En 1 Corintios 11:17-22 Pablo comenta acerca de los problemas que han surgido en las reuniones eucarísticas en Corinto debido a las diferencias sociales, un problema que también Mateo y Lucas pueden haber tenido en sus comunidades, cuando reflexionaron la parábola del gran banquete (Mt 22:1-14; Lucas 14:15-24). Existían dificultades en relación a si las personas cristianas judías y las que eran gentiles podían comer juntas (Gál 2:11-14). En la

[8] A menudo, en Mateo se usa el sustantivo "fe," *pistis*, (Mt 8:10; 9:2, 22, 29; 15:28; 17:20; 21:21; 23:23) y el verbo *pisteuein*, "creer" (Mt 8:13; 9:28; 18:6; 21:22, 25, 32; 24:23, 26), al igual que el tema de la "poca fe," *oligopistos* (Mt 6:30; 8:26; 14:31; 16:8; 17:20). Sin embargo, aquí el adjetivo *pistos* significa "confiable" o "fiel," más que "creer." Otros textos que mencionan esto como una característica de los líderes cristianos son 1 Cor 4:1-2, 17; Col 1:7; Efe 6:21; Tito 1:9. Ver Donahue, *Gospel in Parable*, 99; Harrington, *Matthew*, 343.

[9] La palabra *phronimos*, "sabio" o "prudente," es la misma que se usa para describir al que construye su casa sobre roca (7:24) y a las jóvenes que llevaron suficiente aceite (25:1-10). Cuando Jesús envía a sus discípulos en una misión, les advierte que sean "astutos (*phronimoi*) como serpientes y sencillos como palomas" (10:16).

[10] Otros piensan que en la parábola se comparan a dos tipos de sirvientes, en vez de dos opciones que un sirviente tiene.

comunidad de Jerusalén surgió un problema porque se ignoraba a las viudas griegas cuando se repartía la comida (Hechos 6:1-6). Los doce entonces asignan a siete personas que se encargarán del ministerio de las mesas (*diakonein trapezais*, Hechos 6:2).[11]

La comida y el comer también pueden ser una metáfora para enseñar y aprender (1 Cor 3:2; Juan 6:25-33) y el alimento espiritual (Heb 5:12-14).[12] Por lo tanto, las personas a cargo de la comunidad pudieron haber entendido la parábola en los vv. 45-51 como un consejo para que practiquen su ministerio bien, especialmente al enseñar y en áreas de conflicto relacionadas con las celebraciones eucarísticas.

La opción opuesta se ve en un contraste muy vívido. El sirviente malvado considera la tardanza de su amo como una oportunidad para aprovecharse de su situación y tomar ventaja del poder que se le ha otorgado por cierto tiempo. Él comienza a usar su poder abusivamente, y se aprovecha exageradamente de la comida y la bebida.[13] Aquí hay una ironía porque a quien se le había confiado la distribución de la comida entre sus compañeros sirvientes,[14] come hasta hartarse.

El regreso inesperado del amo acaba con la fantasía del sirviente. Las consecuencias son muy serias porque traicionó la

[11] El texto no aclara muy bien si el problema era que las viudas no recibían lo que se merecían o si no se les daba la oportunidad de practicar el ministerio de las mesas. La frase en el v. 1, *en tȩ̄ diakonią*, traducido como "en la distribución diaria," literalmente significa "en el servicio." El nombre *diakonia* y el verbo *diakonein* tienen diferentes significados en relación al ministerio, incluyendo el ministerio de las mesas (Hechos 6:2), el ministerio de la palabra (Hechos 6:4), el ministerio de los recursos (Lucas 8:3; Hechos 11:29; 12:25), el ministerio apostólico (Hechos 1:17, 25), etc. Ver Elisabeth Schüssler Fiorenza, *In Memory of Her* (New York: Crossroad, 1984) 165–66.

[12] Donahue, *Gospel in Parable*, 100.

[13] En 1 Cor 6:10 Pablo advierte que los borrachos no llegarán a ser parte del reino. La borrachera era uno de los abusos en la mesa eucarística que Pablo tuvo que corregir (11:21). Una de las características de los líderes y los ministros que vemos en 1 Tim 3:3, 8 y Tito 1:7 es que la persona no debe ser un borracho. Fijémonos en que una de los insultos que le hacen a Jesús es que él es "un glotón y un borracho."

[14] La versión de la parábola en Mateo le da énfasis a la igualdad de todos los sirvientes, el que está a cargo y los demás, al usar la palabra *syndouloi*, "compañeros sirvientes." En Lucas 12:45 son *paidas*, "sirvientes masculinos," y *paidiskas*, "sirvientas femeninas."

confianza del amo y abusó de su autoridad. Lo que se traduce como "castigar severamente," *dichotomēsei*, literalmente significa "cortar en dos." Se refiere a la desmembración de una persona condenada.[15] En el contexto de la parábola, irónicamente es una sentencia justa para la doble vida que el sirviente estaba viviendo. Mateo, usando algunas de sus palabras favoritas, concluye diciendo que se asignará al sirviente a un lugar (*meros*) con los hipócritas[16] donde habrá llanto y desesperación.[17] La palabra para lugar, *meros*, puede significar parte de una propiedad (Lucas 15:12; Hechos 5:2), pero también puede significar "compartir" en la herencia eterna, como en Juan 13:8, donde Jesús le dice a Pedro que él no podrá compartir con él si Jesús no le lava los pies. En el contexto del discurso escatológico de Mateo, este segundo significado, insinúa un "lugar" eterno asignado.

Debido a la severidad de "cortar en dos" al sirviente y la aparente falta de lógica cuando después se le asigna un lugar entre las personas hipócritas, algunas personas expertas creen que *dichotomēsei* es una mala traducción de una frase aramea, יְפַלֵּג לֵהּ (*yĕpallēg lēh*), "le distribuirá a él [golpes]," o sea que "lo castigará golpeándolo mucho."[18] Sin embargo, Jennifer Glancy ha demostrado que la tortura y la ejecución de esclavos era algo muy común en el mundo antiguo del mediterráneo.[19] Otra opción es considerar que es una referencia a una persona que ha sido "separada" de la comunidad. Se considera que un texto de Qumrán (1QS 2,16-17) ofrece un paralelo. Contiene una maldición para un hipócrita que era parte de la alianza, pero camina por sus propios senderos, "Dios lo identificará por su maldad para que sea separado de entre medio de los hijos de la luz . . . él dará la porción separada entre medio de los malditos por

[15] BDAG, s.v., διχοτομέω.

[16] Mateo usa *hypocritēs* seis veces en el cap. 23 y dos veces más (15:7; 22:18) para regañar a los escribas y fariseos. En 6:2, 5, 16; 7:5 él le advierte a sus discípulos y sus discípulas que no actúen de tal modo. Marcos usa la palabra una vez (7:6) y Lucas tres veces (6:42; 12:56; 13:15).

[17] Mt 8:12; 13:42, 50; 22:13; 25:30.

[18] Jeremias, *Parables*, 57.

[19] Jennifer Glancy, "Slaves and Slavery in the Matthean Parables," *JBL* 119/1 (2000) 67–90.

siempre . . ."[20] Otros expertos dicen que el texto de Qumrán trata de la destrucción escatológica y no sólo de ser excomulgado de la comunidad,[21] y esto puede ser lo que Mateo tenía en mente también. Sin importar cuál es el sentido que se da, la conclusión presenta un final terrible para el sirviente en quien no se puede confiar. Las personas que son culpables de ejercer su liderazgo fielmente son los benditos[22] y se les da más responsabilidades. Quienes abusan del poder que se les ha confiado sufrirán un castigo severo.

LAS POSIBILIDADES PARA LA PREDICACIÓN

Para la mayoría de las personas cristianas, dos milenios de espera por la parusía ha reducido el sentido de la urgencia de estar velando. Estas parábolas sobresaltan a quienes escuchan para que abandonen la complacencia o cualquier sentido falso de seguridad que tengan con el estatus quo. La persona que predica puede encontrar que en vez de amenazar a la congregación con la imagen aterradora que vemos en el último versículo para que sean fieles, sería mejor que hable de la bendición que le espera a aquellas personas que están preparadas para encontrarse con Cristo al final. Sin embargo, el último versículo aclara muy bien que ser fiel no es simplemente una buena opción; lo contrario tiene consecuencias fatales.

En vez de hablar acerca de una vigilancia general por un futuro abstracto de Cristo, quien predica puede detallar más la vigilancia que se necesita para percibir la presencia palpable de Cristo cuando nos encontramos con él inesperadamente en cada

[20] Otto Betz, "The Dichotomized Servant—Mt 24:51," *RevQum* 5 (1964) 43–58; Eduard Schweizer, *The Good News According to Matthew* (Atlanta: John Knox, 1975) 463. Donahue, *Gospel in Parable*, 100, dice que en Qumran hay un lenguaje de exclusión parecido y que Mt 18:17 y 1 Cor 6:7-13 demuestran las prácticas de exclusión en las primeras comunidades cristianas.

[21] Kathleen Weber, "Is There a Qumran Parallel to Matthew 24,51 // Luke 12,46?" *RevQum* 16 (1995) 657–63.

[22] Además de las bienaventuranzas (Mt 5:3-11), ver también 11:6; 13:16, donde se les llama "benditos" a quienes responden positivamente a las palabras y obras de Jesús, y también a Pedro cuando declara que Jesús es el Mesías (16:17). En el juicio final, los que entran al reino son benditos (25:34).

momento en el presente. La manera como nosotros respondemos ahora a tales encuentros es lo que prepara a los discípulos y a las discípulas para el regreso escatológico de Cristo. Para aquellas personas que se encuentran en posiciones de liderazgo, parte de su tarea es recordarle a la comunidad que ningún "compañero sirviente" se encuentra fuera de su alcance. Estar a cargo de toda la propiedad (v. 47) puede ser una metáfora para la preocupación de las personas cristianas por lograr la distribución responsable de la comida y de otros recursos por todo el mundo.

Un aspecto problemático de las parábolas en esta sección del evangelio es el uso de la metáfora de la relación entre un amo y un esclavo. Mientras que ni Jesús ni ninguno de los otros escritores del Nuevo Testamento desafiaron la institución de la esclavitud, sino que más bien aceptaron la estructura social de su época, para las personas cristianas de hoy es algo que es detestable. No obstante, todavía se usan las metáforas que presentan a Dios y a Jesús como el "amo" y a los discípulos y a las discípulas como "sirvientes" o "esclavos." En particular, existe un peligro de que el uso de tal lenguaje apoye sistemas de opresión hoy día, legalizándolos con la teología. Presentar al sirviente fiel como el ideal a personas atrapadas en sistemas de opresión sólo sirve para justificar la esclavitud humana como si fuera la voluntad de Dios. Esto hace que la gente dominada no reconozca la injusticia de su situación ni que pueda hacer nada por mejorarla.[23] Un desafío en particular para quien predica será encontrar una manera de hacer que el mensaje del evangelio sea fácil de entender en un contexto contemporáneo sin tener que depender de las imágenes o del lenguaje de amos y esclavos.

[23] Ver Elisabeth Schüssler Fiorenza, "'Waiting at Table': A Critical Feminist Theological Reflection on Diakonia," *Concilium 198. Diakonia: Church for the Others* (ed. N. Breinacher and N. Mette; Edinburgh: T. & T. Clark, 1988) 84–94.

Conclusión

De cierto modo, el Evangelio de Mateo es el que ha tenido la mayor influencia en la vida de la Iglesia, porque ha sido el que más se ha comentado y predicado desde los primeros siglos del cristianismo. Todas las parábolas que sólo ocurren en Mateo como la del juicio final, los trabajadores en la viña, el sirviente que no perdonó, las jóvenes descuidadas y precavidas, la perla de gran valor, la hierba mala que crece con el trigo, ocupan un lugar especial en la imaginación de cada persona cristiana. Con sus conclusiones que siempre resaltan el aspecto moral del discipulado, Mateo continúa captando nuestra atención con las palabras de Jesús el Maestro. En nuestro estudio de las parábolas de Mateo, el propósito no ha sido dar un resumen exhaustivo o un análisis de todo lo que se ha estudiado de las mismas. Más bien, nuestro propósito ha sido proveer un esquema de los estudios más recientes de las parábolas y de Mateo para ayudar a quienes predican en su entendimiento del texto. Nuestra esperanza ha sido que esta exploración de las nuevas posibilidades de significado anime la creatividad de las personas que predican al presentarles la palabra a la comunidad creyente. Hemos sugerido ciertos aspectos que quienes predican pueden considerar cuando les toca interpretar las parábolas, pero al fin de cuentas la tarea difícil de discernir cuál es el mensaje que la congregación necesita oír queda en manos de quienes predican. Aunque varios puntos son posibles y válidos en la interpretación de las parábolas, las personas que predican de una manera exitosa, predican un tema a la vez. Cada vez que la parábola aparece en el Leccionario, la tarea de luchar con el texto comienza de nuevo. No hay interpretaciones absolutas que se pueden usar siempre.

En el Evangelio de Mateo la palabra "parábola" se usa para referirse a muchos tipos variados de discursos figurativos. Algunas parábolas son cuentos, otras son dichos sabios y otras son símiles largas. Cada una tiene un propósito diferente. A veces consuelan; otras veces instruyen y exhortan; y otras presentan desafíos. Algunas son dirigidas a los discípulos y las discípulas de Jesús y otras son para sus oponentes. Invitan al adversario a que cambie su manera de pensar y también instruyen a los discípulos acerca de cómo deben vivir para que sus obras concuerden con lo que creen y proclaman. Las parábolas de Mateo, que originalmente eran para personas en transición que estaban creando una identidad nueva en relación con su herencia judía, continúan ayudando a las comunidades de creyentes en una época de cambios constantes a que imiten al escriba sabio que saca del almacén tanto lo nuevo como lo viejo.

Bibliografía

Albright, William F. and C. S. Mann. *Matthew*. AB26; Garden City: Doubleday, 1971.

Allison, Dale. *The New Moses: A Matthean Typology*. Minneapolis: Fortress, 1993.

Anderson, Janice C. and Stephen D. Moore, eds. *New Approaches in Biblical Studies*. Minneapolis: Fortress, 1992.

Aune, David E., ed. *The Gospel of Matthew in Current Study*. Grand Rapids: Eerdmans, 2001.

Bacon, Benjamin W. *Studies in Matthew.* London: Constable, 1930.

Bacq, Philippe and Odile Ribadeau Dumas, "Reading a Parable: The Good Wheat and the Tares (Mt 13)" *LumVit* 39 (1984) 181–94.

Bailey, Kenneth E. *Poet and Peasant and Through Peasant Eyes*. Combined ed. Grand Rapids: Eerdmans, 1984.

Barr, James. "*ʾAbba* and the Familiarity of Jesus' Speech," *Theology* 91 (1988) 173–79.

______. "*ʾAbba* Isn't Daddy," *JTS* 39 (1988) 28–47.

Barré, Michael L. "The Workers in the Vineyard," *TBT* 24 (1986) 173–80.

Batey, Richard A. "Jesus and the Theatre," *NTS* 30 (1984) 564–65.

Bauer, David R. and Mark Allan Powell, eds. *Treasures New and Old. Recent Contributions to Matthean Studies*. SBL Symposium Series 1; Atlanta: Scholars Press, 1996.

Beavis, Mary Ann. *The Lost Coin. Parables of Women, Work, and Wisdom*. Sheffield: Sheffield Academic Press, 2002.

Bergant, Dianne. *Preaching the New Lectionary*. 3 vols. Collegeville: The Liturgical Press, 1999, 2000, 2001.

Betz, Otto. "The Dichotomized Servant–Mt 24:51," *RevQum* 5 (1964) 43–58.

Blickenstaff, Marianne. *'While the Bridegroom is with them.' Marriage, Family, Gender and Violence in the Gospel of Matthew*. JSNTSup 292. London: T & T Clark International, 2005.

Blomberg, Craig. *Interpreting the Parables*. Downers Grove, Ill.: InterVarsity Press, 1990.

______. *Preaching the Parables. From Responsible Interpretation to Powerful Proclamation*. Grand Rapids: Baker Academic Press, 2004.

Boff, Clodovis and Jorge Pixley. *The Bible, the Church, and the Poor*. Theology and Liberation Series. Maryknoll, N.Y.: Orbis, 1989.

Bonneau, Normand. *The Sunday Lectionary: Ritual Word, Paschal Shape*. Collegeville: The Liturgical Press, 1998.

Borges, Jorge Luis. *Ficciones*. New York: Grove, 1962.

Boucher, Madeleine. *The Parables*. NTM 7. Wilmington: Glazier, 1981.

Bowker, J. W. "Mystery and Parable: Mark 4:1-20," *JTS* 25 (1974) 300–17.

Brown, Jeannine K. *The Disciples in Narrative Perspective. The Portrayal and Function of the Matthean Disciples*. Academia Biblica 9; Atlanta: Society of Biblical Literature, 2002.

Brown, Raymond E., J. A. Fitzmyer, and R. E. Murphy. *The New Jerome Biblical Commentary*. Englewood Cliffs, N. J.: Prentice Hall, 1990.

Brown, Raymond E. and John P. Meier, *Antioch and Rome: New Testament Cradles of Catholic Christianity*. New York/Ramsey: Paulist, 1983.

Bultmann, Rudolph K. *The History of the Synoptic Tradition*. rev. ed. tr. J. Marsh. New York: Harper & Row, 1968.

Burghardt, Walter J. *Preaching the Just Word*. New Haven: Yale University Press, 1996.

Burnett, Fred W. *The Testament of Jesus-Sophia: a Redactional-Critical Study of the Eschatological Discourse in Matthew*. Washington D.C.: University Press of America, 1981.

Butler, B. C. *The Originality of St. Matthew: A Critique of the Two-Document Hypothesis*. Cambridge: Cambridge University, 1951.

Buttrick, David. *Speaking Parables*. Louisville: Westminster John Knox, 2000.

Cadoux, Arthur T. *The Parables of Jesus, Their Art and Use*. London: James Clarke, 1931.

Carter, Warren. *Matthew and the Margins. A Sociopolitical and Religious Reading*. The Bible and Liberation Series; Maryknoll: Orbis, 2000.

______. "The Crowds in Matthew's Gospel," *CBQ* 55 (1993) 54–67.

Carter, Warren and John Paul Heil, *Matthew's Parables*. CBQMS 30; Washington, D.C.: CBA, 1998.

Christ, Felix. *Jesus Sophia: Die Sophia-Christologie bei den Synoptikern*. ATANT 57; Zürich: Zwingli, 1970.

Collins, John N. *Diakonia: Re-Interpreting the Ancient Resources*. New York: Oxford University Press, 1990.

Collins, Raymond F. *Preaching the Epistles*. New York: Paulist, 1996.

Cope, Lamar. "Matthew xxv 31-46. 'The Sheep and the Goats' Reinterpreted," *NovT* 11 (1969) 32–44.

Cotter, Wendy J., "The Parable of the Children in the Market-Place, Q(Lk) 7:31-35: An Examination of the Parable's Image and Significance," *NovT* 29/4 (1987) 289–304.

Court, J. M. "Right and Left: the Implications for Matthew 25.31-46," *NTS* 31 (1985) 223–33.

Crossan, John Dominic. *Cliffs of Fall. Paradox and Polyvalence in the Parables of Jesus*. New York: Seabury, 1980.

______. *The Dark Interval: Towards a Theology of Story*. Niles, Ill.: Argus Communications, 1975.

______. *Finding is the First Act. Trove Folktales and Jesus' Treasure Parable.* Philadelphia: Fortress, 1979.

______. *The Historical Jesus.* HarperSanFrancisco, 1991.

______. *In Parables: The Challenge of the Historical Jesus*. New York: Harper & Row, 1973.

______."The Seed Parables of Jesus," *JBL* 92 (1973) 244–66.

______. "The Parable of the Wicked Husbandmen," *JBL* 90 (1971) 451–65.

Culbertson, Philip L. *A Word Fitly Spoken. Context, Transmission, and Adoption of the Parables of Jesus*. Albany: State University of New York Press, 1995.

Dalman, Gustaf. *Die Worte Jesu. Mit Berücksichtigung des nachkanonischen jüdischen Schrifttums und der aramäischen Sprache erötert*. 2d ed. Darmstadt: Wissenschaftliche Buchgesellschaft, 1965.

D'Angelo, Mary Rose "*ʾABBA* and 'Father': Imperial Theology and the Jesus Traditions," *JBL* 111/4 (1992) 611–30.

______. "(Re)Presentations of Women in the Gospel of Matthew and Luke-Acts," *Women & Christian Origins*. Ed. R. S. Kraemer and M. R. D'Angelo. New York: Oxford University Press, 1999, 171–95.

Danker, Frederick W., ed. *A Greek-English Lexicon of the New Testament and Other Early Christian Literature.* 3d rev. ed. based on 2d ed. by Walter Bauer, W. F. Arndt, F. W. Gingrich, and F. W. Danker. Chicago: University of Chicago Press, 2000.

Danker, Frederick W. *Jesus and the New Age. A Commentary on St. Luke's Gospel*. rev. ed. Philadelphia: Fortress, 1988.

Daube, David. *The New Testament and Rabbinic Judaism*. New York: Arno Press, 1973.

Davies, W. D. and Dale C. Allison Jr., *The Gospel According to Saint Matthew.* ICC; 3 vols. Edinburgh: T. & T. Clark, 1988, 1991, 1997.

de Mello, Anthony. *The Song of the Bird*. Garden City, N.Y.: Doubleday, 1984.

DeMoor, Johannes C. "The Targumic Background of Mark 12:1-12: The Parable of the Wicked Tenants," *JSJ* 29 (1998) 63–80.

Derrett, J. Duncan M. *Law in the New Testament*. London: Darton, Longman & Todd, 1970.

______. "Law in the New Testament: The Treasure in the Field (Mt. XIII,44)," *ZNW* 54 (1963) 31–42.

Deutsch, Celia. *Hidden Wisdom and the Easy Yoke: Wisdom, Torah and Discipleship in Matthew 11:25-30*. Sheffield: JSOT, 1987.

______. *Lady Wisdom, Jesus, and the Sages* (Valley Forge, Penn.: Trinity Press International, 1996.

Dodd, C. H. *The Parables of the Kingdom*. rev. ed. London: Collins, 1961.

Donahue, John R. *The Gospel in Parable. Metaphor, Narrative, and Theology in the Synoptic Gospels*. Philadelphia: Fortress, 1988.

______. "Tax Collectors and Sinners: An Attempt at Identification," *CBQ* 33 (1971) 39–61.

______. "The 'Parable' of the Sheep and the Goats: A Challenge to Christian Ethics," *TS* 47 (1986) 3–31.

Donfried, Karl. "The Allegory of the Ten Virgins (Matt 25:1-13) as a Summary of Matthean Theology," *JBL* 93 (1974) 415–28.

Doty, W. G. "An Interpretation: Parable of the Weeds and Wheat," *Int* 25 (1971) 185–93.

Duling, Dennis C. "Matthew 18:15-17: Conflict, Confrontation, and Conflict Resolution in a 'Fictive Kin' Association," *BTB* 29 (1999) 4–22.

Edwards, Richard. *A Theology of Q. Eschatology, Prophecy and Wisdom*. Philadelphia: Fortress, 1976.

______. *Matthew's Narrative Portrait of Disciples*. Harrisburg: Trinity Press International, 1997.

Elliott, John H. "Matthew 20:1-15: A Parable of Invidious Comparison and Evil Eye Accusation," *BTB* 22 (1992) 52–65.

Evans, Craig A. "A Note on the Function of Isaiah 6:9-10 in Mark 4," *RB* 99 (1981) 234–35.

Ellis, Peter F. *Matthew: His Mind and His Message*. Collegeville: The Liturgical Press, 1974.

Farmer, William R. *The Synoptic Problem. A Critical Analysis*. Dillsboro: Western North Carolina Press, 1976.

Fitzmyer, Joseph A. *Essays on the Semitic Background of the New Testament*. Sources for Biblical Study 5. Atlanta: Scholars Press, 1974.

______. *To Advance the Gospel: New Testament Studies*. 2d ed. The Biblical Resource Series. Grand Rapids: Eerdmans, 1998.

______. *A Wandering Aramean: Collected Aramaic Essays*. Missoula, Mont.: Scholars Press, 1979.

Flusser, David. *Die rabbinischen Gleichnisse und der Gleichniserzähler Jesus* 1. Teil: *Das Wesen der Gleichnisse*. Bern: Peter Lang, 1981.

Foley, Edward. *Preaching Basics. A Model and A Method*. Chicago: Liturgy Training Publications, 1998.

Frank, Tenney, ed. *An Economic Survey of Ancient Rome*. Baltimore: Johns Hopkins Press, 1938.

Freedman, David Noel, ed. *The Anchor Bible Dictionary*. 6 vols. New York: Doubleday, 1992.

Freyne, Seán. *Galilee from Alexander the Great to Hadrian 323 B.C.E. to 135 C.E.* University of Notre Dame Center for the Study of Judaism and Christianity in Antiquity 5; Wilmington, Del., and Notre Dame, Ind.: Glazier and University of Notre Dame Press, 1980.

Fuller, Reginald H. *Preaching the Lectionary*. Collegeville: The Liturgical Press, 1984.

______. "Son of Man," *Harper's Bible Dictionary*. Ed. Paul J. Achtemeier. San Francisco: Harper & Row, 1985, 1981.

Funk, Robert W. "Beyond Criticism in Quest of Literacy: The Parable of the Leaven," *Int* 25 (1971) 149–70.

______. *Language, Hermeneutic, and Word of God. The Problem of Language in the New Testament and Contemporary Theology*. New York: Harper & Row, 1966.

______. "The Looking Glass Tree is for the Birds," *Int* 27 (1973) 3–9.

______. *Parables and Presence. Forms of the New Testament Tradition*. Philadelphia: Fortress, 1982.

Gardner, Jane F. *Women in Roman Law and Society*. Bloomington/Indianapolis: Indiana University, 1986.

Garland, David E. *Reading Matthew. A Literary and Theological Commentary*. Macon, GA: Smyth & Helwys, 2001.

Gaster, Theodore. *Myth, Legend and Custom in the Old Testament*. New York: Harper and Row, 1969.

Gench, Frances Taylor. *Wisdom in the Christology of Matthew* (Lanham/New York/Oxford: University Press of America, 1997.

Gerhardsson, Birger. "The Parable of the Sower and its Interpretation," *NTS* 14 (1968) 165–93.

Gillingham, M. J. "The Parables as Attitude Change," *ExpTim* 109 (1998) 297–300.

Glancy, Jennifer. "Slaves and Slavery in the Matthean Parables," *JBL* 119 (2000) 67–90.

Goulder, Michael. *Midrash and Lection in Matthew*. London: SPCK, 1974.

Gowler, David B. *What Are They Saying about the Parables?* New York: Paulist, 2000.

Grässer, Erich. *Das Problem der Parusierverzögerung in den synoptischen Evangelien und in der Apostelgeschichte*. Berlin: Töpelmann, 1960.

Gundry, Robert H. *Matthew. A Commentary on His Literary and Theological Art*. Grand Rapids: Eerdmans, 1992.

Hare, Douglas R. A. "How Jewish Is the Gospel of Matthew?" *CBQ* 62/2 (2000) 264–77.

______. *The Son of Man Tradition*. Minneapolis: Fortress, 1990.

______. *The Theme of Jewish Persecution of Christians in the Gospel According to St. Matthew*. SNTSMS 6; Cambridge: Cambridge University, 1967.

Hare, Douglas R. A. and Daniel J. Harrington, "Make Disciples of All the Gentiles (Mt. 28:19)," *CBQ* 37 (1975) 359–69.

Harrington, Daniel J. *Matthew.* SacPag1; Collegeville: The Liturgical Press, 1991.

______. "'Make Disciples of All the Gentiles' (Matthew 28:19)," *CBQ* 37 (1975) 359–69.

______. "Polemical Parables in Matthew 24–25," *USQR* 44 (1991) 287–98.

Hedrick, Charles W. *Parables as Poetic Fictions*. Peabody: Hendrickson, 1994.

Heil, John P. "Ezekiel 34 and the Narrative Strategy of the Shepherd and Sheep Metaphor in Matthew," *CBQ* 55 (1993) 698–708.

Hendrickx, Herman. *The Parables of Jesus*. rev. ed. San Francisco: Harper & Row, 1986.

Hester, James D. "Socio-Rhetorical Criticism and the Parable of the Tenants," *JSNT* 45 (1992) 27–57.

Herzog, William R., II. *Parables as Subversive Speech. Jesus as Pedagogue of the Oppressed*. Louisville: Westminster/John Knox, 1994.

Hoppe, Leslie J. *A Retreat With Matthew.* Cincinnati: St. Anthony Messenger Press, 2000.

Horne, Edward H. "The Parable of the Tenants as Indictment," *JSNT* 71 (1998) 111–16.

Hultgren, Arland J. *The Parables of Jesus. A Commentary.* Grand Rapids: Eerdmans, 2000.

Hummel, Reinhart. *Die Auseinandersetzung zwischen Kirche und Judentum im Matthäusevangelium.* München: Kaiser Verlag, 1963.

Hylen, Susan E. "Forgiveness and Life in Community," *Int* 54 (2000) 146–57.

Jeremias, J. *Jerusalem in the Time of Jesus. An Investigation into Economic and Social Conditions During the New Testament Period*. Philadelphia: Fortress, 1969.

______. *The Parables of Jesus*. 2d rev. ed. New York: Scribner's, 1972.

______. *Rediscovering the Parables*. New York: Scribner's, 1966.

______. "*LAMPADES* Mt 25:1.3f .7f.," *ZNW* 56 (1965) 196–201.

Jocz, J. *The Jewish People and Jesus Christ*. London: SPCK, 1949.

Johnson, Elizabeth. *She Who Is. The Mystery of God in Feminist Theological Discourse*. New York: Crossroad, 1992.

Johnson, Marshall. "Reflections on a Wisdom Approach to Matthew's Christology," *CBQ* 36 (1974) 44–64.

Jülicher, A. *Die Gleichnisreden Jesu*. 2 vols. Tübingen: Mohr [Siebeck] 1888, 1899.

Kerr, A. J. "Matthew 13:25: Sowing *zizania* among another's wheat: realistic or artificial?" *JTS* ns. 48/1 (1997) 106–09.

Kim, Chan-Hie. "The Papyrus Invitation," *JBL* 94 (1975) 391–402.

Kingsbury, Jack Dean. "The Parable of the Wicked Husbandmen and the Secret of Jesus' Divine Sonship in Matthew," *JBL* 105 (1986) 643–55.

Kloppenborg, John S. "Wisdom Christology in Q," *LTP* 34 (1978) 129–47.

Koester, Helmut. "Recovering the Original Meaning of Matthew's Parables," *Bible Review* 9/3 (1993) 11, 52.

Kraemer, R. S. and M. R. D'Angelo, ed. *Women & Christian Origins*. New York: Oxford University Press, 1999.

Krentz, Edgar. *The Historical-Critical Method*. Guides to Biblical Scholarship. Philadelphia: Fortress, 1975.

LaVerdiere, Eugene. "Teaching in Parables," *Emmanuel* 94 (1988) 438–45, 453.

Lambrecht, Jan. *Out of the Treasure*. Louvain Theological and Pastoral Monographs 10; Louvain: Peeters, 1992.

Levine, Amy-Jill. *The Social and Ethnic Dimensions of Matthean Salvation History*. SBEC 14; Lewiston/Queenstown/Lampeter: Mellen, 1988.

Linnemann, Eta. *Jesus of the Parables. Introduction and Exposition*. New York: Harper & Row, 1966.

Long, Thomas C. *Matthew*. WBC; Louisville: Westminster/John Knox, 1997.

Luz, Ulrich. "The Final Judgment (Matt 25:31-46): An Exercise in 'History of Influence' Exegesis," in David R. Bauer and Mark Allan Powell, eds., *Treasures New and Old. Recent Contributions to Matthean Studies*. SBL Symposium Series; Atlanta: Scholars Press, 1996, 271–310.

MacMullen, Ramsey. *Roman Social Relations 50 B.C. to A.D. 284*. New Haven: Yale University Press, 1974.

Maddox, R. "Who are the 'Sheep' and the 'Goats'? A Study of the Purpose and Meaning of Matthew xxv:31–46," *AusBR* 18 (1965) 19–28.

Malina, Bruce J. *The New Testament World. Insights from Cultural Anthropology*. rev. ed. Louisville: Westminster/John Knox, 1993.

Malina, Bruce J. and Jerome H. Neyrey, "First-Century Personality: Dyadic, Not Individual," *The Social World of Luke-Acts: Models for Interpretation*. Ed. J. H. Neyrey. Peabody, Mass.: Hendrickson, 1991, 67–96.

Malina, Bruce J. and Richard L. Rohrbaugh. *Social-Science Commentary on the Synoptic Gospels*. Minneapolis: Fortress, 1992.

McArthur, H. K. "The Parable of the Mustard Seed," *CBQ* 33 (1971) 198–210.

McCreesh, Thomas P. "Heart," *The Collegeville Pastoral Dictionary of Biblical Theology*. Ed. C. Stuhlmueller. Collegeville: The Liturgical Press, 1996, 422–24.

McFague, Sallie. *Models of God. Theology for an Ecological, Nuclear Age*. Philadelphia: Fortress, 1987.

McGaughy, L. "The Fear of Yahweh and the Mission of Judaism: A Postexilic Maxim and Its Early Christian Expansion in the Parable of the Talents," *JBL* 94 (1975) 235–45.

McNeile, A. H. *The Gospel According to St. Matthew*. London: Macmillan, 1952.

Meier, John P. *A Marginal Jew. Rethinking the Historical Jesus*. ABRL. 2 vols. Garden City, N.Y.: Doubleday, 1991, 1994.

______. *Matthew*. NTM 3; Wilmington: Glazier, 1980.

______. *The Vision of Matthew*. New York: Paulist, 1979.

______. "Nations or Gentiles in Matthew 28:19?" *CBQ* 39 (1977) 94–102.

Mesters, Carlos. *Defenseless Flower. A New Reading of the Bible*. Maryknoll, N.Y.: Orbis, 1989.

Metzger, Bruce. *A Textual Commentary on the Greek New Testament*. 3d ed. New York: United Bible Societies, 1971.

Meyer, Marvin. *The Gospel of Thomas. The Hidden Sayings of Jesus*. San Francisco: Harper, 1992.

Michaels, J. Ramsey. "Apostolic Hardships and Righteous Gentiles. A Study of Matthew 25:31-46," *JBL* 84 (1965) 27–37.

______. "The Parable of the Regretful Son," *HTR* 61 (1968) 15–26.

Myers, Ched. *Binding the Strong Man*. Maryknoll: Orbis, 1988.

Nauck, W. "Salt as a Metaphor in Instructions for Discipleship," *Studia Theologica* 6 (1952) 164–78.

Naveh, Gila Safran. *Biblical Parables and Their Modern RE-Creations. From "Apples of God in Silver Settings" to "Imperial Messages."* Albany, NY: State University of New York Press, 2000.

Neusner, Jacob. *Judaism in the Beginning of Christianity*. Philadelphia: Fortress, 1984.

______. *From Politics to Piety. The Emergence of Pharisaic Judaism*. Englewood Cliffs: Prentice Hall, 1973.

Newsom, Carol A. and Sharon H. Ringe, eds., *The Women's Bible Commentary*. rev. ed. Louisville: Westminster/John Knox, 1998.

Neyrey, Jerome H., ed. *The Social World of Luke-Acts. Models for Interpretation*. Peabody, Mass.: Hendrickson, 1991.

Nowell, Irene. *Sing a New Song. The Psalms in the Sunday Lectionary*. Collegeville: The Liturgical Press, 1993.

Oakman, Douglas. E. *Jesus and the Economic Question of His Day*. SBEC 8. Lewiston/Queenston: Edwin Mellen, 1986.

Oesterley, W.O.E. *The Gospel Parables in the Light of their Jewish Background*. New York: Macmillan, 1936.

Olmstead, Wesley G. *Matthew's Trilogy of Parables. The Nation, the Nations and the Reader in Matthew 21.28–22.14*. Cambridge: University Press, 2003.

Osiek, C. "Literal Meaning and Allegory," *TBT* 29/5 (1991) 261–66.

______. *What Are They Saying About the Social Setting of the New Testament?* 2d ed. New York: Paulist, 1992.

Overman, J. Andrew. *Matthew's Gospel and Formative Judaism: The Social World of the Matthean Community*. Minneapolis: Fortress, 1990.

Parker, A. *Painfully Clear. The Parables of Jesus*. Biblical Seminar 37. Sheffield: Sheffield Academic Press, 1996.

Patte, D. *What Is Structural Exegesis?* Guides to Biblical Scholarship. Philadelphia: Fortress, 1976.

Pazdan, Mary Margaret. "Hermeneutics and Proclaiming the Sunday Readings," *In the Company of Preachers*. Ed. R. Siegfried and E. Ruane. Collegeville: The Liturgical Press, 1993. Pp. 26–37.

Perelmuter, Hayim G. *Siblings. Rabbinic Judaism and Early Christianity at their Beginnings*. New York: Paulist, 1989.

Pilch, John J. *The Cultural Dictionary of the Bible*. Collegeville: The Liturgical Press, 1999.

______. *The Cultural World of Jesus. Sunday by Sunday, Cycle A*. Collegeville: The Liturgical Press, 1995.

______. *The Cultural World of Jesus. Sunday by Sunday, Cycle B*. Collegeville: The Liturgical Press, 1996.

______. *The Cultural World of Jesus. Sunday by Sunday, Cycle C*. Collegeville: The Liturgical Press, 1997.

Piper, R. A. *Wisdom in the Q-tradition* (SNTSMS 61; Cambridge: Cambridge University Press, 1989.

Porter, Lawrence B. "Salt of the Earth," *Homiletic and Pastoral Review* 95 (July 1995) 51–58.

Powell, Mark Allan. *What is Narrative Criticism?* Guides to Biblical Scholarship. Philadelphia: Fortress, 1990.

______. *God With Us: A Pastoral Theology of Matthew's Gospel.* Minneapolis: Fortress, 1995.

Praeder, Susan M. *The Word in Women's Worlds: Four Parables.* Zacchaeus Studies, New Testament. Wilmington: Glazier, 1988.

Race, Marianne and Laurie Brink. *In This Place. Reflections on the Land of the Gospels for the Liturgical Cycles.* Collegeville: The Liturgical Press, 1998.

Ramoroson, L. "'Parole-semence' ou 'Peuple-semence' dans la parabole du Semeur?" *ScEs* 40 (1988) 91–101.

Ramshaw, Gail. *God Beyond Gender. Feminist Christian God-Language.* Minneapolis: Fortress, 1995.

Reid, Barbara E. *Choosing the Better Part? Women in the Gospel of Luke.* Collegeville: The Liturgical Press, 1996.

______. *The Gospel According to Matthew.* NCBC 1; Collegeville: Liturgical Press, 2005.

______. "Matthew's Five Sermons to Live By," *Scripture from Scratch,* St. Anthony Messenger Press, 2005.

______. "Matthew's Nonviolent Jesus and Violent Parables" in *Christian Reflection. A Series in Faith & Ethics.* The Center for Christian Ethics: Baylor University, 2006. Pp. 27–36.

______. "Once Upon a Time . . . Parable and Allegory in the Gospels," *TBT* 29/5 (1991) 267–72.

______. *Parables for Preachers. Year B.* Collegeville: The Liturgical Press, 1999.

______. *Parables for Preachers. Year C.* Collegeville: The Liturgical Press, 2000.

______. "Preaching Justice Parabolically," *Emmanuel* 102/6 (1996) 342–47.

______. "Violent Endings in Matthew's Parables and an End to Violence," *CBQ* 66/2 (2004) 237–55.

______. "Wisdom's Children Justified (Mt. 11.16-19; Lk. 7.31-35)" in *The Lost Coin. Parables of Women, Work, and Wisdom,* ed. Mary Ann Beavis (Sheffield Academic Press, 2002) 287–305.

Rhoads, David. "Social Criticism: Crossing Boundaries," *Mark & Method. New Approaches in Biblical Studies.* Ed. J. C. Anderson and S. D. Moore. Minneapolis: Fortress, 1992. Pp. 135–61.

Ringe, Sharon H. *Jesus, Liberation, and the Biblical Jubilee. Images for Ethics and Christology.* OBT 19. Philadelphia: Fortress, 1985, 54–60.

Robinson, J.A.T. "Elijah, John and Jesus: An Essay in Detection," *NTS* 4 (1957–58) 263–81.

Rohrbaugh, Richard L. "A Peasant Reading of the Parable of the Talents/Pounds: A Text of Terror?" *BTB* 23 (1993) 32–39.

______. "The Pre-Industrial City in Luke-Acts: Urban Social Relations," *The Social World of Luke-Acts. Models for Interpretation*. Ed. J. H. Neyrey. Peabody: Hendrickson, 1991. 125–50.

Rowland, Christopher and Mark Corner. *Liberating Exegesis. The Challenge of Liberation Theology to Biblical Studies*. Louisville: Westminster/John Knox, 1989.

Ruether, Rosemary Radford. *Gaia and God. An EcoFeminist Theology of Earth Healing*. San Francisco: Harper, 1992.

______, ed. *Religion and Sexism. Images of Woman in the Jewish and Christian Traditions*. New York: Simon & Schuster, 1974.

______. *Sexism and God-Talk. Toward a Feminist Theology*. Boston: Beacon, 1983.

Safrai, S. and M. Stern, ed. *The Jewish People in the First Century. Historical Geography, Political History, Social, Cultural and Religious Life and Institutions*. 2 vols. Assen/Amsterdam: Van Gorcum, 1976.

Saldarini, Anthony J. *Pharisees, Scribes and Sadducees in Palestinian Society: A Sociological Approach*. Wilmington: Glazier, 1988.

______. *Matthew's Christian-Jewish Community*. CSHJ; Chicago: University of Chicago Press, 1994.

Sanders, E. P. *Jesus and Judaism*. 2d ed. Philadelphia: Fortress, 1985.

______. "Sin, Sinners," *The Anchor Bible Dictionary*. Ed. D. N. Freedman. New York: Doubleday, 1997. 6.31–47.

Schneiders, Sandra. "God is More Than Two Men and a Bird," *U. S. Catholic* (May 1990) 20–27.

______. *Women and the Word. The Gender of God in the New Testament and the Spirituality of Women*. New York: Paulist, 1986.

Schottroff, Luise. *Let the Oppressed Go Free. Feminist Perspectives on the New Testament*. Gender and the Biblical Tradition. tr. A. S. Kidder. Louisville: Westminster/John Knox, 1991.

______. *The Parables of Jesus*. Minneapolis: Augsburg Fortress, 2006.

Schottroff, Luise and W. Stegemann. *Jesus and the Hope of the Poor*. tr. M. J. O'Connell. Maryknoll: Orbis, 1986.

Schüssler Fiorenza, Elisabeth. *In Memory of Her. A Feminist Theological Reconstruction of Christian Origins*. New York: Crossroad, 1983.

______. *Jesus: Miriam's Child, Sophia's Prophet. Critical Issues in Feminist Christology*. New York: Continuum, 1994.

______. *Rhetoric and Ethic. The Politics of Biblical Studies*. Minneapolis: Fortress, 1999.

______, ed., *Searching the Scriptures. A Feminist Commentary*. 2 vols. New York: Crossroad, 1993, 1994.

______. *Sharing Her Word. Feminist Biblical Interpretation.* Boston: Beacon, 1998.

______. "'Waiting at Table': A Critical Feminist Theological Reflection on Diakonia," *Diakonia: Church for the Others.* Ed. N. Greinacher and N. Mette. Concilium 198. Edinburgh: T. & T. Clark, 1988, 84–94.

Schweizer, Eduard. *The Good News According to Matthew.* Atlanta: John Knox, 1975.

Scott, Bernard Brandon. *Hear Then the Parable. A Commentary on the Parables of Jesus.* Minneapolis: Fortress, 1989.

______. "The King's Accounting: Matthew 18:23-34," *JBL* 104 (1985) 442.

______. "Lost Junk, Found Treasure," *TBT* 26 (1988) 31–34.

______. *Re-Imagine the World. An Introduction to the Parables of Jesus.* Santa Rosa, CA: Polebridge Press, 2001.

Segal, Alan F. *Rebecca's Children. Judaism and Christianity in the Roman World.* Cambridge: Harvard University Press, 1987.

Senior, Donald. *Matthew.* ANTC; Nashville: Abingdon, 1998.

______. *What Are They Saying about Matthew?* Rev. ed. New York/ Mahwah: Paulist, 1996.

______. "Between Two Worlds: Gentile and Jewish Christians in Matthew's Gospel," *CBQ* 61/1 (1999) 1–23.

Shillington, V. George, ed. *Jesus and His Parables. Interpreting the Parables of Jesus Today.* Edinburgh: T. & T. Clark, 1997.

Siegfried, R. and E. Ruane, ed. *In the Company of Preachers.* Collegeville: The Liturgical Press, 1993.

Sim, D. C. *The Gospel of Matthew and Christian Judaism: The History and Social Setting of the Matthean Community.* Studies of the New Testament and Its World; Edinburgh: T. & T. Clark, 1998.

Snodgrass, Klyne. *The Parable of the Wicked Tenants.* Tübingen: Mohr [Siebeck] 1983.

Stanton, Graham N. *A Gospel for a New People. Studies in Matthew.* Edinburgh: T. & T. Clark, 1992.

______. "The Origin and Purpose of Matthew's Gospel: Matthean Scholarship from 1945 to 1980," *Aufstieg und Niedergang der Römischen Welt.* Eds. H. Temporini and W. Haase; II (Principat), 25.3; Berlin/ New York: Water de Gruyter, 1985. Pp. 1910–21.

Stegemann, Wolfgang. *The Gospel and the Poor.* Philadelphia: Fortress, 1984.

Stock, Augustine. *The Method and Message of Matthew.* Collegeville: The Liturgical Press, 1994.

______. "Jesus, Hypocrites, and Herodians," *BTB* 16 (1986) 3–7.

Strack, H. and P. Billerbeck, *Kommentar zum Neuen Testament aus Talmud und Midrasch.* 6 vols. Munich: Beck, 1922–61.

Strecker, Georg. *Der Weg der Gerechtigkeit: Untersuchung zur Theologie des Mattäus.* Rev. ed.; Göttingen: Vandenhoeck & Ruprecht, 1966.

Stuhlmueller, Carroll, ed. *The Collegeville Pastoral Dictionary of Biblical Theology.* Collegeville: The Liturgical Press, 1996.

Suggs, M. Jack. *Wisdom, Christology, and Law in Matthew's Gospel.* Cambridge: Harvard University Press, 1970.

Sugirtharajah, R. S. "Wisdom, Q, and a Proposal for a Christology," *ExpTim* 102 (1990) 42–46.

Thompson, William. *Matthew's Advice to a Divided Community. Mt. 17,22–18,35.* AnBib 44; Rome: Biblical Institute Press, 1970.

Tolbert, Mary Ann. *Perspectives on the Parables. An Approach to Multiple Interpretations.* Philadelphia: Fortress, 1979.

Trible, Phyllis. "God the Father," *TToday* 37 (1980) 118.

Tripp, David H. "*Zizania* (Matthew 13:25): Realistic if Also Figurative," *JTS* 50 (1999) 628.

Untener, Kenneth E. *Preaching Better.* New York: Paulist, 1999.

van Merrienboer, Edward J. "Preaching the Social Gospel," *In the Company of Preachers.* Ed. R. Siegfried and E. Ruane. Collegeville: The Liturgical Press, 1993, 76–90.

Via, Dan O. *The Parables: Their Literary and Existential Dimension.* Philadelphia: Fortress, 1967.

______. "Parable and Example Story: A Literary-Structuralist Approach," *Semeia* 1 (1974) 105–33.

Viviano, Benedict T. "Matthew," *NJBC,* ed. Raymond E. Brown, Joseph A. Fitzmyer, Roland E. Murphy. Englewood Cliffs, N. J.: Prentice Hall, 1990. Pp. 630–74.

______. "The Least in the Kingdom: Matthew 11:11, Its Parallel in Luke 7:28 [Q], and Daniel 4:14," *CBQ* 62 (2000) 41–54.

Wainwright, Elaine M. *Towards a Feminist Critical Reading of the Gospel According to Matthew,* BZNW 60; Berlin/New York: de Gruyter, 1991.

______. *Shall We Look for Another? A Feminist Rereading of the Matthean Jesus.* Maryknoll: Orbis, 1998.

Waller, Elizabeth. "The Parable of the Leaven: A Sectarian Teaching and the Inclusion of Women," *USQR* 35 (1979–80) 99–109.

Weber, Kathleen. "The Image of Sheep and Goats in Matthew 25:31-46," *CBQ* 59/4 (1997) 657–78.

______. "Is There a Qumran Parallel to Matthew 24,51 // Luke 12,46?" *RevQum* 16 (1995) 657–63.

West, Fritz. *Scripture and Memory: The Ecumenical Hermeneutic of the Three-Year Lectionaries.* Collegeville: The Liturgical Press, 1997.

Wiesel, Elie. *The Gates of the Forest*. tr. F. Frenaye. New York: Holt, Rinehart and Winston, 1966.

Wilder, Amos N. *The Language of the Gospel. Early Christian Rhetoric*. New York: Harper & Row, 1964.

______. *Jesus' Parables and the War of Myths. Essays on Imagination in the Scripture*. Philadelphia: Fortress, 1982.

Wink, Walter. *Engaging the Powers. Discernment and Resistance in a World of Domination*. Minneapolis: Fortress, 1992.

Witherup, Ronald D. *Matthew. God with Us*. Spiritual Commentaries on the Bible. Hyde Park, N.Y.: New City Press, 2000.

Young, Brad H. *Jesus and His Jewish Parables. Jewish Tradition and Christian Interpretation*. Peabody: Hendrickson, 1988.

______. *The Parables. Jewish Tradition and Christian Interpretation*. Peabody: Hendrickson, 1998.

Zerwick, Maximillian. *Biblical Greek. Illustrated by Examples*. Scripta Pontificii Instituti Biblici 114. Rome: Biblical Institute, 1963.